El presente libro es una versión facsimilar de la edición original de El Colegio de México, que ha sido rescatada mediante un trabajo profesional de escaneo para mantener la obra en circulación.

BERNARDO SEPÚLVEDA,
JUEZ DE LA CORTE INTERNACIONAL DE JUSTICIA

CENTRO DE ESTUDIOS INTERNACIONALES

BERNARDO SEPÚLVEDA,
JUEZ DE LA CORTE INTERNACIONAL DE JUSTICIA

Gustavo Vega Cánovas
coordinador

EL COLEGIO DE MEXICO

923.27
B523
Bernardo Sepúlveda, juez de la Corte Internacional de Justicia / Gustavo Vega Cánovas, coordinador. -- 1a. ed. -- México, D.F. : El Colegio de México, Centro de Estudios Internacionales, 2007.
340 p. : 21 cm.

ISBN 968-12-1289-4

1. Sepúlveda Amor, Bernardo, 1941. 2. Abogados -- México. 3. Internacionalistas -- México. 4. Corte Internacional de Justicia -- Funcionarios y empleados. I. Vega Cánovas, Gustavo, coord. II.t.

Primera edición, 2007

Camino al Ajusco 20
Pedregal de Santa Teresa
10740 México, D.F.
www.colmex.mx

ISBN 968-12-1289-4 (versión original)
978-968-121-289-6 (versión facsimilar)

Impreso en México

ÍNDICE

Introducción, *Gustavo Vega Cánovas* 9

PRIMERA PARTE
BERNARDO SEPÚLVEDA Y EL COLEGIO DE MÉXICO

I. Bernardo Sepúlveda y Rafael Altamira, jueces de la Corte en El Colegio de México, *Javier Garciadiego Dantán* 31
II. Bernardo Sepúlveda y el Centro de Estudios Internacionales, *Mario Ojeda Gómez* 35
III. Bernardo Sepúlveda y su curso de derecho internacional en El Colegio de México, *Diego A. Dewar Viscarra* 41

SEGUNDA PARTE
BERNARDO SEPÚLVEDA, EL JURISTA

IV. Presencia de Hugo Grocio, *Francisco Cuevas Cancino* 53
V. Bernardo Sepúlveda ante el principio de la solución pacífica de las controversias, *Carlos Bernal* 75
VI. México y el arreglo de controversias en materia de inversión: el CIADI como opción necesaria, *Bernardo Sepúlveda Amor* 81
VII. El papel del arbitraje como fórmula de solución de diferencias en los acuerdos comerciales internacionales. El caso del Tratado de Libre Comercio de América del Norte (TLCAN), *Gustavo Vega Cánovas* 91
VIII. Bernardo Sepúlveda: su papel como juez *ad hoc* de la Corte Internacional de Justicia en el caso Avena y otros nacionales mexicanos, *Joel Hernández García* 117
IX. Los tratados internacionales en el orden jurídico mexicano, *Hugo Perezcano Díaz* 125

TERCERA PARTE

BERNARDO SEPÚLVEDA, EL CANCILLER

x. Bernardo Sepúlveda: creador de una política exterior imaginativa y diversificada, 1982-1988, *Jorge Montaño* 193
xi. La participación mexicana en esfuerzos de concertación política y económica, *Blanca Torres Ramírez* 207
xii. Bernardo Sepúlveda y el Grupo Contadora, *Mario Ojeda Gómez* 235
xiii. Bernardo Sepúlveda, doctrina y práctica de la política exterior mexicana, *Soledad Loaeza Tovar* 241

CUARTA PARTE

BERNARDO SEPÚLVEDA, ECOS EN LA POLÍTICA EXTERIOR MEXICANA

xiv. Historias de una pérdida de rumbo: el antes y el ahora de nuestra política exterior, *Rosario Green Macías* 259
xv. Diálogo y concertación política en la Cumbre del G-8: la participación de México y el G-5, *Daniel Ortega Nieto* 267
xvi. La guerra de Iraq vista desde América Latina, *Mónica Serrano Carreto* 281
xvii. Las Naciones Unidas, crisis y recuperación, *Olga Pellicer* 309
xviii. Temas y reglas del juego: reflexiones sobre el deterioro de la relación México-Cuba, *Ana Covarrubias* 321

INTRODUCCIÓN

El 7 de noviembre de 2005 se designó juez de la Corte Internacional de Justicia a Bernardo Sepúlveda Amor. Con una abrumadora mayoría, tanto de la Asamblea General de las Naciones Unidas como del Consejo de Seguridad, México obtuvo los votos necesarios para volver a tener presencia en el Palacio de la Paz. Desde 1973 año en que concluyó el periodo de Luis Padilla Nervo, nuestro país no había contado con un juez permanente en La Haya. Este acontecimiento es de gran satisfacción para México, no sólo por lo que significa el honor de tener un puesto permanente en el órgano judicial más importante de las Naciones Unidas, sino también por la centralidad que ha desempeñado el derecho internacional en nuestra política exterior y la defensa incansable que Bernardo Sepúlveda ha hecho del mismo.

Con motivo de este distinguido nombramiento, El Colegio de México, casa académica de Bernardo Sepúlveda Amor, decidió rendirle un homenaje al colega que de manera constante ha nutrido las discusiones desde una perspectiva fundamental para las relaciones internacionales, la jurídica; y al profesor de quien múltiples generaciones de internacionalistas aprendieron las bases del derecho internacional y sus organismos. La designación fue causa de gran alegría en la comunidad de El Colegio de México ya que, como señala Mario Ojeda en una de sus contribuciones a este homenaje, "Sepúlveda es uno de los nuestros".

Así, el 25 de enero de 2006 se reunió en El Colegio de México un grupo de reconocidos académicos y diplomáticos que discutió algunos de los temas más importantes en la labor de Bernardo Sepúlveda, incluyendo, por supuesto, el derecho y la política exterior. Siendo éste un homenaje en el que participaron ex alumnos, hoy académicos, y funcionarios que trabajaron en la Secretaría de Relaciones Exteriores durante el mandato del homenajeado, el lector descubrirá en este libro no sólo al Bernardo Sepúlveda jurista o canciller, sino también al jefe, maestro y guía, quien es un punto de referencia inevitable para los estudiosos de las relaciones internacionales de nuestro país. Sirva pues este libro para reconocer la grandiosa trayectoria de Bernardo Sepúlveda, distinguido hoy con un asiento permanente en la Corte Internacional de Justicia.

Este libro está dividido en cuatro secciones. La primera es una introducción en la que se señala el privilegio que ha tenido El Colegio de México de contar con Bernardo Sepúlveda como parte de su comunidad. La segunda está dedicada al jurista y la tercera, a su labor al frente de la Secretaría de Relaciones Exteriores. Finalmente, se concluye con algunos temas actuales de la política exterior mexicana que tienen ecos tangibles en la labor de Sepúlveda.

BERNARDO SEPÚLVEDA Y EL COLEGIO DE MÉXICO

La trayectoria de Bernardo Sepúlveda lo ha llevado a merecer este homenaje por muchas razones. Sin embargo, siendo miembro de nuestra comunidad, hemos considerado pertinente incluir una sección introductoria en la que se resalte el privilegio que supone para El Colegio de México contar con Bernardo Sepúlveda como colega y profesor. Así, los tres trabajos que aquí se presentan son perspectivas, desde ángulos muy distintos, de las huellas que el homenajeado ha dejado en ésta, su casa.

Muy probablemente, el lector tenga la curiosidad de saber por qué Javier Garciadiego habla de dos jueces de la Corte en la vida de una misma institución. La razón es sencilla: muchas décadas antes de Bernardo Sepúlveda, Rafael Altamira y Crevea pasó los últimos años de su vida, exiliado de su patria, España, en El Colegio de México. Sin embargo, Garciadiego hace dos acotaciones importantes. Señala, en primer lugar, que Altamira fue miembro del antecesor de la Corte Internacional de Justicia, el Tribunal Permanente de Justicia Internacional, y si bien fue un honor contar con Altamira, siempre el orgullo es aún mayor cuando se ha seguido de cerca la trayectoria del juez, como es el caso de Sepúlveda y El Colegio de México.

Mario Ojeda, por su parte, hace un relato sobre la llegada de Bernardo Sepúlveda al Centro de Estudios Internacionales de El Colegio de México y sobre su muy productiva faceta como investigador. Menciona que Sepúlveda se integró al cuerpo académico de El Colegio en 1967, año en que regresó de estudiar su maestría en la Universidad de Cambridge, en el Reino Unido. Además, nos recuerda que coordinó los estudios sobre la integración europea y que fue un miembro activo del Seminario de Política Exterior que dirigía Jorge Castañeda padre, recientemente retomado a petición del homenajeado antes de su partida a La Haya. A propósito de la mención de Castañeda vale la pena señalar que para Mario Ojeda, Sepúlveda es probablemente el heredero más importante de su conocimiento, tanto en el ámbito académico como en el diplomático.

Ojeda continúa su artículo rastreando los antecedentes de la política exterior que puso en marcha Sepúlveda para posteriormente examinar algunos episodios como el de Contadora, en el que abunda más adelante en su otra contribución. Finalmente, nos recuerda algunos de los cargos y trabajos que ha desempeñado en el derecho internacional que son, como él mismo señala, los méritos más importantes que le hicieron merecer el nombramiento como juez en La Haya.

Para concluir esta sección, se presenta un artículo que ve a Bernardo Sepúlveda el profesor y rememora la experiencia de haber sido su estudiante por medio de las peculiaridades de su clase. Con base en esto, Diego Dewar presenta su aportación titulada "Bernardo Sepúlveda y su curso de derecho internacional en El Colegio de México". El objetivo de este trabajo es rendirle homenaje al profesor de quien tantas generaciones aprendieron las bases de la doctrina jurídica internacional. El autor resalta la sensibilidad política de Sepúlveda como uno de los elementos distintivos de su curso que incluso lo llevan a señalar que la cátedra se aproximó a la escuela inglesa de las relaciones internacionales al rescatar la relevancia de las instituciones internacionales en un marco en el que el poder es un elemento que no puede ni debe olvidarse.

Por otra parte, el autor sostiene que dos acontecimientos marcaron el curso al coincidir con éste: la intervención estadounidense en Iraq en 2003 y la participación de Bernardo Sepúlveda como juez *ad hoc* en la Corte Internacional de Justicia. Dewar sostiene que el primero fue de gran importancia, pues complicó la labor del profesor Sepúlveda al examinar las tesis sobre el uso de la fuerza, pues "por más que nos insistiera [Sepúlveda] en la proscripción del uso de la fuerza como una norma imperativa del derecho internacional que no acepta acuerdo en contrario, lo que observábamos en el mundo era una realidad del todo distinta". Aun así, sostiene, aprendieron una de las lecciones más importantes: la inobservancia del derecho internacional es la excepción y no la regla. Finalmente, el autor concluye mencionando que a la promoción a la que pertenece no le dejaba de sorprender que el mismo profesor que con tanta paciencia les enseñaba sus primeras lecciones de derecho internacional perteneciera a uno de los grupos más selectos de juristas internacionales.

BERNARDO SEPÚLVEDA, EL JURISTA

Pensar en Bernardo Sepúlveda sin tomar en cuenta su vocación jurídica es omitir el que es, probablemente, el eje más importante de su carrera profesional. En este sentido, hay que recordar que es licenciado en derecho graduado de la Universidad Nacional Autónoma de México, que cuenta con una maestría en derecho internacional por la Universidad de Cambridge y que ha sido profesor titular de los cursos de derecho internacional y organismos internacionales del Centro de Estudios Internacionales de El Colegio de México desde 1967. Asimismo, resaltar su participación como miembro de la Comisión de Derecho Internacional de las Naciones Unidas desde 1997 y como juez *ad hoc* de la Corte Internacional de Justicia en el caso Avena y otros nacionales mexicanos (México *vs.* Estados Unidos). A la luz de estos cargos se debe subrayar que el nombramiento de juez de la Corte Internacional de Justicia es la cumbre de una larga trayectoria en el campo jurídico internacional. Por estas razones, esta sección está integrada por seis contribuciones: una sobre la vigencia del pensamiento de Hugo Grocio; tres sobre el arreglo pacífico de controversias políticas y económicas; una referente a la actuación de Bernardo Sepúlveda como juez *ad hoc* en la Corte Internacional de Justicia, y la última, un análisis de los tratados internacionales en el orden jurídico mexicano.

Es muy significativo que este segmento del libro comience con un texto sobre Hugo Grocio y la vigencia de sus aportaciones, en particular las que propuso en *De iure belli ac pacis*, a pesar de haber sido pensadas y planteadas hace casi ya cuatro siglos y olvidadas por su supuesta ininteligibilidad, como afirma Francisco Cuevas Cancino, autor de este artículo. Grocio, sostiene el autor, hizo la primera obra en esa nueva rama del derecho de aquella época y su obra debería ser sostén del derecho en un mundo lleno de guerras, pero la realidad es otra. A la luz de esta circunstancia, Cuevas Cancino rastrea las razones por las que Grocio es el gran ausente del mundo de la doctrina internacional. Señala, entre muchas otras cosas, que esto se debe a que no se ha visto al derecho internacional como parte de un todo y a la preeminencia del derecho natural sostenido por autores como Vattel.

Cuevas Cancino rescata el contexto personal de Grocio y sugiere que lo que escribió debe entenderse en dicho entorno. Prácticamente fue para Grocio una catarsis realizar obra de tal magnitud; esto porque vivió siempre en guerra, a diferencia del mismo autor, quien argumenta que él ha visto ese fenómeno más como una excepción a la paz que como algo continuo. Además, cabe recordar que Grocio, además de jurista y teólogo, también fue estadista y sabía que, en gran medida, los estados buscan conseguir sus intereses. Aun así, escribió un libro en el que la ética está separada del derecho por una línea muy tenue.

Cuevas Cancino concluye que es conveniente reducir y reordenar el libro de Grocio para evitar las críticas que se le han hecho y por las cuales no ha ocupado el lugar que merece. El autor ha llevado a cabo dicha tarea; de hecho, el texto incluido aquí precede esa edición en español, la cual servirá para destacar el anhelo de Grocio de que los dirigentes de los estados cristianos "reconsideren, antes de llevar a efecto la defensa y reivindicación de sus derechos, si la justicia y la benevolencia los acompañarán al iniciar, continuar y terminar toda posible contienda y que, de no ser así, cristianamente se abstengan de imponer su derecho, esforzándose en cambio por hallar soluciones que aun a costa propia reafirmen la paz".

Hugo Grocio vivió en un mundo lleno de guerras, sin embargo, ya para el siglo XX se había considerado la necesidad del arreglo pacífico de controversias y es por ello que Carlos Bernal nos ofrece una interpretación de la visión de Sepúlveda al respecto. Su aportación es integral en la medida en que no se queda en un análisis de derecho internacional. Si bien señala los mecanismos que ofrece el capítulo VI de la Carta de Naciones Unidas, también nos recuerda, acertadamente, que dada la naturaleza política de los estados, todas las controversias también habrán de ser políticas. Además, engarza este tema con la actuación de Sepúlveda ante la crisis centroamericana y menciona cómo la combinación entre su ser jurídico y su sensibilidad política habrá de ser pieza fundamental en su trabajo en la Corte Internacional de Justicia.

El artículo de Bernal es muy valioso porque además de hacer un análisis que considera el derecho y la política como dos esferas que se influyen mutuamente, lección básica que el profesor Sepúlveda transmitió a sus estudiantes de derecho internacional, nos adentra en el mundo del canciller incansable, al recordarnos sus actividades durante los debates de la Asamblea General de las Naciones Unidas y las deliberaciones de Contadora. Habla de las comunicaciones diarias con la capital del país, de la lectura de las noticias nacionales e internacionales antes del inicio de las sesiones oficiales, de las reuniones formales e informales y de las cenas a las que asistía en las que, más allá de relajarse, continuaba su trabajo de negociación.

A propósito del arreglo pacífico de controversias, pero en materia económica, el mismo Bernardo Sepúlveda contribuye a esta obra con un artículo sobre la pertinencia de la integración de México al Convenio sobre arreglo de diferencias relativas a inversiones entre estados y nacionales de otros estados (CIADI). Sepúlveda sostiene que la relevancia de analizar temas económicos y legales internacionales es fundamental, pues está relacionada con el desarrollo de México. Así, en su contribución señala que México tiene una relación ambivalente con el arbitraje debido, en gran medida, a la experiencia histórica que, entre otras cosas, ha dejado saldos desfavorables como los altos costos que se tuvieron que pagar por reparaciones por actos revolucionarios entre 1910 y 1920. Sin embargo, Sepúlveda sostiene que con la firma del Tratado de Libre Comercio de América del Norte (TLCAN) y con la posterior proliferación de tratados bilaterales y multilaterales, destinados a la promoción de flujos de inversión y comercio, se ha cruzado una línea, pues hoy México es objeto de múltiples derechos y obligaciones que se deben aprovechar.

Para poder suscribir dichos tratados, el gobierno mexicano empleó, como cláusula de seducción, un procedimiento para atender diferencias potenciales entre inversionistas extranjeros y el Estado mexicano. Ésta incluye la aplicación del Convenio del CIADI, en caso de que el país anfitrión y el del inversionista lo hayan suscrito; el mecanismo complementario del CIADI, en caso de que uno sea parte del Convenio y el otro no; o las reglas de UNCITRAL, en caso de que ninguno de los dos países sea parte del Convenio. Ante esta realidad, Sepúlveda sugiere, después de explorar las ventajas y desventajas del CIADI frente al mecanismo y las reglas de UNCITRAL, que la mejor opción es suscribir el Convenio. En gran parte su conclusión se deriva de un hecho que no se puede pasar por alto: algunas empresas mexicanas tienen una actividad importante en el exterior y ser miembros del CIADI garantiza la protección de sus intereses cuando no hay un tratado bilateral de protección de inversiones bajo un mecanismo arbitral.

Siguiendo la idea de Bernardo Sepúlveda, Gustavo Vega hace un examen de cómo se logró que en el Tratado de Libre Comercio de América del Norte se incluyeran fórmulas de arbitraje para la resolución de disputas y la manera en que los distintos capítulos aplicables han operado. Así, el autor pasa revista de las dificultades que supuso la negociación debido a los intereses, en muchas ocasiones contradictorios, de México, Canadá y Estados Unidos. Baste recordar que los dos primeros buscaron los capítulos de solución de disputas en materia económica como una forma de aminorar la asimetría con Estados Unidos y evitar la posibilidad de medidas unilaterales en su contra. Entre las peculiaridades más importantes de los mecanismos establecidos se encuentra la posibilidad de que algunos pueden ser utilizados no sólo por el gobierno, sino también por agentes privados como inversionistas, importadores y exportadores; y que, además, incluyen formas de interponer quejas ante violaciones a las legislaciones laboral y ambiental.

Con dicha discusión en mente, Vega examina la manera en que han operado cada uno de los capítulos, a saber, el 20, el 19 y el 11. Respecto al primero, nos recuerda el caso de las disputas entre estados que serán resueltas por un panel de expertos. También ilustra dos de los diferendos más complicados en el marco de la regulación de este capítulo: el de los servicios transfronterizos y el del azúcar entre nuestro país y Estados Unidos. Por otro lado, el capítulo 19 que se refiere a medidas *antidumping* y de impuestos compensatorios ha sido, sin duda alguna, la legislación más aplicada. Aunque señala que han sido pocos los casos que han suscitado mucha controversia, algunos sí lo han hecho, como el de la madera blanda entre Canadá y Estados Unidos. Finalmente, el autor expone el capítulo 11 que se refiere a inversiones y que representa el "desarrollo legal más significativo y único que ha tenido lugar a través del TLCAN" debido a la posibilidad de que agentes privados, en este caso inversionistas, interpongan demandas contra un Estado. Sin embargo, Vega advierte que en la práctica la respuesta ha sido muy modesta.

En la quinta contribución a esta sección del libro, Joel Hernández nos ofrece una visión panorámica extraordinaria de la primera incursión de Bernardo Sepúlveda como juez *ad hoc* de México en la Corte Internacional de Justicia en el contencioso caso Avena y otros nacionales mexicanos (México *vs.* Estados Unidos). La primera virtud de este ensayo es que permite a los no conocedores de los procedimientos de la Corte entender cuestiones tan elementales como qué es un juez *ad hoc* y por qué México tuvo derecho a asignar uno y Estados Unidos no; así como la diferencia entre una opinión disidente y una separada. Por otra parte, es un recuento excepcional de la demanda que nuestro país presentó a la Corte. Hernández nos hace tener presente que el caso Avena tiene que ver con la Convención de Viena sobre Relaciones Consulares y los derechos y obligaciones que emanan de la misma para México y Estados Unidos.

Para concluir, el autor hace un examen minucioso de la opinión separada del juez Sepúlveda en el caso Avena y resalta varios temas que surgen de la misma. Por ejemplo, la naturaleza de las obligaciones que emanan de la Convención de Viena sobre Relaciones Consulares; la imposibilidad de entender la clemencia como un recurso interno que debe ser agotado antes de acudir a la Corte; la declaración contra el hecho de que la Corte no se pronunciara por la restitución íntegra o *restitutio in integrum*, y la poca claridad de la sentencia al señalar que para poder hacer efectiva la revisión y reconsideración de los casos, Estados Unidos lo debía hacer "por medios de su propia elección".

Finalmente, para concluir la segunda sección del libro, se presenta el artículo de Hugo Perezcano, quien hace un análisis de los tratados internacionales en el orden jurídico mexicano. Empieza su recuento con la nueva opinión de la Suprema Corte de Justicia al adoptar en 1999 el criterio que especifica que los tratados internacionales se encuentran inmediatamente por debajo de la Constitución y por encima del derecho federal y local. Esta tesis aislada de la Corte ha sido objeto de investigación por estudiosos del derecho. Perezcano realiza un análisis dividido en dos grandes temas. El primero se refiere a la supremacía de la Constitución; para ello nos presenta el contexto histórico en el que fue redactada, comparando algunos artículos con sus equivalentes en la Constitución de los Estados Unidos de América, haciendo hincapié en la intención y en el sentido de dichos artículos y señalando cómo la traducción y las modificaciones que se hicieron a los artículos originales para adaptarlos al contexto mexicano tuvieron referencias erróneas que a la larga ocasionaron problemas de interpretación.

El segundo se refiere a la jerarquía de los tratados internacionales. De nuevo empieza con un análisis histórico para, una vez en contexto, entrar de lleno al estudio del Senado, su representatividad y su papel como órgano del Estado, diferenciando esta tarea de la de un órgano federal. Además, examina a profundidad la influencia del Senado en la conducción de la política exterior de México, en particular en la aprobación de los tratados internacionales como representante de la voluntad de las entidades federativas. Finalmente, el autor se centra en la distribución de competencias, analizando varias corrientes de pensamiento al respecto, explicando por qué considera erróneas dichas corrientes, a la vez que ofrece a los lectores una tesis que toma en cuenta el nuevo criterio de la Corte.

BERNARDO SEPÚLVEDA, EL CANCILLER

El 1 de diciembre de 1982, la Secretaría de Relaciones Exteriores comenzó un nuevo periodo con un canciller distinto, cuya tarea no sería nada fácil; el panorama era muy complicado, por decir lo menos. La crisis de la deuda imponía restricciones importantes al quehacer mexicano en el exterior, cuestión que hizo vaticinar a muchos un repliegue de las relaciones internacionales de nuestro país. La situación de la región centroamericana, ya de por sí caótica, empeoraba cada vez más, aunada a una política más agresiva de Estados Unidos que habría de alcanzar su cenit en esos años. Bernardo Sepúlveda, el jurista, llegaba al mando de la Cancillería en un momento de desprestigio e implosión de algunos organismos internacionales, como la Organización de las Naciones Unidas y la Organización de Estados Americanos. Era, además, un momento en el que Estados Unidos no sólo emprendía una ofensiva final contra el comunismo, sino que también lanzaba una nueva guerra en las Américas contra un enemigo nuevo: las drogas. Finalmente, y para hacer aún más difícil la situación, el tema migratorio empezaba a integrarse a la agenda bilateral.

En este entorno, parecía que los márgenes de acción eran prácticamente nulos, pero la experiencia vivida en los ochenta nos demuestra que esto no fue así. Bernardo Sepúlveda logró llevar a buen puerto la política exterior mexicana y queda, como muestra de ello, el hecho de que su periodo concluyera junto con el del presidente de la República. Esto fue posible gracias a un canciller creador de una política exterior imaginativa y diversificada, como lo sugiere Jorge Montaño. Esta tercera parte del libro empieza con su fascinante relato de la política exterior entre 1982 y 1988.

Quizá, lo más sugerente de la aportación de Montaño es la manera en que, implícitamente, nos señala que el momento actual podría ser ideal para invocar las acciones que se tomaron en materia de política exterior en los años ochenta. Describe a Ronald Reagan, sin dejar de hacer el comentario de que probablemente algunos elementos de su política se le podrían atribuir a George W. Bush. Nos hace recordar que en aquel momento se aprobó la ley Simpson-Rodino y surgió la ley 187, entre muchos otros desencuentros en cuestiones migratorias. Por otro lado, examina muy bien la crisis del multilateralismo de aquel entonces que podemos ver materializada en su comparación con la actual como cuando señala que la embajadora Jeane Kirkpatrick es una "digna antecesora del ahora representante Bolton". Y es precisamente de ese contexto del que parte para analizar las iniciativas de concertación política en distintos rubros que cristalizaron en ese momento en el Consenso de Cartagena, en Contadora y en el Grupo de los Seis.

El artículo de Montaño, además de interesante, se torna muy revelador, sobre todo cuando expone algunas de las impresiones que el secretario de Estado George Shultz tiene de Sepúlveda y, recíprocamente, las que Sepúlveda tiene de Shultz que, como verá el lector, eran diametralmente opuestas. Este texto contiene también el primero de varios análisis que aparecen en el libro sobre los principios de política exterior y que son una referencia recurrente en varios artículos de esta compilación. El autor argumenta, haciendo referencia a la situación actual, que "el análisis en retrospectiva es pertinente para señalar algunas similitudes y coincidencias con acontecimientos recientes que no han sido resueltos precisamente por la falta de creatividad y de atención mínima a los principios rectores de la política exterior".

En el capítulo de Blanca Torres se analizan los esfuerzos de México para convenir en temas políticos y económicos con otros países y otras regiones. A modo de introducción, Torres relata la situación desfavorable en la que se encontraba México en el sexenio de 1982-1988 y exalta los esfuerzos que el entonces canciller Bernardo Sepúlveda tuvo que hacer para evitar la inmovilización del Estado mexicano, siendo uno de los resultados la acción concertada con otros países, como es el caso del mecanismo de Contadora analizado por Mario Ojeda. El análisis central de este artículo se basa en tres ramificaciones de este mecanismo: la creación del Grupo de los Ocho, del Grupo de los Tres y del Mecanismo de Tuxtla. Estas tres ramificaciones enfocadas en el acercamiento a América Latina han logrado diversos objetivos, han tenido momentos álgidos y momentos de crisis que comprometen su existencia. Tal fue el caso del Grupo de los Tres cuando el gobierno venezolano denunció el Tratado de Libre Comercio que unía a sus países miembros.

Blanca Torres profundiza en estos tres mecanismos, examinando la importancia y la utilidad que han representado para México, sobre todo en su relación con América Latina, desde el momento de su creación hasta el día de hoy. La autora nos señala también el papel de estos grupos al actuar como bloque frente a otras regiones, países y organismos internacionales. Finalmente, considera la posibilidad de suprimir estos grupos o de reforzarlos ante la fragmentación subregional.

En la misma tónica sobre la creatividad de Sepúlveda en la Secretaría de Relaciones Exteriores, Mario Ojeda describe uno de los pasajes más importantes e interesantes de la política exterior mexicana al analizar el Grupo Contadora. En ese sentido, pone énfasis en el hecho de que Bernardo Sepúlveda fue el brazo ejecutor del mismo. Como ya se mencionó, la situación entre los países de Centroamérica que ya era mala, empeoraba día con día y, además, había intereses de actores extrarregionales, sobre todo Estados Unidos, Cuba y la Unión Soviética. De esta manera, la crisis en esta región vecina constituía una amenaza a la paz y seguridad regionales, pero más aún, amenazaba con alterar el entorno internacional. A pesar de que Contadora fue el mecanismo de concertación más efectivo, Ojeda hace la aclaración de que México ya había intentado antes hacer negociaciones que ayudaran a estabilizar la zona.

El autor propone que fueron cuatro las características del esfuerzo de Contadora: que que sistemático y permanente, que involucró a todas las partes en conflicto, que se desarrolló en un marco latinoamericano y que lo llevaron a cabo únicamente países de la región. A la luz de estos elementos, Ojeda pasa revista de los éxitos de Contadora, sin pasar por alto los argumentos de sus detractores. Entre los primeros, destaca cómo el grupo ayudó a evitar el desbordamiento del conflicto y la invasión directa de Estados Unidos. Asimismo, el repaso del tema resuelve, para este caso, dos de las preguntas que de manera recurrente se hacen sobre la relación entre Estados Unidos y América Latina que son: si es posible que los países de la región se organicen independientemente de Estados Unidos y si esto los fortalece o los ayuda de alguna forma.

Para concluir, Ojeda reconoce que el éxito de Contadora fue su permanencia, a pesar de cambios de los gobiernos y hasta de partidos en el poder en Panamá y Venezuela. También sugiere que si bien hubo quienes calificaron el esfuerzo de utópico, muchas de las especulaciones de lo que podría hacer Estados Unidos en la región, como una intervención, podrían ser calificadas de la misma manera. De ahí concluye que Contadora, al partir de ese punto, fue realista y relevante.

Para concluir con esta sección, Soledad Loaeza redondea los temas aquí incluidos al hacer el análisis de una de las preguntas centrales de las relaciones internacionales para el caso mexicano y que es aquella sobre la relación entre política interna y exterior. Hay quienes dicen que la segunda es la continuación de la primera, por ejemplo, en los países democráticos. Sin embargo, la autora sostiene que en casos concretos ocurre lo contrario, como en Estados Unidos. Asimismo, menciona la desconexión entre ambas durante la gestión del general Charles de Gaulle en Francia. Argumenta que Bernardo Sepúlveda realizó aportaciones importantes al desarrollo de una tradición de política exterior en la cual se relaciona explícitamente a la política interna y exterior como respuesta al contexto nacional e internacional de cada momento. Se llega a esta idea tras realizar un análisis sucinto de las relaciones internacionales de México en periodos anteriores al de Miguel de la Madrid e incluso se sostiene que, sobre este tema, hay una discontinuidad con el pasado. Loaeza propone una tesis sugerente cuando cuestiona la idea de que la política exterior sea fuente de consenso interno y señala que ésa era una creencia que se tenía en el México autoritario —a pesar de varios contraejemplos como el de la Revolución cubana—; sin embargo, la autora sostiene que el gobierno de Vicente Fox usó la misma lógica en el tema de los derechos humanos en otros países al pensar que éste habría de ayudar a cimentar la unidad nacional.

Este artículo cumple un papel determinante en esta compilación, pues además de su aportación académica, nos recuerda una de las facetas de Sepúlveda por las que la comunidad de El Colegio de México lo recuerda especialmente: su labor como profesor. Habiendo sido Loaeza alumna de la primera generación a la que el homenajeado impartió el curso de derecho internacional, le da oportunidad al lector de saber cómo era Sepúlveda en el aula. Narra de manera magistral la ardua tarea del profesor al tratar de convencer a jóvenes, con importantes referencias realistas, que las instituciones y el derecho internacional tienen una función en la comunidad de naciones; al enfrentarse al reto de hacer menos áridos algunos temas, como el reconocimiento de la personalidad jurídica de las instituciones internacionales, o al lidiar con estudiantes que de ninguna manera veían su futuro en la Secretaría de Relaciones Exteriores. Sin embargo, reconoce que a pesar de que ella misma no se concentró en el derecho internacional, Sepúlveda le enseñó "cómo es y debe ser un buen maestro".

BERNARDO SEPÚLVEDA, ECOS EN LA POLÍTICA EXTERIOR MEXICANA

La política exterior mexicana del periodo en que Bernardo Sepúlveda estuvo al frente de la Cancillería debería ser, según se argumenta, un punto de referencia para enfrentar la realidad actual. Por ello, para concluir el libro, se pensó en una sección amplia que hablara de la política exterior mexicana y de los retos a los que se ha enfrentado en los últimos años en términos tanto políticos como económicos. Así, con la discusión de los principios de la política exterior en mente, es pertinente el artículo de Rosario Green, "Historias de una pérdida de rumbo: el antes y el ahora de nuestra política exterior". En este texto, la autora equilibra de manera extraordinaria un elogio a Bernardo Sepúlveda con un análisis de la política exterior de la administración de Vicente Fox que provoca, como ella misma dice, un dejo de "nostalgia y hasta de irritación".

Green nos recuerda en su exposición que Bernardo Sepúlveda fue embajador en Estados Unidos antes de ser canciller y que en dicha misión enfrentó una situación complicada con "imaginación, destreza y energía". También recupera el episodio cuando Sepúlveda era embajador en el Reino Unido, donde continuó desplegando su talento para innovar las relaciones de México con los grandes poderes. Asimismo, habla de la política exterior de 1982 a 1988 como "pragmática, activa, valiente e independiente" y aprovecha para aplaudir la elevación de los principios a rango constitucional.

De la importancia de los principios parte una crítica al gobierno de Fox que los dejó de lado e, incluso, cuestionó su utilidad, provocando un empobrecimiento de la política exterior. Así, Rosario Green hace un análisis minucioso de los problemas en el manejo de las relaciones internacionales de México entre 2000 y 2005. Explora el olvido de la Unión Europea y de Sudamérica; los problemas y enfrentamientos con Estados Unidos por el tema de Iraq y la conexión de éstos con la cuestión migratoria; pero, sobre todo, hace un examen detallado de la relación con América Latina plasmada en los desencuentros con Argentina, Venezuela, Cuba, República Dominicana, Chile y Bolivia por temas como el ALCA, el Consejo de Seguridad de la ONU y la Secretaría General de la OEA.

Retomando la labor de Bernardo Sepúlveda al frente de las embajadas en Estados Unidos y en el Reino Unido —donde trabajó por una relación constructiva con las grandes potencias, así como por los mecanismos de "multilateralismo *ad hoc*"—, Daniel Ortega Nieto hace una contribución titulada "Diálogo y concertación política en la Cumbre del G-8: la participación de México y el G-5" en la que retoma algunos de los mecanismos de concertación iniciados por Bernardo Sepúlveda para después proponerlos como ejemplo de lo que debería ser la actuación de nuestro país en el Diálogo Ampliado del G-8. Revisa los objetivos y logros del Consenso de Cartagena, el Grupo de los Seis y el Grupo Contadora que, como nos recuerda, estuvieron conformados sobre todo por países en vías de desarrollo y que resultaron ser útiles y eficaces en las negociaciones con las potencias internacionales.

Hecho esto, Ortega explora la importancia del G-8 y algunas de las críticas que se le han hecho, como la imposibilidad de destrabar las negociaciones en la Ronda Doha. Sin embargo, menciona que algunas iniciativas sí han tenido éxito, como la condonación de la deuda a veinte países, por lo que sería un error afirmar categóricamente que el G-8 no ha llevado a cabo iniciativas relevantes. La participación de México, junto con los demás miembros del llamado G-5, en la sesión del Diálogo Ampliado pretende, entre otras cosas, hacer de la Cumbre del G-8 un foro más representativo. Asimismo, el autor sugiere que la presencia de México en el G-5 representa una oportunidad para afianzar los intereses nacionales, además de que abre la puerta para ser un interlocutor constructivo entre los países industrializados y aquéllos en vías de desarrollo.

Continuando con un tema al que Rosario Green hace referencia, Mónica Serrano examina la crisis de Iraq desde una perspectiva latinoamericana, concentrándose en los países que representaban a la región en el Consejo de Seguridad de Naciones Unidas en aquel momento: México y Chile. En principio, explora cómo históricamente América Latina ha sido un actor periférico en las discusiones de la agenda internacional y cómo sus reacciones a éstas siempre han estado marcadas por la existencia de un poder hegemónico regional y mundial. Así, propone que podemos definir el dilema latinoamericano ante la crisis de Iraq como "la expresión de la divergencia circunscrita a los límites de la dependencia".

Después, analiza las posiciones y negociaciones de México y Chile en el Consejo de Seguridad de Naciones Unidas durante la crisis de Iraq. Al comparar las reacciones de ambos países, señala que, aunque tenían presiones internas muy similares, la posición de México se basó en su pacifismo tradicional, mientras que la de Chile se caracterizó por su pragmatismo y por el objetivo final de salvar a la organización mundial de la irrelevancia. Así, la postura de nuestro país, basada en los principios, cerró la puerta a otras posibilidades, como la resolución que proponía Chile de conciliar los intereses de Estados Unidos con la acción de la ONU.

Al final, argumenta la autora, si México hubiera tenido una posición más flexible no sólo le hubiera sido posible liderar junto con Chile la oposición de los miembros no permanentes del Consejo de Seguridad logrando, quizá, el fortalecimiento de la organización, sino, sobre todo, ocupar un lugar central en la redefinición del orden de la posguerra fría que, a fin de cuentas, era uno de los objetivos de la diplomacia mexicana al participar de manera activa en Naciones Unidas y, en particular, en el Consejo de Seguridad.

Mónica Serrano expresa con claridad lo que ha sido y lo que es América Latina para el mundo en general y para Estados Unidos en particular. A modo de introducción nos da una visión general de las políticas que la superpotencia ha tenido para con los países del continente. La invasión de Iraq representó la oportunidad para Latinoamérica de mostrar su visión del orden mundial, al contar la región en esos momentos con dos representantes en el Consejo de Seguridad. Serrano toma estos sucesos como el hilo conductor de su estudio. En primer lugar hace un análisis de la posición de México en la crisis en Iraq: Jorge G. Castañeda, secretario de Relaciones Exteriores en aquel entonces, buscaba una nueva proyección internacional; por ello, políticos y diplomáticos con esperanzas y ambiciones para México en el perfil internacional y para el futuro de la ONU impulsaron la búsqueda de un lugar en el Consejo de Seguridad. Estados Unidos, que había apoyado la candidatura de México en lugar de la de República Dominicana, esperaba contar con un aliado en la invasión de Iraq. Tanto el embajador Garza como el presidente Bush presionaron de forma clara y abierta al presidente Fox para que el voto de México les fuera favorable. En México, la opinión estaba dividida entre los empresarios que temían represalias del vecino del Norte si México no lo apoyaba y el pueblo que veía a Estados Unidos como el tirano y no como la víctima. México optó por escudarse en el veto de la opinión pública, en los principios históricos y constitucionales de la no intervención y de la solución pacífica de controversias. Serrano señala que "la apuesta por la paz fue quizá más el resultado del nacionalismo mexicano, que de una verdadera política de neutralidad".

Chile, el otro país objeto de estudio de la autora presenta similitudes con México: la sociedad chilena también se oponía a la invasión de Iraq; asimismo, Chile vivió las presiones del gobierno estadounidense; Chile también tenía un sector de la sociedad que dudaba entre rehusarse o no a cooperar con Washington; Chile tenía en la mesa de negociaciones un acuerdo de libre comercio, como México tenía uno de migración. Serrano analiza las diferentes reacciones de ambos países ante situaciones similares: Chile se mantuvo fiel a su compromiso con la ONU y con el multilateralismo, mientras que México se ató las manos con el pacifismo; Chile trató de solucionar el *impasse* en el que se encontraba el Consejo de Seguridad presentando una iniciativa, mientras que México ayudó a crear el *impasse* al apegarse a su principio de no intervención. Serrano concluye haciendo un balance y presentando el "saldo" de estos países en su paso por el Consejo de Seguridad.

A la embajadora Olga Pellicer se le pidió escoger un tema que hubiera sido de interés para Bernardo Sepúlveda en su vida profesional. Olga Pellicer decidió presentar un artículo en el que argumenta que la Cumbre de 2005, en la que se tomaron las decisiones más importantes sobre las transformaciones de la organización, puede ser considerada como el inicio de un proceso de decadencia o como una ventana de oportunidades. Sin duda, las Naciones Unidas reflejan la confianza que Sepúlveda tiene en el derecho internacional, como lo demostró al dirigirse, en calidad de canciller, a la Asamblea General en 1984, cuando las

Naciones Unidas vivían una crisis de legitimidad. La autora divide su análisis en dos periodos: el primero comprende de 1984 a 1990 y el segundo se sitúa a partir de los ataques terroristas en Estados Unidos en septiembre de 2001. La embajadora Pellicer hace un relato histórico tanto del devenir de la ONU como de las posturas que México tuvo ante la organización, siempre favoreciendo el multilateralismo; su actuación ante la crisis que vivió a mediados de los ochenta y cómo se acallaron las dudas que presentaban los opositores al multilateralismo, lo que permitió tener un Consejo de Seguridad activo; la proliferación de las operaciones de mantenimiento de la paz, y la incorporación de nuevos temas a la agenda internacional, como el medio ambiente, el narcotráfico y los derechos humanos. Finalmente, el triunfo del derecho internacional, al establecerse tribunales especiales para juzgar los crímenes de guerra y la creación de la Corte Penal Internacional.

La autora continúa con el examen de la crisis que los ataques terroristas y la respuesta de Estados Unidos a éstos le crearon a la ONU. La versión de guerra preventiva que tiene Estados Unidos y su decisión de actuar siempre que su seguridad nacional se vea amenazada, violan tanto la Carta como los acuerdos que pudieran lograrse en el Consejo de Seguridad. La credibilidad de Naciones Unidas recibió un duro golpe con la invasión de Iraq, dividiendo las voces entre aquellas que pugnaron más que nunca por el multilateralismo y aquellas que ante los acontecimientos dudaron de la eficacia de éste en un mundo dominado por una superpotencia. Pellicer señala que estos acontecimientos fueron un catalizador para la idea de la reforma de Naciones Unidas, idea con la que los países estaban de acuerdo en teoría pero no en la forma. La idea de una ampliación del Consejo de Seguridad se tornó en un álgido debate al tener que determinar qué países serían los elegidos para ocupar un asiento permanente. Las diferencias tradicionales entre el Norte y el Sur impidieron el avance de los mecanismos de protección de los derechos humanos, ya que el Sur teme una posible intervención enmascarada en una retórica de humanitarismo. Finalmente, Pellicer concluye preguntándose si la ONU se encuentra en una crisis terminal o si podrá recuperarse, como lo ha hecho en el pasado.

En el artículo final de este libro, Ana Covarrubias analiza el deterioro de la relación entre México y Cuba en los últimos años, especialmente a partir del final de la guerra fría. Tomando como base la definición de orden internacional propuesta por Hedley Bull, donde se define como "un patrón de actividad que mantiene las metas elementales o primarias de la sociedad de estados o sociedad internacional", y que no necesariamente se refiere a un "orden democrático, socialista o 'libre', sino simplemente [a] mecanismos que permiten la supervivencia de los estados y del sistema", Covarrubias examina cómo la adopción y defensa por parte del gobierno mexicano de posturas como el libre comercio, gobiernos democráticos y derechos humanos, ha provocado una alteración en sus principios tradicionales de política exterior.

La alteración de las "reglas del juego" por el cambio en los temas de su agenda de política internacional ha provocado, según Covarrubias, el deterioro de las relaciones con Cuba, lo cual no tendría que haber sucedido necesariamente. Para demostrarlo, la autora hace un análisis de la relación diplomática entre los dos países a partir de la Revolución cubana hasta los años ochenta, en el que presenta distintos pasajes históricos en los que si bien los temas de sus propias agendas eran diferentes, la aplicación de los principios de no intervención y autodeterminación tuvo prioridad y mantuvo la armonía entre los dos países. En contraste, a partir de los años noventa, dichos principios empezaron a dejarse de lado, como también lo menciona Rosario Green en su texto, y México adoptó posturas internacionales más de acuerdo con su nueva agenda nacional, lo cual provocó el distanciamiento entre ambos países.

APUNTES FINALES

Cada una de las secciones rinde homenaje a Bernardo Sepúlveda en sus diversas facetas de vida profesional. El colega, el profesor, el jurista y el canciller están presentes en los artículos que integran esta obra. Implícitamente, los textos aquí incluidos muestran la vigencia de las aportaciones de Sepúlveda en materia jurídica y de política exterior. Sirva este homenaje para transmitirle a Bernardo Sepúlveda el orgullo que significa para El Colegio de México y para el país el tan distinguido nombramiento que ha recibido al haber sido elegido juez de la

Corte Internacional de Justicia. Pero más aún, para recordar y poner en práctica las lecciones que ha dejado y que, a casi dos décadas de su gestión al frente de la Cancillería, pueden ser centrales para el diseño y puesta en marcha de nuestra política exterior.

GUSTAVO VEGA CÁNOVAS

PRIMERA PARTE

BERNARDO SEPÚLVEDA Y EL COLEGIO DE MÉXICO

BERNARDO SEPÚLVEDA Y RAFAEL ALTAMIRA, JUECES DE LA CORTE EN EL COLEGIO DE MÉXICO

Javier Garciadiego Dantán

Sirva este texto epistolar para sumarme al merecidísimo homenaje que los colegas y ex alumnos de Bernardo Sepúlveda le tributan por su elección como juez de la Corte Internacional de Justicia, así como para expresar el honor que siente El Colegio de México por contar con Bernardo Sepúlveda entre su planta docente desde hace casi cuarenta años. Dado que varios textos en este libro versarán sobre el propio Bernardo, quedo excusado de pretender hablar sobre temas que otros conocen mejor que yo. En todo caso, sólo quiero expresar el auténtico júbilo de El Colegio de México por tener entre sus miembros, de nueva cuenta, a un juez de la Corte Internacional de Justicia.

Tal vez esto sorprenda a más de uno pero, en efecto, Bernardo Sepúlveda es nuestro segundo hombre en La Haya. ¡Pocas son las instituciones en el mundo que pueden presumir de lo mismo! El primero fue don Rafael Altamira, quien viniera a pasar sus últimos años en este país y en esta institución, imposibilitado de vivir en España luego de la derrota republicana en 1939.

Altamira nació en Alicante en 1866, y pasó su infancia y adolescencia en Valencia. Estudió luego en Madrid, en la ilustre Institución Libre de Enseñanza, donde el contacto con don Francisco Giner de los Ríos lo marcó para toda la vida, haciendo de él, sobre todo, un educador y un militante del pacifismo. Además de destacar como jurista, como educador y como historiador del derecho, Rafael Altamira desarrolló a principios del siglo XX una gran labor en favor del entendimiento entre los países hispanoamericanos, encomiable esfuerzo desarrollado en el contexto de la crisis de 1898.

Apenas es preciso recordar que terminada la primera guerra mundial surgió la Sociedad de Naciones, y de forma paralela la Corte Permanente de Justicia Internacional. Entre los miembros del comité de juristas que redactaron el proyecto de dicha Corte a mediados de 1920 estaba nuestro sabio español. Un año después, la Asamblea de la Sociedad de Naciones designó a los once jueces titulares y a los cuatro suplentes: entre los primeros figuraba Altamira, quien sería reelegido en 1930.

Durante sus veinte años como juez de la Corte Internacional ésta le consumió casi todo su tiempo, a pesar de lo cual asombra la cantidad de cursos y conferencias impartidos, y sobre todo, el número y amplia temática de sus publicaciones. Altamira fue un prolífico polígrafo.

Como para todos los españoles de entonces, el año de 1936 fue un parteaguas en su vida. Entonces cumplió 70 años, por lo que tuvo que jubilarse como catedrático de la Universidad de Madrid (antes lo había sido de la de Oviedo). Su alejamiento de la docencia lo llenó de melancolía, pues sintió que "desaparecerían para siempre los motivos amables de mi vida". Lo peor vino en julio, con el alzamiento militar contra el gobierno republicano. La guerra civil provocó a Altamira, "tan patriota y tan pacifista, un infinito dolor". Permaneció los tres años de la guerra en La Haya; fueron tiempos "de constantes inquietudes e inconsolables tristezas".

Para colmo, inmediatamente después estalló la segunda guerra mundial. En abril de 1940 cerró sus puertas el Palacio de la Paz, de La Haya, y al mes siguiente las tropas alemanas ocupaban Holanda, Bélgica y Luxemburgo. Altamira y su esposa se trasladaron a Bayona, en la frontera franco-española, donde se encontraban refugiados una de sus hijas y su yerno. Por los peligros que suponía la ocupación de Francia por Alemania, se trasladó a Portugal y luego a Estados Unidos, en 1945, invitado por la Universidad de Columbia.

Sin embargo, problemas de salud lo obligaron radicar en México, donde había encontrado refugio buena parte de su familia. Tan pronto llegó al país, se incorporó a El Colegio de México, donde impartió clases.[1] A pesar de su creciente decadencia física —tenía casi 80 años—

[1] Su curso dio lugar al libro *Proceso histórico de la historiografía humana*, publicado en 1948 por El Colegio de México.

y de su nostalgia por España seguía siendo un hombre bondadoso y optimista, pulcro y metódico, "joven de espíritu", según lo describió su discípulo Silvio Zavala.

Los últimos cinco años de su vida, transcurridos en México en un ambiente hogareño, fueron de intenso trabajo y de grandes reconocimientos. El mayor, sin duda, fue haber sido propuesto en 1951 para el premio Nobel de la Paz, iniciativa impulsada por Isidro Fabela, otro mexicano que alcanzara la gran distinción de ser juez del Tribunal Permanente de Justicia Internacional, a la que obviamente se sumaron sus colegas de El Colegio de México. Un par de meses después podía ufanarse de contar con 400 adhesiones, tanto institucionales como personales. Desgraciadamente, la muerte le sobrevino cuando comenzaba a consolidarse su candidatura.

A Bernardo Sepúlveda hoy se le abre un nuevo horizonte en su vida, la que todavía tendrá muchos logros y reconocimientos. Concluyo esta carta reiterando el gusto que me da que El Colegio de México cuente con un segundo miembro en la Corte Internacional de Justicia. Es obvio que la elección de Bernardo Sepúlveda nos da un gusto aún mayor, pues Altamira llegó a El Colegio totalmente formado, casi podríamos decir que a bien morir, mientras que buena parte de la carrera profesional de Bernardo Sepúlveda ha sido hecha aquí, con sus colegas y sus alumnos.

¡Qué honor para El Colegio de México haber contado con Rafael Altamira, y contar, ojalá que por muchos años, con Bernardo Sepúlveda!

BERNARDO SEPÚLVEDA Y EL CENTRO DE ESTUDIOS INTERNACIONALES

Mario Ojeda Gómez

En el Centro de Estudios Internacionales de El Colegio de México decidimos realizar el presente homenaje para transmitir al estimado colega y maestro, Bernardo Sepúlveda, la más cordial felicitación por haber sido elegido juez del más alto tribunal de justicia del mundo, la Corte Internacional de La Haya. En este contexto, aprovecho también para hacerle un reconocimiento por su ya larga carrera como profesor del Centro. Esto es algo que le debemos desde tiempo atrás. El profesor Sepúlveda se ha distinguido, desde su llegada a la institución en 1967, por su seriedad como maestro y su fácil comunicación con los alumnos. Pero se ha distinguido, sobre todo, por su alta calificación para impartir los cursos de derecho internacional público y organismos internacionales. El profesor Sepúlveda se ha mantenido siempre fiel a sus clases, a pesar de los altos cargos que ha ocupado en su carrera profesional. Además, se ha comprometido a fondo con nuestro centro de estudios. Sepúlveda es uno de los nuestros y por ello nos sentimos tan orgullosos de su elección como juez internacional.

El profesor Sepúlveda ha sido también un productivo investigador, como lo demuestran sus múltiples publicaciones. Su interés ha sido amplio y diverso. Los estudios publicados abarcan desde el derecho internacional y los organismos internacionales, hasta la política exterior de México y las inversiones extranjeras; desde la política internacional y las relaciones de México con Estados Unidos, hasta el derecho del mar. Por otra parte, publicó una bibliografía comentada sobre política exterior que fue muy bien recibida en su momento y que continúa siendo una herramienta útil para el investigador. Además, ha sido miembro del consejo editorial de nuestra revista *Foro Internacional*, así como su asiduo colaborador.

En El Colegio de México, el profesor Sepúlveda fue también coordinador de Estudios de la Integración Europea, entre 1994 y 1996. Este programa se estableció en la institución a petición de la propia Unión Europea y fue el primero en su género en impartirse en México. En vista de todo lo anterior, se podría decir que el lado académico de la carrera de Sepúlveda ha sido singularmente rico en experiencias.

Conocí al profesor Sepúlveda en los años sesenta, a su regreso de la prestigiada Universidad de Cambridge. Yo era en ese tiempo director del Centro de Estudios Internacionales. Daniel Cosío Villegas, quien había sido presidente de El Colegio de México, me sugirió entrevistarlo con miras a su posible colaboración con nosotros. Sepúlveda encajaba perfectamente en los planes del Centro, pues necesitábamos un jurista que redondeara la preparación del grupo de profesores y se encargara de los cursos con contenido jurídico. Entrevisté a Sepúlveda y quedé con una muy buena impresión tanto por su carácter como por su alta calificación. Al final de la entrevista, me dejó una copia de su tesis sobre la seguridad colectiva en el sistema interamericano, la cual empecé a leer de inmediato.

Poco después me llamó por teléfono Jorge Castañeda padre, quien en ese tiempo ocupaba un alto puesto en la Secretaría de Relaciones Exteriores y me dijo más o menos así: "Profesor Ojeda, lo llamo en relación con este muchacho Sepúlveda. ¿Qué le parece?". "Muy bien", le contesté. Y continuó: "A mí me parece de primera. No hay que dejarlo ir. Le propongo que lo contratemos al alimón". Por suerte conocía yo el significado de esa palabreja y por ello pudimos cerrar el trato de inmediato. Procedimos en consecuencia a contratarlo al alimón: medio tiempo en El Colegio y el otro medio en Relaciones. Fue así como felizmente llegó el profesor Sepúlveda a nuestro centro de estudios.

El año anterior a la llegada de Sepúlveda se había creado en el Centro el Seminario de Política Exterior de México. Este programa estaba diseñado para estudiar el tema en forma colectiva, mediante la asignación de estudios de caso y la discusión en grupo. El Seminario lo coordinaba justamente Jorge Castañeda padre. Nos reuníamos para trabajar en grupo los sábados por la mañana en El Colegio y después nos íbamos a comer, de suerte que la discusión de los temas del Seminario continuaba, aunque con menor formalidad. Sepúlveda se acopló muy bien al grupo, que estaba formado, además de Castañeda, por Olga Pellicer, Rosario Green, Ricardo Valero, Francisco Correa, ocasionalmente Víctor Urquidi y yo mismo.

Castañeda padre fue para todos nosotros una especie de maestro informal, en el sentido de que no se trataba estrictamente de una clase curricular, sino de un seminario de trabajo. Pero lo fue más para Sepúlveda, puesto que trabajaba con él en la Secretaría de Relaciones. Me atrevo a decir que Sepúlveda fue el heredero principal de la sabiduría de Castañeda. Pienso no sólo en su sabiduría como estudioso de la política y el derecho internacionales, sino también como diplomático. En lo primero ambos coinciden por su seriedad, profundidad y realismo. En lo segundo por su ortodoxia, prudencia y sobriedad.

Sepúlveda fue secretario de Relaciones Exteriores en el gobierno de Miguel de la Madrid entre 1982 y 1988. Duró en su cargo todo el sexenio, algo difícil de encontrar en el México de los últimos tiempos. Su mandato duró de hecho más tiempo todavía, pues había sido nombrado con anterioridad embajador en Estados Unidos, a finales del sexenio anterior. El nombramiento en Washington le permitió foguearse en los asuntos internacionales de México desde antes de su llegada a Relaciones como secretario. Fue una especie de periodo de transición respecto del gobierno anterior, que permitió heredar el control de los asuntos en forma gradual.

Antes de la llegada al poder de Miguel de la Madrid, en los años setenta, había surgido en México la tesis de que el aislacionismo tradicional de la política exterior era perjudicial al país. México disminuía la capacidad de defensa de sus propios intereses nacionales al abstenerse de participar en la toma de decisiones en el ámbito internacional.

Así fue como Luis Echeverría inauguró un periodo de política exterior participativa: lanzó el proyecto de la Carta de Derechos y Deberes Económicos de los Estados, en defensa de los países en desarrollo. Así fue también como auspició una política de fomento a los intereses del llamado Tercer Mundo. Y así fue también como se comprometió con el apoyo al gobierno de Salvador Allende en Chile.

Un sexenio más tarde, José López Portillo siguió igualmente la nueva tendencia y decidió adoptar a la Revolución sandinista a fin de evitar su radicalización y el estallido de un conflicto generalizado en la región centroamericana. El apoyo a la Revolución sandinista no fue solamente político, sino también económico, lo que constituyó una novedad. Para ello, López Portillo se valió de recursos petroleros recién descubiertos en una época de bonanza de los precios del crudo.

Miguel de la Madrid continuó con esa nueva práctica de participación activa e involucró a México en la búsqueda de la paz en Centroamérica. Esta vez hubo otra innovación: México se asoció con países latinoamericanos para conseguir la paz en la región. Así fue como nació el llamado Grupo Contadora, formado por Colombia, Panamá, Venezuela y México, que adoptó el nombre de una isla adyacente a la costa panameña. Sepúlveda fue el arquitecto de Contadora. En esta tarea contó con la colaboración de un antiguo colega del Seminario de Política Exterior de México, Ricardo Valero, quien fungía como subsecretario.

El gobierno de Miguel de la Madrid terminó antes de que se firmara la paz en Centroamérica. Sin embargo, no cabe duda que Contadora constituyó una contribución notable a la paz en Centroamérica: ayudó a evitar el desbordamiento del conflicto hacia toda la región al proporcionar un marco que propició un clima político de moderación. Más importante aún fue que Contadora constituyó un muro de contención que inhibió en gran medida la intervención directa de Estados Unidos y la Unión Soviética en los conflictos.

Todo esto logró Contadora sin tener amplios recursos económicos, pues el desplome de los precios del petróleo en noviembre de 1986 mermó en forma significativa los ingresos de Venezuela y México. En el caso particular de México, hay que añadir que los terremotos en la ciudad capital de 1985, absorbieron grandes recursos del erario federal.

Todo lo que he relatado hasta ahora constituye un rico bagaje en el historial de Sepúlveda. Sin embargo, los mayores méritos para haber sido elegido juez de la Corte Internacional, parecen encontrarse más bien en otras facetas de su carrera profesional. Su experiencia como estudioso y practicante del derecho internacional fue, sin duda, clave para ello.

A este respecto se puede decir que Sepúlveda es miembro del consejo de redacción del *Anuario de Derecho Internacional* del Instituto de Investigaciones Jurídicas de la UNAM; también lo es del consejo rector de Transparencia Mexicana, y del Consejo Mexicano de Asuntos Internacionales.

Ha sido miembro del comité ejecutivo de la American Society of International Law; profesor del Seminario de Problemas Jurídicos Internacionales en la Facultad de Ciencias Políticas y Sociales de la UNAM, y conferencista en la Academia de Derecho Internacional de La Haya.

Por otra parte y más importante aún: es miembro de la Comisión de Derecho Internacional de la ONU; ha participado en los últimos años en arbitrajes diversos tanto de carácter nacional como internacional, y ha sido juez *ad hoc* de la Corte Internacional de Justicia de La Haya.

Uno de los éxitos más sonados de Sepúlveda en el desempeño de esta última responsabilidad fue haber logrado que la Corte Internacional resolviera que Estados Unidos debía revisar los juicios de reos mexicanos condenados a muerte sin el recurso de los servicios consulares.

La distinción hecha a Sepúlveda debe verse también como una distinción al país. En consecuencia, el éxito de nuestro colega tiene un doble valor, personal y nacional.

BERNARDO SEPÚLVEDA Y SU CURSO DE DERECHO INTERNACIONAL EN EL COLEGIO DE MÉXICO

Diego A. Dewar Viscarra

Bernardo Sepúlveda merece el presente homenaje por muchas razones: por su talento para poner en marcha una política exterior exitosa en una situación por demás complicada; por su labor en materia jurídica, desde su actuación en la Comisión de Derecho Internacional hasta su nombramiento como juez de la Corte Internacional de Justicia; por su apoyo a la iniciativa de incluir los principios de política exterior en la Constitución. Sin embargo, en esta breve contribución me propongo rendir un homenaje al profesor, quien desde 1967 ha formado a un número considerable de internacionalistas de El Colegio de México en un instrumento fundamental de nuestra profesión: el derecho y los organismos internacionales. Sus labores en La Haya le impedirán continuar con esta actividad y es por ello que los que fuimos sus estudiantes nos sentimos muy afortunados de haber podido tomar su curso antes de que fuera nombrado juez de la Corte Internacional de Justicia.

Los cursos de derecho internacional y organismos internacionales nos dejaron muchos aprendizajes en distintos temas, como las fuentes del derecho internacional instituidas en el artículo 38 del Estatuto de la Corte Internacional de Justicia; la personalidad jurídica de las organizaciones internacionales fundada en el fallo de la Corte de 1949 que surgió a raíz del asesinato del conde Folke Bernadotte, representante de Naciones Unidas en Palestina, o la preeminencia de las normas *jus cogens* sobre cualquier otra norma del derecho internacional. No obstante, he de decir que todos estos temas siempre estuvieron inscritos en el que probablemente sea el elemento distintivo del curso de Sepúlveda, que es, como señala Carlos Bernal en su contribución a este homenaje, su sensibilidad política. Así, los cursos que nos impartió nos ayudaron a entender las instituciones que rigen la sociedad internacional, pero considerando siempre sus limitaciones al operar en ausencia de un gobierno mundial.

Debo resaltar que la promoción a la que pertenezco tomó el curso de derecho internacional en un contexto particularmente difícil para organismos como las Naciones Unidas. Era el momento posterior a la intervención estadounidense en Iraq, que hundió a la organización ecuménica por excelencia en una crisis tan aguda que incluso se podría comparar con la de los años ochenta. Aun en esas circunstancias, nuestro profesor, como lo demuestra su trayectoria profesional, continuó siendo un convencido del multilateralismo y del arreglo pacífico de las controversias —elementos que aparecían recurrentemente en sus clases. Prueba de ello: su defensa incansable de los organismos internacionales mientras estuvo al frente de la Cancillería, así como su participación como juez *ad hoc* de nuestro país en el caso Avena y otros nacionales que, por cierto, también coincidió con nuestro curso.

LOS CURSOS DE DERECHO INTERNACIONAL Y ORGANISMOS INTERNACIONALES

El curso de derecho internacional empezó el 23 de septiembre de 2003. Era la primera clase que tomábamos sobre cuestiones internacionales. Muchos pensábamos que sería una materia totalmente jurídica, por lo que nos topamos con una grata sorpresa cuando, en nuestro primer encuentro con el profesor Sepúlveda, dedicamos todo el tiempo a hacer un análisis político del escenario internacional para poder aterrizarlo en la temática del curso. Empezamos señalando cómo el 11 de septiembre había supuesto transformaciones importantes en el sistema internacional. Exploramos algunos de los cambios, pero una de las conclusiones más importantes fue que había un actor emergente en las relaciones internacionales que el derecho internacional no podía ignorar: el terrorismo de alcance global.

En dicha ocasión, el profesor Sepúlveda hizo una exposición introductoria que claramente mostraba su sensibilidad ante el hecho de que éramos internacionalistas y no abogados. La materia jurídica era una herramienta, de ahí que la clase fuera más práctica que teórica. Para finalizar la sesión, nos indicó que había empezado de esa forma porque era imposible aislar el derecho y la política internacionales. Ése fue el punto de partida de la lección que creo es la más importante del profesor Sepúlveda: tratar de separar ambos campos poco ayuda para comprenderlos.

Este tipo de visión únicamente puede venir de una persona con una clara vocación jurídica, pero que al trabajar en política reconoce las limitaciones que puede tener el derecho en las relaciones internacionales. Esta característica del profesor Sepúlveda fue un sello distintivo de su curso. De hecho, me atrevería a señalar que la perspectiva que nos presentó se aproxima a la escuela inglesa de las relaciones internacionales o de la sociedad internacional que, si bien reconoce elementos de poder que rigen el sistema, en muchas ocasiones éste se tiene que canalizar por medio de instituciones y una de ellas es el derecho internacional.[1] Incluso, en sus exposiciones, Sepúlveda hacía referencia a la sociedad internacional y no al sistema internacional. Visto a distancia, es evidente que ello no era casual. Siendo la primera una comunidad que comparte valores e intereses y el segundo uno en el que los estados únicamente interactúan —según argumenta Hedley Bull—, resulta claro por qué un jurista utiliza el término sociedad.

En muchos sentidos, se puede decir que Sepúlveda nos introdujo al pensamiento liberal de las relaciones internacionales, al hablar de instituciones, cooperación y de algunos de los mecanismos para mitigar la anarquía. Sin embargo, mientras nos enseñó eso, también nos hizo ver los peligros y complicaciones que supone ser liberal a ultranza. Este tema se refleja muy bien en los derechos humanos como tema de política exterior, en el que con frecuencia los estados utilizan, en términos del profesor Sepúlveda, dos pesos y dos medidas.

El tema apareció cuando examinamos la responsabilidad internacional tanto del individuo como del Estado, pero más aún cuando discutimos el tema de la intervención humanitaria, también conocido como "responsabilidad de proteger". La ocasión en que más hablamos de la

[1] Véase Hedley Bull, *The Anarchical Society. A Study of Order in World Politics*, Londres, Palgrave, 2002.

cuestión fue cuando a una de mis compañeras le tocó analizar en su seminario una tesis del secretario general de la ONU, Kofi Annan, que decía:

> La tragedia del Timor Oriental, que ocurrió inmediatamente después de la tragedia de Kosovo, ha centrado una vez más la atención en la necesidad de una intervención oportuna por la comunidad internacional cuando la muerte y el sufrimiento se imponen a una proporción importante de la población, y cuando el Estado nominalmente responsable se encuentra incapacitado o indispuesto para detener esas atrocidades.[2]

Hay muchas opiniones sobre el tema y una de las que se abordaron en aquella ocasión fue la de la Comisión sobre Intervención y Soberanía del Estado en su informe *La responsabilidad de proteger*. En éste se argumenta que se debe "responder a las situaciones en que la necesidad de protección humana sea imperiosa con medidas adecuadas, que pueden incluir… en casos extremos, la intervención militar".[3] Al final, el profesor Sepúlveda nos señaló los peligros a los que puede llevar una excepción a la norma *jus cogens* sobre la proscripción del uso de la fuerza para evitar violaciones masivas de los derechos humanos, ya que éstos se prestan para dobles raseros y se podrían utilizar con fines políticos muy alejados del objetivo que se pretende defender. Ejemplificó esa situación con el retiro de la resolución de la Unión Europea en la Comisión de Derechos Humanos que condenaba la situación en China cuando su primer ministro realizaba un viaje para negociar inversiones en Europa.

Con el fin de ilustrar la sensibilidad política del profesor Sepúlveda, que fue tan importante en nuestra formación en El Colegio de México, retomaré uno de sus comentarios a la ponencia de Hans Blix en su visita a México. El jefe de la Misión de Inspectores de las Naciones Unidas en Iraq previa a la intervención estadounidense en 2003 señaló que él únicamente había cumplido con su labor de funcionario público internacional al decir la verdad. A esto, Bernardo Sepúlveda agregó,

[2] Bernardo Sepúlveda Amor, "Seminario: Derecho internacional público. Segundo semestre", México, Centro de Estudios Internacionales, El Colegio de México, 2004, p. 4.

[3] International Commission on Intervention and State Sovereignty, *The Responsibility to Protect: Report of the International Commission on Intervention and State Sovereignty*, Ottawa, International Development Research Centre, 2001.

en su calidad de comentarista, que lo que había hecho era digno de aplaudirse debido a que había fuerzas muy poderosas que deseaban que no lo hiciera.[4] Con ello quedó claro que muchas veces las funciones del derecho internacional y sus instituciones se ven presionadas por realidades políticas que no se pueden dejar de tomar en cuenta.

LA DEFENSA DEL MULTILATERALISMO

Uno de los temas fundamentales de las relaciones internacionales es el del uso de la fuerza, que está íntimamente relacionado con el derecho internacional debido a las regulaciones sobre la materia. En el caso de mi generación, la cuestión se volvía más que fundamental debido a los acontecimientos del escenario internacional. En abril de 2003, Estados Unidos había lanzado un operativo militar contra el régimen de Saddam Hussein, aduciendo el derecho a la legítima defensa anticipada y haciendo una interpretación del artículo 51 de la Carta de las Naciones Unidas. La crisis de Iraq prácticamente planteaba una revolución en el tema al poner en tela de juicio el régimen del uso de la fuerza, *jus ad bellum*, que impera en la actualidad. Incluso algunos países como Estados Unidos desarrollaron, y lo siguen haciendo, una política de poder que cuestiona la pertinencia de las normas establecidas para enfrentar el fenómeno del terrorismo de alcance global.[5]

En este contexto, la tarea del profesor Sepúlveda no era nada fácil, pues por más que nos insistiera en la proscripción del uso de la fuerza como una norma imperativa del derecho internacional que no acepta acuerdo en contrario, lo que observábamos en el mundo era una realidad del todo distinta. Sin embargo, precisamente por la crisis que ello supuso a Naciones Unidas, que incluso llevó a muchos a vaticinar su extinción, pudimos aprender otra de las lecciones centrales de Sepúlveda: el hecho de que en ocasiones no se actúe conforme a la ley es la excepción y no la regla, y aun cuando la regla se rompa de manera

[4] Conferencia de Hans Blix, "Terrorismo, armas de destrucción masiva y seguridad global", México, Universidad Iberoamericana, 19 de enero de 2005.

[5] Conferencia de Condoleezza Rice, Panel Inicial de la Reunión del Centenario de la American Society of International Law, Washington, DC, 29 de marzo de 2006.

continua ello no significa que se invalide. Finalmente, si recurrimos a la costumbre internacional, encontraremos que ésta cuenta con dos elementos: la repetición por un periodo considerable y la aceptación general de los estados de que dicha práctica constituye derecho. Como vimos en la Cumbre Mundial de 2005, la sociedad internacional se negó a aceptar la excepción al uso de la fuerza que suponen los ataques preventivos.[6]

Bernardo Sepúlveda nos enseñó que, en general, el uso de la fuerza se acepta únicamente cuando es autorizado por el Consejo de Seguridad u otros órganos de las Naciones Unidas por violaciones a obligaciones internacionales que constituyen un acto ilegal, o cuando se actúa en legítima defensa. Bajo estos supuestos, nos explicó cómo los argumentos utilizados por Estados Unidos carecían de sustento legal, pues el operativo no había sido autorizado por Naciones Unidas; la legítima defensa anticipada no se aplicaba porque no era una costumbre reconocida y porque las inspecciones realizadas por la ONU indicaban que Iraq no tenía armas de destrucción masiva. Con ello, nos hizo hincapié en que la ONU se estaba reivindicando. Incluso fue más allá, al hablarnos de hechos políticos que empezaban a mostrar una recuperación de la organización como fue la solicitud del presidente George W. Bush de que Naciones Unidas colaborara en el esfuerzo de mantenimiento y consolidación de la paz.

Bernardo Sepúlveda nos ayudó a entender las limitaciones de la ONU, pero, sobre todo, a comprender de dónde venían. Así, nos subrayó el hecho de que Naciones Unidas no es un ente abstracto, sino lo que sus miembros quieren que sea. Además, si bien criticó la estructura poco democrática del Consejo de Seguridad, también nos indicó que muy probablemente ello había que entenderlo como el costo que la sociedad internacional había tenido que pagar para mantener a la organización internacional por excelencia. Obviamente, dicho aprendizaje quedó en nosotros y fue fundamental para que tres años después de su curso pudiéramos leer las complicaciones que suponía el proceso de reforma.

Un profesor puede definir claramente en qué momento empieza a influir en sus estudiantes; sin embargo, difícilmente podrá hacer lo

[6] Documento Final de la Cumbre Mundial de 2005, [A/RES/60/1], pp. 21-22, párrafos 77-80.

mismo para determinar cuándo concluye. Así, unos cuantos semestres después, en el curso de política exterior mexicana, revisamos con particular atención la gestión de Bernardo Sepúlveda, pues el momento que le tocó vivir al frente de la Secretaría de Relaciones Exteriores en el tema multilateral era muy similar al de 2005, como bien lo ilustra Jorge Montaño en su texto incluido en esta compilación.

En aquel momento, el recrudecimiento de las relaciones entre las superpotencias dejaba poco margen para la acción multilateral. Dadas las dificultades que supuso el mal desempeño de la economía interna, muchos observadores vaticinaron el repliegue de México en sus relaciones con el exterior. Sin embargo, nuestro país se mantuvo activo en el escenario internacional, buscando, entre otras cosas, formas de fortalecer el multilateralismo. A pesar de los temores de la época, el ambiente polarizado no provocó el fin de las organizaciones internacionales, fantasma político que regresó en 2003 y que permanece hasta hoy, por lo que no está de más recordar ese momento y recuperar las lecciones que pueden ser útiles para los retos que ahora tiene Naciones Unidas y para el papel que México puede y debe desempeñar en su fortalecimiento.

PROFESOR EN EL COLEGIO DE MÉXICO Y JUEZ *AD HOC* EN LA CORTE

Otra de las razones por la que nos sentimos muy afortunados de haber sido alumnos de Bernardo Sepúlveda fue que, como señalé anteriormente, al mismo tiempo que empezó nuestro curso se había puesto en marcha el proceso para el caso Avena en la Corte Internacional de Justicia. Sabíamos que nuestro profesor sería juez *ad hoc* del órgano judicial más importante de las Naciones Unidas. El tema se dejó de lado durante algunos meses hasta que el profesor Sepúlveda, el 4 de diciembre de 2003, nos anunció que el presidente de la Corte Internacional de Justicia, Shi Jiouyong, había solicitado su presencia en La Haya antes de lo previsto. Algunos de nosotros no pudimos resistir la curiosidad y nos acercamos a preguntarle sobre los jueces y los procedimientos de la Corte. En aquella conversación nos dio gusto saber que varios de los jueces de la Corte Internacional de Justicia eran amigos del profesor Sepúlveda, a quienes conocía por su labor en la Comisión de Derecho Internacional; menciono a Nabil Elaraby y a Bruno Simma, por referirme sólo a dos. Por otra parte, no dejaba de impresionarnos que nuestro profesor fuera a formar parte del que es, probablemente, el grupo más selecto de juristas internacionales y que, al mismo tiempo, nos instruyera en las lecciones básicas del derecho internacional, buscando provocar nuestro interés.

A finales de marzo de 2004, la directora del Centro de Estudios Internacionales, María del Carmen Pardo, nos informó que nuestro profesor de derecho internacional quería vernos. Muchos incluso pensamos que probablemente quería reunirse con nosotros para despedirse, pues creíamos que sus labores en La Haya no le permitirían continuar en El Colelgio. Sin embargo, el profesor Sepúlveda, con la responsabilidad que lo caracteriza —la habíamos constatado en su puntualidad inglesa al llegar siempre a las ocho de la mañana los martes y jueves que teníamos clase con él—, nos informó que a pesar de que los meses anteriores habían sido particularmente difíciles por la carga de trabajo, regresaría en unas semanas a continuar con el curso.

A partir de ese momento nos quedó claro que las enseñanzas del profesor Sepúlveda no representaban únicamente el despliegue de sus amplios conocimientos jurídicos resultado de su labor docente y de investigación, sino también de su experiencia como miembro de la Comisión de Derecho Internacional, como juez *ad hoc* en la Corte y como secretario de Relaciones Exteriores, entre otros. De ahí que, por ejemplo, el análisis de las tesis sobre el uso de la fuerza en el caso Acciones Militares y Paramilitares en y contra Nicaragua, tuviera detrás un amplio conocimiento del contexto político en el que se llevó a la Corte Internacional de Justicia, que provino del minado de puertos promovido por Estados Unidos y al cual Bernardo Sepúlveda tuvo que enfrentarse mientras dirigía la Cancillería mexicana.

APUNTES FINALES

Fuimos discípulos de un profesor que ha realizado paralelamente, y de manera exitosa, dos labores que no son fáciles de combinar y que, incluso, se han catalogado como excluyentes: teoría y práctica, intelectualidad y burocracia, utopía y realidad —puesto en los términos de Edward Hallett Carr.[7] Claro está que ello supuso un curso distinto, una clase de derecho para estudiosos de política que al final estuvieron expuestos a una visión poco común: la importancia y centralidad de las instituciones en un entorno dominado por el poder.

Las enseñanzas que recibimos en el curso de derecho internacional quedaron en las mentes de muchos de nosotros. Evidencia inmediata de ello es que cuando llevamos los cursos de teoría de las relaciones internacionales, al analizar el realismo y sus supuestos básicos sobre el interés nacional y el equilibrio de poder, una pregunta recurrente de las profesoras Ana Covarrubias y Celia Toro era: ¿Bernardo Sepúlveda les dio el curso de derecho internacional, verdad?

Las lecciones que aprendimos no se limitan únicamente a la doctrina jurídica, sino también a valorar los organismos internacionales, así como las normas que rigen la sociedad internacional y la justicia como fin último. Además, sus enseñanzas trascienden su curso, pues el que haya sido nuestro profesor nos hizo prestar particular atención al análisis de la política exterior mexicana de los años ochenta, que da lecciones que nuestro país podría tomar para enfrentar la crisis actual del multilateralismo. Éste, pues, no es sólo un homenaje a la persona, también lo es a su vocación internacionalista y a su defensa del derecho internacional. Pero más aún, a su encomiable labor como profesor con la que, de manera por demás exitosa, logró generar interés en su materia y plasmar en sus estudiantes lecciones que trascendieron su curso e, incluso, la estancia de algunos de nosotros en El Colegio de México.

[7] *The Twenty Years Crisis, 1919-1939*, Nueva York, Perennial, 2001, pp. 12-21.

SEGUNDA PARTE

BERNARDO SEPÚLVEDA, EL JURISTA

PRESENCIA DE HUGO GROCIO

Francisco Cuevas Cancino

EXPLICACIÓN INICIAL

Es el año de 1625. Publícase en París un libro del que es autor un neerlandés fugitivo de la justicia; se trata, además, de un hombre profundamente acongojado por su fracaso, pues creía estar en la antesala del poder supremo en esas Provincias Unidas que, a brazo partido, luchaban contra la formidable España de los primeros Habsburgos. El partido político que ilustró con su genio ha quedado aniquilado; el estadista, que por varias décadas lo capitaneó, decapitado; y él mismo, condenado a prisión perpetua. Es pues un fugitivo profundamente apesadumbrado quien —impulsado por su ilustre amigo, el astrónomo y numismático Nicolás Peiresc— desenvuelve en su totalidad ese derecho de gentes que en días ya lejanos —y tan lejanos, pues eran los del 1604, cuando el joven genio se bebía los vientos— le diera ocasión de asentar los derechos de la novel y conquistadora nación neerlandesa, así como la libertad de los mares.

Es el libro uno de los que trazan una línea en el mar del pensamiento jurídico. Necia empresa es preguntarnos si su autor fue o no fue el fundador del derecho internacional; lo indiscutible es, como el mismo Grocio se lo propuso, que su obra es el primer tratado sobre esa nueva rama del derecho. Nueva decimos, porque como tal no existía. A Grocio le fue preciso rastrear intuiciones y sugerencias, descifrar bosquejos e interpretar sutiles esbozos sobre aquel derecho que iba más allá del civil, y que tuvo que fundamentar apoyándose en los historiadores, trágicos, poetas, ensayistas y jurisconsultos de la Antigüedad, sin por ello despreciar a los renacentistas. De allí esa erudición que a los lectores de hoy les resulta farragosa e insustancial, incluso pretenciosa, pero que fue en ese año de 1625, indispensable recurso para fundamentar una rama del derecho hasta entonces inexistente.

Tuvo su *De iure belli ac pacis* (DIBP) inmensa resonancia: ediciones y traducciones se multiplicaron durante siglo y cuarto; más importante aún fue que sentó las bases del derecho de gentes en el mundo posmedieval. Captó, en su preciso momento, el origen divino del hombre, su maldad paradisiaca, su intuición del derecho, la perfección del Estado como organización social, la pertenencia de éstos a una comunidad mundial de naciones dotada de su propio derecho, y proclamó —con la voz estentórea de los profetas del Antiguo Testamento— la obligatoria preeminencia de las normas jurídicas, encarnación de la justicia en el mundo de los estados, aun en ese desencadenamiento de la violencia que intitulan guerra.

Pudiéramos pensar que hoy, más que nunca, el DIBP se contaría entre los sostenes espirituales de aquellos empeñados en defender la augusta presencia del derecho en este mundo empañado por guerras de toda clase. Mas no es así: tiempo hace que la obra ni en su latín original, ni en traducciones, circula. Y salvo las obligatorias referencias que encontramos en la mayoría de los textos de derecho internacional público, nadie recuerda otra cosa que el escueto nombre de Grocio. Podríamos pues concluir que la órbita de su obra genial ha llegado a su nadir: que, una vez cumplida su función vital, ha sido reemplazada por las de sus sucesores y que, como tantas otras creaciones del espíritu humano, ésta yace en uno de esos anaqueles vidriados en el que se la libra del polvo secular, mas se la resguarda también con un áurea cerradura, cuya llave se ha perdido.

Por razones que no puedo explicar me empeñé en escribir una biografía de Grocio en la que, arrastrado tal vez por el romanticismo que aureola su figura, me apoyé sí, pero me desprendí también, de la pertinaz presencia del derecho en la vida de las naciones. Pero mi inquietud fundamental no desapareció: la gran obra, ese DIBP que propiamente concibe y manifiesta las características esenciales del derecho internacional, ¿debe clasificarse como pretérita?

Las nuevas corrientes internacionales que, al parecer, nada tienen en común con un autor que no obstante su genio se vio encordonado por la guerra de independencia de los Países Bajos, y por la que hemos intitulado la de los treinta años, ésa que desgajó el Imperio alemán, ¿justifican el silencio con el que se rodea al DIBP?

Mi intuición sobre el DIBP, y que data ya de media centuria, se rebela ante esta conclusión. Por entre lo farragoso de la obra yo percibía un mensaje tan nítido como el que proviene de una obra de arte. Me hallé pues en una situación en que era ineludible encarar todas y cada una de las razones por las cuales creo que Grocio —y sobre todo su DIBP— es hoy día el gran ausente en el mundo de la doctrina internacional. A mi modo de ver las razones son las siguientes:

I

Tuve la fortuna de tratar en París a una mujer excepcional que se llamó Nadia Boulanger. Personificaba esa realeza que, más allá de materiales riquezas y de apergaminadas prosapias, resume la superioridad espiritual que algunos seres humanos ejercen sobre sus congéneres. Su vocación era la música, y dictaba en La Sorbona una cátedra de música.

¿Cómo, así en su totalidad, sin particiones ni especificaciones? Así era en efecto, porque para su mente que volaba en esas etéreas alturas de celestiales acordes, vedadas a seres de endebles y magras alas, los compartimentos estancos en los que los musicólogos se parapetan sencillamente no existían.

En Grocio hallamos una situación comparable. Él escribió el primer tratado de derecho internacional público, pero no visualizó esta rama del derecho como separada de las demás, ni incapaz de inspirarse en lo que las precedentes habían demostrado. El derecho de gentes, el que se refiere a las relaciones jurídicas entre las naciones, va más allá del civil, dijeron los maestros romanos, pero no por ello dejaremos de tomar en cuenta, y de aprovechar también, lo que en esa y otras ramas del derecho interno se había hecho —y muy bien hecho por cierto— para mejor intuir lo internacional.

II

Consideremos los tratados y manuales de derecho internacional público hoy en boga. Hallaremos, casi sin excepción, un análisis bien estructurado en el que se examinan las diversas facetas de esta disciplina cual si se tratara de un ordenamiento parigual al interno, es decir proveniente de autoridades reconocidas por todos los miembros de la comunidad como superiores, como veedoras de un mismo derecho, con estrictas limitaciones a la persecución individual (estatal debiera decir) del poder, tanto político como económico. Nada, en estas mansiones tan regiamente amuebladas, nos permite ver que en lo internacional nos movemos en otra dimensión, cual si junto con Alicia hubiésemos traspasado el espejo para hallarnos en un mundo todo él de proyecciones irracionales.

Aquellos que no hayan ingresado a la torre de marfil de los internacionalistas, quienes se escudan bajo el concepto del llamado derecho imperial —es decir, aquel que satisface su presencia con la simple afirmación de la norma, sin preocuparse si ésta coincide, choca o altera la realidad— tendrán por fuerza que mostrarse perplejos. Se nos dice que el uso de la violencia como arma de la política nacional está prohibido cuando todo a nuestro alrededor confirma exactamente lo opuesto; se nos habla de la santidad de los tratados, e incluso se esgrime un concienzudo convenio que se califica de tratado-ley conforme al cual —como si de contratos individuales se tratara— se restringe la facultad de todos y cada uno de los estados para desprenderse de obligaciones voluntaria o forzadamente tomadas cuando la historia, en todas sus épocas (y la misma realidad actual), comprueba lo contrario. Establecen asimismo una igualdad entre estados cada vez más desiguales, amparándose en el derecho aunque ignorando a la vez que entre los individuos esa igualdad jurídica existe sólo por obra de una autoridad superior que la impone. Y por último se afirma —aunque en este particular la opinión pública impulsa ya un cambio sustantivo a favor de los derechos del individuo en el ámbito internacional— que sólo los estados son sujetos de derecho.

Tuvo Grocio profunda conciencia de estas contrapuestas diferencias y las encaró con singular vigor y con no igualada claridad mental.

La realidad de la guerra —sobre todo la guerra, con su interminable y falaz secuela de toda clase de violaciones de los preceptos evangélicos que, especialmente entre los cristianos, son de particular y obligatoria relevancia— existe y seguirá existiendo, por lo que prohibirla es moral y legalmente inútil; lo que corresponde al jurista es impulsar el mundo ético hasta convertirlo en derecho, un derecho que, en lo internacional, no puede descansar en la coacción sino en el convencimiento de que, mediata y moralmente, lo conforme a la justicia será a la larga ventajoso para el Estado que la respete.

III

Detengámonos un momento en Vattel. Su obra *Derecho de gentes*, que aparece en 1758, se superpone en el parlar usual a la de Grocio y a él se le califica como continuador de aquél. Pero la diferencia es esencial: en tanto Grocio modera constantemente el derecho natural, tanto por la creencia en un derecho universal que se esfuerza en configurar como obligatorio, como por la constante y machacona presencia de la justicia y de la equidad, Vattel rompe con todo ello, dejando a los estados en el goce irrestricto de su libertad natural cuyo propósito toral es la protección y mejoramiento del ente estatal.

Ejerció Vattel, al decir de Seara Vázquez, "una influencia enorme en el pensamiento jusinternacionalista que, aunque cada vez más atenuada, llega todavía hasta nuestros días".[1] La luminaria suiza opaca a la neerlandesa: la gran marea de las reediciones del DIBP, y en coincidencia temporal casi perfecta —pues a partir de 1758 la obra de Grocio aparece sólo esporádicamente—, cesa al aparecer el *Derecho de gentes*. El ideal internacional del uno se contrapone por completo al del otro, y en la aproximación vatteliana al derecho internacional encontraron las grandes potencias atinente instrumento para libremente dar caza a esa preeminencia internacional que desesperada e ineluctablemente persiguen.

[1] *Derecho internacional público*, México, Porrúa, 1981, p. 38.

IV

Ocupémonos, siquiera por un momento, de la rama paralela al derecho internacional público que es el privado. Para los especialistas en esta última materia es inalterable regla tomar constantemente en cuenta soluciones que a problemas similares ofrecen las legislaciones de otros estados. Nada de eso ocurre en el público, pues la marfileña torre es exclusiva y excluyente. Claro está que nos hallamos inmersos en la suposición —que se afirma como convicción— que el internacional es una rama del derecho coetánea con los estados (una sola comunidad estatal, un solo derecho) por lo que los cambios que la costumbre y las decisiones estatales le introducen en forma alguna alteran dicha unidad; se ignoran así los fundamentos netamente cristiano-occidentales que tiene el derecho internacional público y que otras civilizaciones, sean pretéritas o coetáneas, no aceptan. Mal puede avalar tamaña unificación una prédica que se muestra tan endeble cuando la contraponemos a las constantes violaciones que normas jurídicas supuestamente obligatorias por doquier sufren. No hallamos pues en estos modernos manuales ninguna referencia a prácticas internacionales de otras civilizaciones, las que —al menos en cuanto a Roma y Grecia— castamente se cubren afirmando que existió, aunque en ciernes, idéntico derecho.

Grocio es un renacentista en el sentido clásico de la palabra, por lo que convive con los grandes espíritus de la Antigüedad. A la par —y puesto que éstos se fundaban en los ejemplos que provenían de sus experiencias y de su inmediata historia—, no duda en encarar realidades que hoy día pudorosamente se ignoran.

La dureza de los juicios de Tucídides, las normas que provienen de lo que fue la grandeza de Roma no le arredran y por consiguiente su DIBP tiene una dimensión mucho más acorde con la realidad y por ello mismo es inconveniente a los internacionalistas contemporáneos.

V

Detengámonos otro momento, esta vez en Rubens, aquel genial pintor contemporáneo de Grocio y que, *mutatis mutandis*, mucho se le parece en cuanto a su concepción de la belleza pues (repetiremos) el derecho es bello y hechicero.

Se le rinde hoy día un nuevo homenaje reconociéndolo como uno de los grandes artistas de nuestra historia, y sobrepasando el instintivo rechazo que el mundo de la pintura tiene en la actualidad por lo barroco, se reconoce la originalidad sin par de la concepción rubensiana, mitológica a la par que religiosa.

La ciencia jurídica —al menos en el caso de Grocio— no ha logrado traspasar ese muro de incomprensión hacia lo barroco. Lauterpacht califica al DIBP de ilegible y, lo que es de admirarse, lo propio hace el muy ilustre clasicista que fue Gómez Robledo. La obra genial se relega así a la buhardilla de los libros viejos, reemplazándola con conceptos generales que se califican de grocianos. El primero de los juristas citado sintetiza dicha influencia en los términos siguientes:

"La sujeción de la totalidad de las relaciones internacionales a las normas jurídicas; la aceptación de la ley natural como fuente independiente de la ley internacional; la afirmación de la naturaleza social del hombre como base de la ley natural; el reconocimiento de la esencial identidad entre estados e individuos; la negación de la validez de la 'razón de Estado'; la distinción entre la guerra justa e injusta; la doctrina de la neutralidad relativa; la fuerza contractual de las promesas; los derechos y libertades fundamentales del individuo; la idea de paz y la tradición de progreso e idealismo".[2]

En cuanto mucho de lo que contiene el DIBP sobrepasa, remodela y configura estos conceptos, y en tanto muchas de las ideas que cita Lauterpacht se encuentran efectivamente en la obra central de Grocio, pero no provienen de él, nos hallamos frente a un ejemplo de cómo se traspone y configura una tradición que desvirtúa por una parte la contribución grociana, y por la otra justifica el olvido en el que cuidadosa pero mortalmente se envuelve su obra maestra.

[2] "The Grotian Tradition in International Law", en *British Yearbook of International Law*, 1946.

VI

Por la personalidad del autor y por el momento en que lo escribió, el DIBP no fue ni pudo ser una obra estrictamente racional. Pensemos en el estadista desbancado del que consideraba su natural destino, y en el prófugo de una patria a la que amó entrañablemente: cuanto daba cohesión a su vida había caído por la borda. Se vuelca pues sobre esa obra jurídica que, como a pesar suyo, le dará la inmortalidad con toda la genial pasión de que era capaz. Escribir el DIBP fue para Grocio una catarsis del todo semejante a la que sintieron los dramaturgos helenos al poetizar sobre la guerra de Troya. No olvidemos que estamos en presencia de una de esas personalidades geniales que cebrean de cuando en cuando nuestro horizonte y que no podemos, racionalmente, inteligir. Cierto que las citas en su multitudinaria presencia le eran necesarias, jurídicamente hablando, pero lo eran también anímicamente para un Grocio empeñado en volcar todo cuanto había atesorado para guiar los destinos de su patria y que ahora le servirían —apenas, diría él, en tanto nosotros lo corregiríamos diciendo: felizmente— para construir el majestuoso edificio del derecho internacional.

Para volver al campo de la pintura diría que estamos en presencia no de una obra de caballete destinada a amanerados cuanto pulidos salones, sino de un gran fresco… y al fresco hemos de acudir al analizar el DIBP pues sólo conforme a colosales criterios podemos comprender sus proporciones giganteas. Miremos, aunque sea como reflejo de nuestra memoria, el gran fresco de Rivera que ilumina la escalinata central de Palacio Nacional. Podemos, si a contrapelo lo deseamos, analizar por separado esta o aquella figura, e incluso criticar lo que aquí o acullá nos parece inusitada si no es que imperfecta perspectiva, pero al así hacerlo descuartizamos en lugar de admirar, la magnitud de la obra genial que presenciamos.

VII

Quizá más por razones cordiales que políticas confirió Carlos V a su hijo Felipe aquellas provincias flamencas en donde nació, en cuyo seno se formó y a las que amó con particular empeño. Nunca apreció Felipe en su justo valor tamaña dación. Flandes fue pesarosa presencia, y de la incomprensión e indiferencia del monarca surgió la inevitable contienda que llevó a las Provincias de los Países Bajos a dividirse en dos naciones, a transformar Holanda en la gran potencia naval del XVII, a arrancar a la Corona de Castilla todas la posesiones portuguesas que a la sazón y bajo su férula estaban, y a una guerra que se eternizó durante el reinado de Felipe II, el de su hijo y el de su nieto, verdadero cáncer que inició la decadencia de España.

La guerra que empezaron los ejércitos del gran duque de Alba duró ochenta años. Grocio nació, vivió y murió dentro de esa guerra. Tal vez, bajo infortunio semejante y ahora que la lucha contra el terrorismo y contra el narcotráfico se ha transformado en permanente contienda, nuestros nietos comprenderán mejor esta particularidad de Grocio, pero generaciones a las que pertenece quien esto escribe, gustosas se olvidan de contiendas que califican de parciales e intemporales violaciones a un estado de inmanente paz.

Escribir sobre el derecho de gentes para un hombre que no ha conocido otra realidad internacional que la guerra no será lo mismo que para uno que se envuelve en la iridiscente aureola de la paz. Si desde esta perspectiva leemos el *DIBP* percibiremos sin dificultad una genial prédica en favor de la presencia, primero, y de la imposición, después, de normas jurídicas sobre una guerra que en tanto se fusionó con la que llamamos de los treinta años, cada día se mostró más feroz y sangrienta.

Poetizando un tanto, podríamos incluso calificar a la guerra como *leitmotiv* de la vida de Grocio: nace en Delft, ciudad en la que fue villanamente asesinado el caudillo de la independencia neerlandesa, Guillermo el Taciturno; estudia en Leyden, cuya universidad fue fundada en reconocimiento a la heroica resistencia con la que sus habitantes rechazaron a los Tercios Españoles; obtiene su doctorado en la Universidad de Orleáns, al igual que Calvino quien, a poco de recibirlo y desde Ginebra, iniciaría su guerra contra católicos y luteranos; forma parte de un partido político que bajo Barneveit logra una tregua —la de 1609 que por un instante hizo pensar en la paz—; es políticamente derrotado, preso y prófugo cuando prevalece en los Países Bajos el partido que apoya la incondicional continuación de la contienda; exiliado, escribe su gran libro sobre el derecho de la guerra, y, en el periodo final de su existencia, representa como embajador ante Francia —ella misma en plena definición— a una Suecia que pugnó en Alemania durante todo el tiempo de su diplomática misión, y todavía por tres años más.

VIII

Mis esfuerzos por domeñar el idioma flamenco han sido en vano; por consiguiente conozco las nutridas y bien meditadas obras que sobre Grocio existen en esa lengua sólo de forma indirecta. Mis juicios son por consiguiente involuntariamente parciales, pero dentro de esa parcialidad me parece que sus internacionalistas se han preocupado tanto por ver los árboles que han ignorado el bosque. Van Vollenhoven por ejemplo (citado por Dumbauid) considera el capítulo XX del libro II del *DIBP* que trata de los castigos como la esencia de la doctrina de Grocio, y que a quien esto escribe le parece una de tantas disquisiciones adyacentes al gran tema del derecho, pero inevitables en quien era, por inclinación, más teólogo que jurista. Así también Fruin[3] adscribe sus cautelosos comentarios sobre la posibilidad de un pueblo de luchar por su independencia a su carácter de exiliado político (libro I, capítulo IV). Dentro del contexto del libro parecería lógica interpretación que el estadista, cuya vida de hombre genial había sido burilada por la desgracia, había llegado a concebir esa calidad que, según creo, todos los estudiosos han cuidadosamente marginado: que los estados, al parigual que los hombres, tienen destinos; éstos les han sido fijados desde su concreción y, no obstante los relámpagos con que de cuando en cuando los ilumina el genio de algunos de los individuos que los integran, nadie ni nada altera una destinación que, manifiesta o no, es al parecer inmutable.

El mismo Fruin establece entre el *DIP* y el *DIBP* una línea de continuidad que, afirma, es de grado tal que la segunda debe considerase

[3] Edward Dumbauid, *The Life and Legal Writings of Hugo Grotius*, Norman, University of Oklahoma, 1969.

como simple ampliación de la primera.[4] Que Grocio tuvo presente, que se apoyó en ese primer y cenital alegato sobre los derechos del pueblo neerlandés a la independencia, ese mismo que demostró la licitud de las adquisiciones que a costa de Portugal y a consecuencia de la contienda habían alcanzado, y mismo que asentó por vez primera la libertad de pacífica navegación por todos los mares, está fuera de duda; pero de allí a afirmar una dependencia —incluso una tan estrecha e imperativa como se pretende— hay un paso que nada nos aconseja dar. Baste consultar el capítulo II del libro II, que lleva por título "Bienes que pertenecen en común a todos los hombres", para comprobar lo original de la nueva creación.

Recordemos que la calidad de genial implica una complejidad infinitamente mayor que la correspondiente a hombres de pensar cotidiano. Grocio veía en el derecho internacional mil facetas que a nosotros se nos escapan, y es por ello que a veces nos invita a desviarnos hacia el derecho romano, otras a transitar por la tragedia griega, a solazarnos con él en la poesía latina, a empinarnos sobre los textos de la Historia Sagrada, sobre los intemporales preceptos del Evangelio y, otras también —y por qué no—, a acompañarlo en disquisiciones teológicas que juristas de misa y peso no alcanzan a abarcar. La concepción grociana fue desde un principio amplísima, pero, sobre todo, ética.

IX

Lo fundamental del *DIBP*, según estimo, estriba en la reducción o limitación de los derechos "naturales" de cada Estado conforme a normas éticas que llama de justicia moral, o justicia interna, o incluso equidad. Son los "temperamentos", que bajo la forma de capítulos adyacentes moderan cada uno de los derechos de los beligerantes, los que constituyen el eje de su obra y que hoy día, cuando hablar de moralidad en el mundo internacional es mera demagogia, o signo de mental decadencia, han sido convenientemente olvidados. A las grandes po-

[4] Citado por Brown Scott en la primera introducción al *DIBP* de la Colección Carnegie de Clásicos del Derecho Internacional.

tencias les conviene predicar principios que ellas violarán a placer, pero cuya obligatoriedad imponen a estados menos poderosos. Churchill, por ejemplo, predicó como principio fundamental de la vida internacional el respeto a los tratados, pero cubrió con piadoso velo la historia de la Gran Bretaña, pues su gran nación, a la par con Roma, se erigió sobre el irrespeto —o respeto, en su caso— de tratados cuando así convenía a sus intereses.

Recordemos como uno entre muchos ejemplos, cómo el gran Pío violó la paz convenida con España para apoderarse de los galeones de la flota del tesoro, arrojando así a Carlos IV en los inclementes brazos de Napoleón.

X

¿Cómo pretender, diré por último, que un jurista mexicano penetre en el pensamiento jurídico de Grocio a modo de apartarse (y quizá de superar) a los de otras nacionalidades, el francés Basdevant, por ejemplo, y de los mismos neerlandeses?[5] Hay veces que la distancia, no ya temporal sino cultural, permite al investigador columbrar la solución del problema con mayor claridad que los íntimos a quienes su misma cercanía impide la perspectiva. ¿No acaso fue Champollion, un francés y no un egipcio, quien descifró los jeroglíficos faraónicos? Y entre nosotros, ¿no fue un ruso, que jamás visitó Yucatán, quien descifró los jeroglíficos mayas?

Quizá sea esto posible porque me he atrevido a considerar el DIBP como una obra de arte; la corriente jurídica que lo alienta surge entonces clara y potente. Sin dificultad podremos respetar sus caprichosas variantes, del mismo modo que admiramos la sinuosa y variante forma como un río labra su salida hasta el mar. El sentido poético de la obra grociana es patente; la generación de Grocio y las subsiguientes así lo entendieron. Más al florecer el Siglo de las Luces y desbocarse el racionalismo, la obra maestra quedó empañada y sus valores proscritos.

[5] En *Les fondateurs du droit international.*

He presentado argumentos que demuestran la viabilidad del *DIBP* aun trascurrido su gran periplo. Desde esta plataforma he de preguntarme: ¿son acaso suficientes para motivar una reedición de la obra maestra? Trataré, a guisa de respuesta, de situar a Grocio dentro de las grandes mareas históricas en las que se desenvolvió.

El Renacimiento en las naciones allende el Rin está cenitalmente unido con la que hemos llamado Reforma. Renacentista lo fue Grocio, y podemos decir que lo fue hasta en la punta de sus dedos: al observar el modo y forma como maneja a los autores clásicos, en calidad y en número —y desechando de plano como incongruas las hipótesis que adelantan algunos zoilos, que se sirvió de bibliografías precocinadas—[6] no podemos sino concluir que, a la par con Maquiavelo, ambos políticos fracasados y dolientes proscritos, hallaba en la comunión con los grandes espíritus del pasado grecorromano ese paraíso terrenal fuera del cual el hombre pensante muere de inanición. A diferencia del florentino, el de Delft es profundamente religioso: más todavía, diría yo, que esos monjes hispanos que, antecediéndolo, pensaron y escribieron sobre el mismo tema de las relaciones entre estados soberanos. Y digo más porque Grocio sufrió a causa de sus creencias. Valiéndose de la controversia entre gomaristas y aminianos, sectas enemigas aunque partes de una misma religión, la calvinista, su partido político fue debelado y él preso, torturado y proscrito. El *DIBP* es pues la obra de un militante cristiano que lleva a cabo —en un tema al que lo forzó el destino, pero que no era el de su elección, y de allí que el epitafio que él mismo compuso ni siquiera mencione su obra capital— una genial exposición sobre lo que debe ser el reinado religioso del derecho entre las naciones, como lo enfatiza tanto la dedicatoria de su toral libro a Luis XIII, como la admonición final.

Distinguiéndose de sus predecesores españoles, Grocio además de teólogo y de jurista es un hombre de Estado. Vitoria y Suárez fueron profesores universitarios, como lo fue en buena parte Gentili, y practicante de la guerra, a semejanza de Descartes, Ayala. Pero Grocio había podido tamizar lo que era ese derecho internacional por su participación en el gobierno de los Países Bajos: no olvidemos que era el sucesor

[6] P. Borschberg, *Hugo Grotius* "Commentarius in Theses XI", Berna, Lang, 1994.

designado de Barneveit para ocupar el cargo de supremo magistrado. Hallamos en él una combinación semejante a la que nos ofrece Shakespeare: si en éste se sumó al exquisito poeta el profesional del teatro, en el caso de Grocio a su exquisitez jurídica se añadió su estadidad.

En su DIBP hallamos consideraciones de profundo humanismo que sus contemporáneos comprendieron y admiraron, pero que generaciones sucedáneas a partir de Vattel desecharon. Recordemos cómo éste elaboró su tratado conforme a una peculiar dualidad: la de rendir homenaje a normas jurídicas que proclama obligatorias pero que devalúa *ab initio* con la prevalencia —que afirma ser un derecho natural— de los intereses de cada Estado en lo particular. La aplicación de normas antes generales queda sujeta al oportunismo: el rasero de lo conveniente justifica la apreciación que cada Estado soberano hará de lo que sus dirigentes en ese momento de su historia consideren cónsono con su anhelo de aumentar su poderío e influencia.

Esta dualidad nunca aparece en la obra grociana, pero tampoco se ignora en ella la contradicción, muchas veces violenta, entre el deber ser y la realidad. Grocio nos ofrece lo que me atreveré a llamar un tratado compuesto por la superposición de tres juegos de cartas: i) la del derecho natural que permite al grupo tribual o estatal todos esos actos vehementes, incluso los de violencia visceral, en defensa de su vida y propiedades; ii) la del derecho de gentes que, fundado en la práctica de los estados, sea por medio de convenios o de costumbres, añade o disminuye lo que del primero proviene; iii) y la última, que establece los preceptos cristianos conforme a los cuales se transformaría la sociedad estatal para convertirla en una asociación de comunidades respetuosa de los derechos ajenos, incluso los de los enemigos, y sobre todo en tiempos de guerra.

La línea divisoria entre la ética y el derecho es particularmente tenue en el DIBP: en la comunidad estatal no hay autoridad central, ni tampoco suprema, es decir superior a la soberanía de cada cual. Por consiguiente la norma jurídica depende exclusivamente de la convicción de cada uno de los estados de que los intereses del todo, es decir de la república de naciones, son superiores a los suyos en lo particular. Tomaré pie aquí para hacer dos observaciones: la una, que el concepto grociano del derecho internacional va más allá que el de Suárez o el de

Vitoria, pues él si encara el problema de la obligatoriedad proveniente de la comunión jurídica del conjunto estatal cuya "estrutinfa" aquellos percibieron; la segunda, que Vattel destruye ese equilibrio ideal, pero equilibrio al fin, entre las obligaciones del Estado respecto a la comunidad y sus intereses mediatos, que son y sólo pueden ser los del respeto a la justicia; al prevalecer los de cada cual, se abrió inevitablemente la caja de Pandora, y surgió la anarquía internacional en la cual vivimos, aunque eso sí rindiendo pleitesía a las normas jurídicas.

A diferencia de todos sus sucesores, Grocio se muestra profundamente consciente de ello. Una y otra vez insiste en un propósito fundamental que por desgracia se ha borrado: que para crear en lo internacional un estado de derecho, cada Estado y todos los estados tienen que abandonar cotidianas prácticas para superar la persecución trapacera de sus intereses y actuar en el terreno de la ética. A título de ejemplo podríamos considerar las directivas siguientes:

a) la guerra puede ser justa, pero la utilización de la violencia es en sí misma inconveniente, por lo que es aconsejable no llevarla al extremo, ni en cuanto al tiempo que puede ser inoportuno para el que emprende la acción bélica, o para el que la resiente, ni en cuanto a sus efectos, que fácilmente pueden rebasar lo que es justo;

b) nuestro derecho rara vez es indiscutible; más aún, siendo irrebatible es preferible no insistir en su ejecución si no tenemos la seguridad que la justicia que lo ampara abarcará también la acción reivindicatoria;

c) los derechos pueden llevarse a efecto, como el de las medidas que internacionalmente adopta un Estado para afirmar su seguridad, pero son susceptibles de abuso, y al traspasar este límite nos hallaremos ineluctablemente en el terreno de la injusticia;

d) el valor de la vida humana, en tanto se trata de seres hechos a imagen y semejanza de Dios, es supremo, por lo que todo ejercicio de un derecho estatal debe respetar este límite;

e) toda violencia cuyas consecuencias superen los estrechos límites municipales es una guerra.

Por cierto que esta última afirmación fue desdeñada por innúmeros internacionalistas que restringieron el conflicto bélico al que tiene lugar entre estados soberanos. La historia ha justificado el criterio de Grocio:

¿no acaso sufrimos guerras contra organizaciones que no son estados, y cuyas consecuentes obligaciones, mediatas e inmediatas —en particular las referentes a los prisioneros de guerra— son idénticas?

Una nueva edición del *DIBP* se justifica pues por las ideas y consideraciones que contiene y que parecen indispensables para una mejor integración de la vida internacional. Tales conceptos han sido postergados en perjuicio de aquellos estados que buscan en el derecho una base de sustentación permanente en sus relaciones internacionales. Han sido desaprendidos, también, por tantos y tantos jurisperitos que se han olvidado que el derecho, por hallarse tan cercano al valor justicia, es también bello y hechicero y, por consiguiente susceptible de expresarse por medio de imágenes y secuencias que se apartan de los de la escueta razón.

Lo afirmativo del juicio anterior no es óbice para que reconozcamos los graves inconvenientes de una simple reedición. Por siglo y medio el *DIBP* ha sido postergado por generaciones incapaces de percibir el pensamiento grociano en su original pureza. También lo serán los lectores del hoy, más alejados que nunca —en parte debido a la revolución tecnológica— del sol de justicia. Sería pues arar en el desierto reeditar un libro que de antemano sabemos será tachado de ilegible por legos y juristas.

Esforcémonos pues por pensar en cuestiones fundamentales. Los que apreciaron la fuerza vital del *DIBP* —y fue Gustavo Adolfo el primero— gozaron de sus calidades y percibieron su estructura interna. Me viene a la memoria el juicio de Clausewitz respecto a los grandes estrategas: de cómo confrontan su objetivo fundamental sin detenerse a considerar las artimañas con las que el enemigo se empeña en distraerlos. Si nosotros no podemos gozar del *DIBP* tal como fue escrito, ¿habrá modo de entresacar sus fundamentos, de hacer surgir esa estructura jurídica que, según afirmamos, encierra soluciones sápidas para el siglo XXI? El nombre del ilustre neerlandés conserva la fulguración propia de quienes influyeron decisivamente en el desarrollo del derecho internacional; debe pues ser posible eliminar su opulencia y exuberancia renacentistas, y superar la turbulencia con la que surgieron sus ideas, pues unas y otra no poco contribuyen a la oscuridad que se le echa en cara al *DIBP*.

Hablamos pues de despojar al *DIBP* de lo que consideramos intrascendente, pero ¡cuidado! que ni para su autor ni para las subsecuentes generaciones de lectores lo fue. De permitírseme volver una vez más al mundo de la pintura diré que tomaremos como modelo esa aplicación de rayos X por medio de la cual se descubre la trama y urdimbre de los tradicionales cuadros. Ciñiéndonos a ese modelo podríamos entrever, o mejor aún intuir, lo que de permanente, jurídicamente hablando, tiene el *DIBP*.

CONCLUSIÓN

Llegamos pues a la conclusión —hipotética desde luego— sobre la conveniencia de reducir y de reordenar el *DIBP*; lo primero, porque su exuberancia la hace repelente para los lectores de hoy; lo segundo, considerando que fue escrita de un tirón, en pocos meses y en ese París en el que Grocio a la par con muchos más, encontró medios y modos de pensar en lo trascendente. La avalancha de pensamientos que el *DIBP* contiene fueron, para la mente genial del autor, siempre claros, como lo comprueba el hecho de que en las cuatro ediciones que, subsecuentes a la de 1625, él mismo revisó, no consideró necesario variar el desorden (si así nos atrevemos a llamarle) de su obra: cual el caballo en el juego de ajedrez, su mente impar brincaba de un tema a otro sin dificultad y sin hesitación.

Las objeciones a planteamiento semejante surgen a granel. ¿Cómo, reducir una obra maestra? Y no concretándonos a detalles, sino abiertamente eliminando buena parte de su contenido. ¿Como, reordenar lo que un hombre genial consideró exposición propia y adecuada de su pensamiento? ¡Menuda osadía! Respuesta inevitable es que tal como escribió Grocio su obra capital es —y lo ha sido por 150 años— una de tantas piedras cuya belleza o fortaleza admiramos, pero una que ha sido desechada por los albañiles encargados de edificar el magnificente castillo del derecho de gentes. Apósito es el apotegma de D'Annunzio: renovarse o morir.

Empezaremos determinando lo que a primera vista es deleznable: la multitud, excesiva quizá, de citas de autores —principalmente grecolatinos— que en una u otra forma antecedieron al autor; éste en efecto se empeñó, considerándola labor imprescindible, en hallar precedentes que pudieran servirle de cimientos para su gigantesca construcción. Pero nosotros podemos imitar a Wotan, y puesto que contamos ya con el aéreo castillo, despreciar a los gigantes que acarrearon los peñascos iniciales. El pensamiento que buscamos, el precedente que en la configuración de un renovado derecho internacional nos interesa, es con mucho el de Grocio: el de sus antecesores podemos, salvo ocasionales alusiones y trascripciones (éstas brevísimas) que nos permitan volar mejor, eliminarlo.

El pensamiento internacional de Grocio es, relativamente hablando, fácil de rastrear. Antes de incluir trozos o remembranzas de sus compañeros socráticos, a guisa de conclusión de lo que ha atado, e incluso en medio de ellas cuando los borbotones del poder creativo surgían incontenibles, sus ideas propias resaltan. Y son ellas precisamente las que buscamos pues constituyen el arquetipo mismo del *DIBP*. Pero a quien esto escribe le pareció impropio e inconveniente eliminar del todo sus referencias a autores precedentes y ello por una doble razón:

i) La reducción en la que nos empeñamos no es destrucción: de modo alguno se trata de reemplazar el pensamiento grociano por el de quien esto escribe; por lo contrario, confío en haber del todo eliminado mis propias ideas y conceptos para dejar campantes únicamente las de Grocio. El sabor de la obra original se perdería de borrar toda referencia al pensamiento clásico. Se incluyen pues las citas pivotales, es decir aquellas que de omitirse mutilarían su pensamiento jurídico.

ii) El uso del derecho comparado se ha restringido en demasía entre los publicistas. Amparándose en la idea toral de que el derecho internacional público es universal, y dándole a su creación la misma originalidad que tuvo Atenea al nacer toda resplandeciente de la cabeza de Júpiter, desprecian conceptos y antecedentes que siendo morigerantes, enriquecen la sustancia de su especialidad y liman no pocos de sus inconvenientes. Los pensamientos de Platón, los de Cicerón o Plutarco, los de los Doctores de la Iglesia que mucho y bien sopesaron la pecaminosa proyección internacional del poder, son apósitos hoy como lo fueron en tiempos de Grocio. Los hemos olvidado, sí, pero a costa nuestra.

Conforme a los lineamientos antes descritos he osado pues reducir y reordenar una versión al español del *DIBP*. La obra maestra ha quedado reducida a una cuarta parte. Cabe preguntar: ¿qué es lo que ofrece al lector moderno?

Es un verdadero tratado de derecho internacional el que surge, claro y convincente. ¿Que concede excesiva atención a las normas relativas a las contiendas? Responderemos que, en verdad, responde así a las realidades internacionales. Cuando la violencia brilla por su ausencia, las normas consuetudinarias, las provenientes de convenios —tanto particulares como generales, los tratados-ley— se aplican sin dificultad. Cualquier tratadista pudiera incluso limitarse a servir de amanuense. Brown Scott afirma que de haber vivido siglos después, Grocio habría prestado mayor atención al derecho internacional de la paz.[7] Es posible, pero creo no exagerar al indicar que habría, también, perdido no poca de su razón vital.

El nodo de la vida internacional es la guerra: ya lo afirmó Maquiavelo, lo enfatizó Grocio y lo apuntan, a veces sin proponérselo, autores contemporáneos. ¿No acaso, y precisamente por el irrespeto a las normas de cristiana convivencia que el ejercicio internacional de la violencia conlleva, sus críticos niegan al derecho internacional su verdadero carácter, tildándolo de primitivo o de imperfecto? ¿Y no acaso Ortega y Gasset, al hablar precisamente de la guerra, calificó de libelos, o de bien intencionados aunque fútiles intentos, los escritos que a ella se refieren? Porque en tanto la humanidad no haya logrado doblegar la soberana voluntad de los estados por medio del autoconvencimiento —el real y verdadero, no el de las baladíes cuanto grandilocuentes proclamas y declaraciones— de que las sociedades humanas nunca deben servirse de la violencia para imponer su voluntad, o hacer prevalecer sus intereses sobre otras de la misma especie, el hombre no se habrá desprendido de su ser neolítico. No en balde señala el preámbulo de la Constitución de la UNESCO que hay que extirpar la guerra del corazón de los hombres.

Queda en pie, y no en último lugar por cierto, la fundamental cuestión que algunos lectores se habrán ya planteado: esta versión re-

[7] B. Scott, *op. cit.*

ducida y reordenada, ¿contiene realmente el pensamiento de Grocio? ¿No trata quien esto escribe de darnos gato por liebre?

Responderé diciendo que me he esforzado, hasta donde es humanamente posible, por evitarlo. Espero haberlo logrado. Para empezar diré que no he suprimido ninguno de los capítulos del *DIBP*: los lectores encontrarán todos y cada uno de ellos, habiendo tan sólo dividido el preámbulo y el capítulo primero de la primera parte, y extractado a guisa de colofón dos frases que forman parte del capítulo final de la obra. Además, y para precisar la fuente, al final de cada uno de los capítulos del presente tratado, los lectores hallarán una referencia precisa a libro, capítulo y subcapítulo de los cuales provienen las frases y los párrafos que configuran el texto actual.

El pensamiento del tratadista que consta en las subsiguientes páginas no es ciertamente el del traductor. He respetado la idiosincrasia del genial neerlandés y he cuidadosamente extirpado toda intromisión de mis propias experiencias internacionales, o de esos pensamientos jurídicos provenientes de mi vida internacional. Me he esforzado por redactar una obra que Grocio pudiera no ya haber aceptado, sino incluso aprobado como una nueva proyección de su pensamiento cuatro siglos después.

Los lectores contarán —como por lo demás lo quiso Grocio— con el primer manual o tratado de derecho internacional público que haya aparecido. Tendrán a su alcance un instrumento fundamental para valorar el desarrollo del derecho en la vida internacional; al comparar las normas que de sus páginas se desprenden con la realidad del hoy, podrán enjuiciar con seguridad y acierto cuáles han sido los derroteros que, en lugar de limitar el ejercicio de la violencia entre las naciones, nos han llevado al paroxismo de la desesperada carrera armamentista que plantea el finiquito de la raza humana: la defensa propia, en sí justa, se ha llevado a tal exceso que es ahora esencialmente injusta. Podrán también valorar el porqué la ofensiva contra el terrorismo, en sí justificada, se ha disparado hasta degenerar en injustas guerras, como las efectuadas en contra de Iraq y de Afganistán, donde tratados y derechos yacen por igual como víctimas de ilegítima violencia.

Sirva pues este volumen para acentuar el anhelo de Grocio que los dirigentes de los estados cristianos —y hoy añadiríamos de todos los estados y de todos los hombres en cuanto son muchas las democracias que pueblan el globo terráqueo— reconsideren, antes de llevar a efecto la defensa y reivindicación de sus derechos, si la justicia y la benevolencia los acompañarán al iniciar, continuar y terminar toda posible contienda y que, de no ser así, cristianamente se abstengan de imponer su derecho, esforzándose en cambio por hallar soluciones que aun a costa propia reafirmen la paz.

BERNARDO SEPÚLVEDA ANTE EL PRINCIPIO DE LA SOLUCIÓN PACÍFICA DE LAS CONTROVERSIAS

Carlos Bernal

Hoy es imperativo para todos los estados solucionar sus controversias por medios exclusivamente pacíficos. Se trata de una norma de derecho internacional que no cristalizó como tal hasta la Carta de las Naciones Unidas. Sin embargo, después de ésta ha quedado plenamente consagrada en múltiples instrumentos internacionales. La Corte Internacional de Justicia es una de las instituciones centrales de este principio y Bernardo Sepúlveda ha sido un incansable defensor del mismo; prueba de ello, las acciones que emprendió mientras estuvo al frente de la Secretaría de Relaciones Exteriores. Por tal razón, en este artículo me propongo examinar cómo se institucionalizó la norma, las obligaciones que de ella emanan y la naturaleza intrínsecamente política de las controversias. Todo esto con el objetivo de señalar que la sensibilidad política de Sepúlveda habrá de ser central en su trabajo en la Corte Internacional de Justicia.

La enunciación principal del principio de la solución pacífica de controversias se encuentra en el artículo 2 párrafo segundo de la Carta y establece: "Los miembros de la Organización arreglarán sus controversias por medios pacíficos de tal manera que no pongan en peligro ni la paz y la seguridad internacionales, ni la justicia".

Frecuentemente, tratadistas de derecho internacional, así como la Corte Internacional de Justicia en el caso Nicaragua, vinculan esta norma de *jus cogens* con otra piedra angular de la Carta que es la prohibición de recurrir al uso o a la amenaza de la fuerza armada. Yo comparto esta postura. Sin embargo, considero que la norma tiene una aplicación más extensa. Por virtud de ésta los estados están igualmente obligados a solucionar sus controversias a fin de no poner en peligro la justicia.

No me atrevo ahora a definir el concepto de justicia, pero considero que una interpretación de esta palabra es el deber de los estados de solucionar sus controversias no sólo por medios pacíficos sino manteniendo el estado de derecho en el campo internacional. En el derecho internacional, al igual que en el derecho interno, el estado de derecho no es una meta sino un proceso constante de conducta estatal. Así, la norma imperativa de referencia se aplica no sólo como el envés del no uso de la fuerza sino como una obligación de respetar el estado de derecho en general y de resolver conforme a la justicia. Razón de ello es que esta norma está enunciada expresamente para otros campos internacionales, como son el derecho del mar, el derecho del medio ambiente y el derecho espacial.

Esta norma apremia a los estados a procurar un arreglo pronto y justo según el texto de la famosa resolución 2625 (XXV) de 1970 adoptada por la Asamblea General. Asimismo, esta resolución establece la obligación de abstenerse de toda medida que pueda agravar la situación. La norma internacional obliga a seguir experimentando, uno tras otro, todos los medios que estén al alcance de los estados hasta conseguir una avenencia o un arreglo. Así, más que una obligación de resultado es un imperativo de comportamiento estatal.

Por razones de soberanía, los estados tienen la libertad de elegir en un catálogo abierto, los medios de arreglo adecuados. Los más conocidos son la negociación, los buenos oficios, la mediación, la conciliación, la investigación, el arbitraje, el arreglo judicial, el recurso a organismos internacionales o cualquier otro o combinación de ellos.

Sobra decir que en la práctica diplomática y judicial, la elección de los medios políticos o jurisdiccionales de solución pacífica no es siempre un asunto sencillo. Siendo los estados entidades políticas, toda controversia, incluso las de origen insignificante, es política. Así, la enorme mayoría de los conflictos internacionales debe ser resuelta, como en efecto lo es, políticamente. Ahora bien, aun en controversias que se pueden caracterizar como políticas, éstas frecuentemente tienen aspectos y elementos jurídicos. Siento señalarlo, pero las cancillerías no pueden escaparse de los abogados.

Dos precedentes de la Corte Internacional de Justicia, el del personal diplomático y consular en Teherán (1980) y el asunto de las actividades militares en y en contra de Nicaragua (1984), nos llevan a concluir que la Corte puede juzgar aspectos jurídicos de controversias internacionales, aun cuando éstas estén altamente politizadas.

Bernardo Sepúlveda Amor deberá, como juez internacional, decidir constantemente si los asuntos sometidos a la consideración de la Corte son justiciables o meramente políticos. El pensamiento jurídico y la actividad diplomática de Sepúlveda representan un delicado equilibrio entre lo político y lo jurídico y ambos llevan a soluciones pacíficas. Su vida profesional, pública y privada, así como académica, casi toda ella desarrollada en este Colegio de México, reflejan una claridad de espíritu y una determinación de aceptación del principio de la solución de conflictos por medios pacíficos, en el sentido antes expresado. Es decir, no sólo como un envés a la prohibición de uso de la fuerza, sino como búsqueda constante de la justicia.

Bernardo Sepúlveda fungió como secretario de Relaciones Exteriores durante la totalidad del sexenio presidencial de Miguel de la Madrid. Todos recordarán que esos años fueron difíciles para Centroamérica, región que por múltiples razones México no pudo soslayar. Dentro de este complejo escenario, Sepúlveda ideó un mecanismo conocido como Contadora, cuyo fin principal era solucionar pacíficamente múltiples y variadas controversias regionales.

En este contexto llevó a cabo una extensa e incansable red de negociaciones bilaterales y multilaterales. Hubo cientos de reuniones, intercambios y comunicaciones. Éstos produjeron una multitud de declaraciones, manifiestos y actas tendientes a buscar la paz. Estas negociaciones fueron el epílogo de la creación del Grupo de Contadora, como medio eficaz y flexible para evitar empeorar la conflagración militar y encontrar la justicia en el área.

Sepúlveda no desaprovechó los buenos oficios y la posible mediación de terceros estados. En todo momento estuvo presto a aceptar la participación de éstos para hacer viables las negociaciones de las partes, principalmente cuando sus relaciones se volvían aún más tensas o incluso se habían roto.

Esta incansable búsqueda de una solución pacífica a los problemas centroamericanos llevó a Bernardo Sepúlveda a que se aprobaran sendas resoluciones de apoyo al proceso pacificador tanto en las Asambleas de Naciones Unidas como en las de la Organización de Estados Americanos.

Quiero decir, que Bernardo Sepúlveda, hijo de un insigne médico, gozaba y goza de una magnífica salud. Era y es incansable. Daré un ejemplo: durante las épocas de los debates de la Asamblea General de las Naciones Unidas y las deliberaciones sobre el tema de Contadora, el secretario Sepúlveda tenía un promedio de siete reuniones bilaterales al día con colegas suyos o jefes de Estado de todo el mundo. Revisaba, corregía y elaboraba cada proyecto de discurso, de documento, palabra por palabra, revisaba forma y contenido. Se comunicaba diariamente con el presidente de la República. A las ocho de la mañana ya había aprobado boletines de prensa y leído las noticias nacionales e internacionales. Entre todos esto acordaba una serie de asuntos de la Secretaría.

Por si fuera poco, asistía a decenas de almuerzos y cenas diplomáticas. En ellas continuaba labrando su camino hacia sus ideales de solución y justicia para Centroamérica. Sepúlveda, pese a las rudezas y embates de la diplomacia de Estados Unidos hacia Contadora, siempre guardó la calma. Su serenidad en las difíciles y largas entrevistas con el secretario Shultz es ejemplo de un hombre de la diplomacia y de un jurista. Debo decir que estos merecidos elogios no los anoté en las minutas que levanté de las reuniones del canciller para evitar que en la Secretaría de Relaciones Exteriores se llegara a pensar que buscaba un aumento de sueldo.

Después del enorme esfuerzo de Contadora, es imperativo concluir diciendo: la guerra se evitó, la política se acomodó, la solución fue pacífica y se estableció un marco de justicia para el futuro de la región. Se cumplió pues con el texto y con el propósito del derecho internacional.

Hoy día, don Bernardo está en otra faceta de su vida. Como juez de la Corte Internacional de Justicia deberá resolver los casos a su consideración de conformidad con las normas de derecho internacional. Estoy convencido de que en la resolución de los asuntos que conozca la Corte, nunca olvidará sus cualidades de gran negociador dentro de este cuerpo colegiado, ni tampoco olvidará los fines de la ciencia del derecho, entre ellos el de la justicia.

Su señoría ha sido elegido por una abrumadora mayoría de votos de estados miembros de las Naciones Unidas. Creo que puedo divulgar que también Bernardo Sepúlveda Amor contaba con el apoyo de muchos miembros de la Corte. ¿Por qué? Por su papel desempeñado como juez *ad hoc* en el caso Avena en el que trabajó incansablemente; estoy convencido de que debe haber analizado cada palabra del proyecto de la sentencia. Su opinión separada demuestra un análisis profundo de las constancias del juicio, un conocimiento pleno del derecho internacional y una finalidad de aplicación constructiva a la sentencia. Créanme, lo sé, nadie es más entusiasta de la solución política y jurídica de controversias en el sistema de Naciones Unidas que Bernardo Sepúlveda.

A partir de su toma de posesión, Bernardo Sepúlveda será un funcionario público internacional. Debe, en primer lugar, su lealtad a la Organización de las Naciones Unidas, sin que esto lo prive de sus derechos como ciudadano mexicano. Será un funcionario público internacional de nacionalidad mexicana. Su toga denotará su estatus internacional. Dentro de ella habrá un mexicano que a todos nos honra conocer. Su independencia judicial es total y ya no representará los intereses de ningún Estado. Será lo que en el fondo siempre ha sido, un hombre dedicado a la ciencia del derecho.

MÉXICO Y EL ARREGLO DE CONTROVERSIAS EN MATERIA DE INVERSIÓN: EL CIADI COMO OPCIÓN NECESARIA

Bernardo Sepúlveda Amor

Es oportuno revisar, con un sentido crítico, temas que afectan la relación de México con el exterior en el ámbito económico y legal. Esos temas inciden, además, en la naturaleza y alcance de nuestro desarrollo. Por ello, la conveniencia de que México suscriba el Convenio sobre arreglo de diferencias relativas a inversiones entre estados y nacionales de otros estados (CIADI) resulta cada vez más evidente.

En una perspectiva histórica, México ha mantenido una relación ambivalente con el arbitraje internacional. En ciertas ocasiones, por necesidad política, México ha aceptado el recurso arbitral como método para evitar las catástrofes que se derivan de la diplomacia de las cañoneras. En otras ocasiones, México también ha acudido a la vía del arbitraje por estimar que es la fórmula idónea para resolver, en forma civilizada, conflictos entre estados.

El primer laudo arbitral del México independiente, emitido por su majestad británica, la reina Victoria, resuelve en contra de México, en 1844, un conflicto bélico entre nuestro país y Francia, cuyo gobierno auspiciaba exorbitantes demandas económicas de sus ciudadanos. En 1839 y en 1868 se constituyen comisiones de reclamación entre México y Estados Unidos con el fin de dirimir por la vía pacífica las diferencias existentes. Este mismo procedimiento saldó litigios con Guatemala.

Las reclamaciones de extranjeros contra México por actos revolucionarios sucedidos entre 1910 y 1920 fueron resueltas por comisiones arbitrales creadas para estos propósitos, pagando así nuestro país un alto precio económico como método para obtener el reconocimiento de la virtud política.

Dos controversias por títulos soberanos sobre un espacio territorial fueron sometidas a arbitraje en 1909 y en 1910. La primera de ellas, sobre la isla de la Pasión, también llamada Clipperton, fue resuelta en contra de México en 1931. La segunda, sobre El Chamizal, se decidió a favor de México, pero el laudo no se hizo efectivo sino hasta 1963. Un enojoso litigio, el del Fondo Piadoso de las Californias, iniciado en 1868, pero concluido finalmente un siglo después, en 1967, representó otra derrota arbitral para los intereses mexicanos.

Con estos antecedentes, no debe extrañarnos la reticencia de México para acudir al arbitraje como instrumento para solucionar disputas entre estados.

Sin embargo, los cambios en las condiciones arbitrales, la mayor equidad en los procedimientos y un más estricto rigor en la calidad de los árbitros, así como las realidades contemporáneas en el ámbito económico, han conducido a un movimiento pendular en la posición mexicana frente al arbitraje. En efecto, a partir de 1994, con la entrada en vigor del Tratado de Libre Comercio de América del Norte (TLCAN), se abre la compuerta para la instauración de diversos mecanismos para resolver controversias en materia de comercio e inversión, consagrándose la vía arbitral como fórmula aceptada.

A esta primera decisión política del gobierno mexicano siguió la suscripción de un buen número de tratados bilaterales y multilaterales destinados a promover flujos de inversión y comercio, empleando para ello, como cláusula de seducción, un procedimiento de arbitraje para atender diferencias potenciales entre inversionistas extranjeros y el Estado mexicano.

Esa cláusula de seducción faculta a un inversionista extranjero a someter su reclamación a arbitraje utilizando una de estas tres vías: el Convenio del CIADI, si el Estado anfitrión y el Estado de la nacionalidad del inversionista son parte en el Convenio; las reglas del Mecanismo Complementario del CIADI, si sólo uno de los estados en la controversia ha suscrito el Convenio; y, por último, las reglas de UNCITRAL [United Nations Commission on International Trade Law].

La celebración de acuerdos de esta naturaleza ha acarreado un incremento considerable en el volumen del comercio exterior de México y en los flujos de inversión extranjera. Así, entre 1993 y 2003, México triplicó sus exportaciones (de 60 000 millones de dólares a 165 000 millones de dólares) y aumentó sus importaciones 160%, al pasar de 65 000 millones de dólares a 170 000 millones.

La inversión extranjera acumulada pasa de 15 000 millones de dólares en 1994 a 142 000 millones en 2003. Adviértase que los flujos anuales de inversión extranjera directa (IED) a México se elevaron después de la entrada en vigor del TLCAN, al pasar de un promedio de 3 470 millones de dólares en el decenio previo a 1994, a 12 600 millones como promedio en el decenio posterior.

Sin embargo, la cláusula de seducción tiene límites, al multiplicarse el número de los países que concluyen acuerdos de promoción a la IED, con lo cual se intensifica la competencia para atraer esos flujos. Así, en 1994 México captó 4.9% de los 235 500 millones de dólares de la IED mundial. Pero en 2004 recibió apenas 2.9% de los 612 000 millones de dólares de las corrientes de inversión internacional.

Es obvio que hay algo que estamos haciendo mal. Si no se introduce una segunda generación de reformas fundamentales, de naturaleza estructural, se corre el grave riesgo de sufrir pérdidas importantes en competitividad, en avance tecnológico, en desarrollo institucional y buen gobierno, en solidez macroeconómica y, aún más delicado, en el bienestar de una sociedad con profundos desequilibrios en la distribución de la riqueza.

En los últimos decenios, las empresas mexicanas se han convertido en exportadoras de capital, adquiriendo una presencia destacada en un buen número de países de América Latina, de la Unión Europea y de Asia, así como en Estados Unidos.

De acuerdo con los datos de la revista *Expansión* de septiembre de 2004, se han identificado veinte empresas multinacionales mexicanas que perciben conjuntamente 17 000 millones de dólares de ingresos de sus subsidiarias extranjeras y que sostienen 55 000 empleos directos en el exterior. Cemex es el grupo corporativo mexicano que tiene presencia en los cinco continentes. Otras empresas con grados importantes de internacionalización son América Móvil, Grupo Maseca, Grupo Bimbo, Femsa, ICA, Grupo Posadas, Grupo Carso, Alfa y Vitro.

Las veinte principales multinacionales mexicanas, y otras de menor dimensión, operan en una variedad de jurisdicciones. En algunas de esas jurisdicciones podrá existir entre México y el país correspondiente un tratado de protección de inversiones con cláusulas de arbitraje, pero en un número importante de jurisdicciones no existirá un tratado de esa naturaleza.

Podría suceder que, en ciertas jurisdicciones, el inversionista mexicano sea objeto de medidas gubernamentales arbitrarias o discriminatorias que conduzcan al extremo de la confiscación de sus propiedades. Es posible también que los tribunales locales no suministren la suficiente garantía a la protección de los derechos de ese inversionista, en especial si la otra parte en el litigio es el gobierno anfitrión. Los riesgos podrán reducirse si el inversionista tiene acceso a un mecanismo de arbitraje internacional que sirva para remediar los vacíos y defectos locales.

Para cada caso tendrá que determinarse si el país anfitrión de una empresa mexicana es parte del Convenio sobre arreglo de diferencias relativas a inversiones entre Estados y nacionales de otros Estados (CIADI). La posibilidad es alta, puesto que para finales de 2004, 154 estados habían firmado el Convenio y 142 ya habían depositado su instrumento de ratificación.

Pero, de surgir una controversia entre un inversionista mexicano y alguno de esos 142 estados miembros del CIADI, la diferencia no podría ser resuelta con base en el Convenio, por no ser México parte contratante. En el mejor de los casos, la controversia podría resolverse recurriendo al Mecanismo Complementario del CIADI, pero sólo si se ha suscrito un tratado de inversión y el Estado contratante ha manifestado su consentimiento en someterse a esa jurisdicción, objetivos que no necesariamente se cumplirán.

De todo ello se deduce que al inversionista mexicano exportador de capital le resultará ventajoso que México se adhiera al Convenio del CIADI, ya que ello le dará una mayor garantía de que, en el caso de una disputa con el Estado anfitrión, tendrá a su alcance el procedimiento de conciliación y arbitraje que proporciona el CIADI.

Aunque en México no se han desterrado los cuestionamientos sobre las bondades del arbitraje internacional, no conviene ignorar una realidad jurídica y política. México ha adquirido derechos y obligaciones por haber suscrito tratados que contienen la cláusula arbitral. Políticamente, ya se cruzó una frontera. Ante ese hecho incontrovertible, la recta razón aconseja asegurar las ventajas óptimas que acarrean los compromisos legales asumidos por México en materia de arbitraje.

En este sentido, la adhesión de México al Convenio sobre arreglo de diferencias relativas a inversiones entre estados y nacionales de otros estados es ya un camino necesario. En una evaluación política, deberá determinarse el beneficio que puede significar ese Convenio en la protección de los intereses nacionales.

Un asunto central es precisar si el sistema de resolución de controversias previsto en el CIADI es el orden jurídico que mejor satisface los objetivos del Estado mexicano, lo cual comprende una variedad de elementos, siendo algunos de ellos: la certidumbre legal, la prevención de conflictos con otros estados, la promoción del derecho internacional y el fortalecimiento de los tribunales internacionales, el aprovechamiento de las ventajas que ofrece un sistema económico globalizado y la captación de mayores flujos de comercio, inversión, financiamiento y tecnología para el desarrollo nacional.

Un primer juicio evaluatorio se vincula con la naturaleza jurídica del CIADI. El Convenio es un tratado celebrado entre estados, que confiere derechos e impone obligaciones y que establece un equilibrio entre los intereses del Estado anfitrión y los del inversionista. La institución creada por el Convenio es uno de los mecanismos más modernos y elaborados en el arbitraje internacional contemporáneo.

El Centro, creado con base en el Convenio, es administrado por una organización internacional y bajo los auspicios del Banco Mundial y su procedimiento arbitral está sujeto al derecho internacional. Es una institución de naturaleza autónoma, con personalidad jurídica, con un régimen legal propio, independiente de los tribunales domésticos y con un procedimiento que permite, conforme a unas reglas previamente establecidas, recurrir en apelación los laudos arbitrales.

Además, por ser el Convenio un tratado, toda diferencia que surja entre los estados contratantes por su aplicación o interpretación, podrá ser sometida a la jurisdicción de la Corte Internacional de Justicia.

En cambio, cuando se utiliza el Mecanismo Complementario, ello implica la exclusión del Convenio, ya que expresamente se señala que "ninguna de las disposiciones del Convenio será aplicable a los procedimientos previstos en el Mecanismo, ni a las recomendaciones, laudos o informes que se pronuncien o formulen en ellos" (artículo 3 del Mecanismo). Quedar exceptuado del Convenio puede suponer una desventaja, ya que México o el inversionista mexicano serán marginados del andamiaje jurídico e institucional que proporciona el CIADI.

Esto significa, por ejemplo, que las reglas de la Convención sobre reconocimiento y ejecución de sentencias arbitrales no funcionarán para los laudos emitidos bajo lo dispuesto en el Mecanismo Complementario. En el contexto del Mecanismo, ese reconocimiento y ejecución deberá seguir un sistema distinto.

En efecto, las normas del Mecanismo (artículo 20 del Reglamento de Arbitraje) establecen que los procedimientos arbitrales habrán de celebrarse únicamente en estados que son parte de la Convención de Nueva York de 1958 (Convención de Naciones Unidas sobre Reconocimiento y Ejecución de Sentencias Arbitrales Extranjeras), lo cual significa una remisión a los tribunales locales para el reconocimiento y ejecución del laudo, con los riesgos y complicaciones que todo ello acarrea.

Recuérdese que el Mecanismo Complementario no es un tratado. Es, en todo caso, un conjunto de reglas emanadas del consejo administrativo del Centro que autorizan al secretariado a administrar, a petición de parte, ciertos procedimientos entre estados y nacionales de otros estados que caen fuera del ámbito del Convenio. Es obvio que existe una diferencia en la naturaleza legal de los dos instrumentos, y que el rango jurídico de un tratado otorga mayores seguridades y garantías a la comunidad de estados y a sus inversionistas.

Otra consideración que puede favorecer la suscripción del Convenio se vincula con sus alcances. La competencia del Centro comprende "las diferencias de naturaleza jurídica que surjan de una inversión". En el Convenio no se define el término inversión, pero el artículo 1139 del TLCAN establece qué se entiende por inversión. Con ello se logra una razonable certidumbre sobre el ámbito material de la controversia.

En cambio, en el Mecanismo Complementario existe una cierta ambigüedad. El secretariado del Centro queda facultado para administrar procedimientos de arbitraje para "el arreglo de diferencias de carácter jurídico que no sean de la competencia del Centro en razón de que no surjan directamente de una inversión" (artículo 2 [b]). Pero el propio Reglamento condiciona el acceso al Mecanismo a que "la transacción de que se trate tenga características que la distinguen de una transacción comercial ordinaria" (artículo 4 [3]). La vaguedad de estas dos disposiciones puede implicar una buena dosis de confusión. De ahí que resulte preferible ampararse bajo la precisión y claridad que proporciona la definición del Convenio en lo que se refiere a su esfera de aplicación.

El Convenio ha creado un andamiaje jurídico e institucional de probada utilidad, con un Centro que se convierte en un facilitador de arbitrajes. Mantiene una lista de árbitros en donde se permite a un Estado contratante designar a cuatro personas para integrar las listas, facultad que no se otorga en el Mecanismo.

De ser parte contratante del Convenio, México estará representado en el consejo administrativo del Centro. Con ello habrá de participar en la definición de las directrices para la conducción del Centro, lo cual incluye determinar las reglas aplicables al arbitraje. Ya existen propuestas para mejorar el funcionamiento del Centro, en temas que ciertamente interesan a México.

Hacia el futuro, todo ello podría comprender la introducción de un sistema de apelaciones destinado a recurrir laudos arbitrales en el seno mismo de CIADI, con el fin de ordenar y dar coherencia y consistencia a las apelaciones conforme a un régimen propio del CIADI, evitando así la creación y multiplicación de un régimen de apelaciones al margen del Convenio. En cambio, las reglas del Mecanismo no permiten una participación de esta naturaleza en el proceso de toma de decisiones, por el hecho mismo de no ser parte contratante.

El Convenio tiene imbricado un sistema para evitar que se frustre el procedimiento de arbitraje. Una vez otorgado el consentimiento, éste no puede ser retirado unilateralmente. El tribunal de arbitraje tiene la facultad exclusiva de resolver su propia competencia; los estados reconocen de antemano el carácter obligatorio del laudo y se comprometen a su ejecución en su jurisdicción (artículos 53 y 54). La validez del laudo no puede ser cuestionada salvo en los casos en que se utilice el procedimiento de anulación previsto en el Convenio (artículo 52).

La regla general es que el laudo es obligatorio para las partes y no podrá ser objeto de apelación ni de cualquier otro recurso, excepto en los casos previstos en el Convenio. Una consecuencia de este principio es que el laudo no quedará sujeto a un recurso de revisión por los tribunales domésticos.

Puesto que el Convenio es inaplicable al arbitraje que se encuentra sujeto al Mecanismo Complementario, los recursos del Convenio (omisiones y rectificaciones; interpretación; revisión; anulación) no operan en el contexto del Mecanismo, el cual establece sus propias reglas. Pero en contraste con el arbitraje establecido en el CIADI, el arbitraje auspiciado por el Mecanismo no queda aislado de un orden jurídico nacional. Un laudo expedido con base en el Mecanismo queda sujeto a los recursos y apelaciones que permita el derecho aplicable en la sede del arbitraje. El método usual para recurrir un laudo, en estas circunstancias, será por medio de los tribunales locales.

Aunque puede suceder que sobre este tema no exista uniformidad de opiniones, parecería más aconsejable para México hacer descansar en un solo ordenamiento legal los recursos de aclaración, revisión y anulación de laudos, y el reconocimiento y ejecución de los mismos, envolviéndolos en un paquete único. Todos esos procedimientos se depositarán así en un régimen institucional organizado, con la certidumbre de unas reglas establecidas y probadas, con un sistema que ha acumulado experiencia y ha despertado confianza, y con un equipo de árbitros de altísima calidad, conocedores de las normas del CIADI y del derecho internacional.

En cambio, someter los recursos de revisión de un laudo al juicio de un tribunal doméstico representa un riesgo. Ese tribunal podrá ignorar o desconocer las peculiaridades de un arbitraje, los precedentes que se hayan conformado en la historia del CIADI y, aún más grave, podrá no estar familiarizado con un orden jurídico internacional aplicable a las inversiones extranjeras.

Tampoco conviene la fragmentación de foros arbitrales. Por ejemplo, sólo será posible un arbitraje con base en las reglas de UNCITRAL en el caso de una controversia entre inversionistas canadienses y México o entre un inversionista mexicano y el Canadá, dado que ninguno de los dos países ha suscrito el Convenio del CIADI. Con ello se dispersan recursos escasos y se invierten mayores esfuerzos para atender una multiplicidad de instancias.

Aunque son pocos los estados que han condicionado su aceptación al CIADI al agotamiento previo de sus vías administrativas o judiciales, y que ese requisito podría despertar resistencias entre potenciales inversionistas, lo cierto es que el Convenio otorga ese derecho a todo Estado contratante.

Si a la luz de la tradición jurídica y política de México, y en función de las cláusulas constitucionales pertinentes, el Senado de la República, o alguna otra autoridad, estimara necesario introducir una reserva al consentimiento mexicano a obligarse por el CIADI, estipulando que antes de someter una diferencia a arbitraje, será preciso agotar los recursos locales, el propio Convenio anticipa esa posibilidad.

Un objetivo fundamental del régimen del CIADI es evitar el enfrentamiento entre estados, despolitizando las controversias en materia de inversión. El sistema establecido por el CIADI permite a un inversionista asumir como propia una controversia, sin que el Estado de su nacionalidad se involucre o se arrogue la protección diplomática. Con ello se disminuyen o eliminan potenciales fricciones entre estados, al encapsularse la naturaleza del conflicto y al cobrar distancia de la relación política bilateral.

Así, el Convenio expresamente prohíbe que un Estado contratante otorgue protección diplomática a uno de sus inversionistas o que promueva una reclamación internacional si la controversia se encuentra sometida a arbitraje en los términos del CIADI. Esta prohibición no está prevista en las reglas del Mecanismo, lo cual significaría, en un extremo indeseable que, en forma simultánea, sería posible que se emprendiera un procedimiento arbitral en contra de México, y que, adicionalmente, el Estado de la nacionalidad ejerciera las presiones implícitas en la protección diplomática, con la cauda de efectos negativos que esto representaría.

A fines de 2004, el número total de casos registrados por el CIADI desde su creación ascendía a 159. Tan sólo en 2004 se registraron 30 nuevos casos. En el transcurso de 2004 concluyeron o se encontraban simultáneamente pendientes de resolver 85 casos, lo cual no tiene precedentes en la historia del CIADI. Estos datos son indicativos de la confianza creciente que depositan estados e inversionistas en el régimen instaurado por el Convenio. Una circunstancia de esta magnitud no debe pasar inadvertida para México.

Un último argumento puede servir para inclinar la balanza a favor de la incorporación mexicana al CIADI, y esto tiene que ver con los dineros. Recuérdese que el Centro goza del apoyo financiero del Banco Mundial, lo cual permite una reducción en los costos en que las partes incurren por la administración del arbitraje. Los cargos por el arbitraje se calculan de acuerdo con un costo estimado de los procedimientos y se pagan en abonos. Ello contrasta con otras instituciones arbitrales, en las que los cargos se determinan de conformidad con el monto de la reclamación y las partes se obligan a pagar por anticipado la cuota completa.

Para un país con problemas económicos como México, el argumento de los costos financieros de un arbitraje no puede ni debe ser ignorado.

EL PAPEL DEL ARBITRAJE COMO FÓRMULA DE SOLUCIÓN DE DIFERENCIAS EN LOS ACUERDOS COMERCIALES INTERNACIONALES. EL CASO DEL TRATADO DE LIBRE COMERCIO DE AMÉRICA DEL NORTE (TLCAN)

Gustavo Vega Cánovas

INTRODUCCIÓN

Una de las características más importantes del proceso de inserción de un cada vez mayor número de países a la economía internacional desde la década de los años 1980, es el hecho de que este proceso ha tenido lugar mediante acuerdos de integración comercial y económica de muy diferente morfología, los cuales van desde los múltiples acuerdos de complementación económica o de libre comercio bilaterales, plurilaterales o regionales, hasta las negociaciones multilaterales auspiciadas por la Organización Mundial de Comercio (OMC).

Pese a su diferente morfología, dos tendencias que se observan en estos acuerdos son que, por un lado, se han estructurado en forma tal que imponen un gran número de normas y reglas sustantivas a los países miembros relativas no sólo a cuestiones propiamente comerciales, de inversión, servicios y de propiedad intelectual, sino que a últimas fechas, inclusive, de protección de los estándares laborales y del medio ambiente. Una segunda es que se incluye en los mismos una variedad creciente de mecanismos para resolver las diferencias que se presentan en la aplicación de los acuerdos, así como para reforzar el cumplimiento de las obligaciones adquiridas en los mismos.

El mundo de los mecanismos de solución de diferencias en los acuerdos comerciales internacionales de las últimas dos décadas es complejo y dinámico. Por un lado, cada mecanismo en cada acuerdo de integración es un microcosmos y además un acuerdo puede tener más de un mecanismo. Sin embargo, al realizar un inventario de toda la gama de enfoques y matices que ofrece tal cantidad de mecanismos, podemos observar una tendencia generalizada a utilizar variantes del arbitraje como fórmula final para la solución de diferencias y para hacer cumplir las obligaciones de los acuerdos.

Una manera de apreciar la popularidad que ha ganado el arbitraje como fórmula de solución de diferencias en los acuerdos económicos internacionales es comparándolo con una fórmula alternativa que los estados utilizaron por mucho tiempo para resolver sus diferencias, a saber, el denominado método "diplomático-político", el cual se caracteriza por el uso de técnicas diplomáticas tales como la consulta, mediante la cual las propias partes intentan por sí mismas resolver cualquier controversia que surja; o la mediación y/o conciliación, que consiste en la aceptación por las partes de la acción de terceros a fin de que éstos ayuden a proponer una base de resolución que resulte mutuamente satisfactoria en caso de una controversia.

A estas técnicas diplomáticas se les atribuyen diversas ventajas, las cuales se derivan de la flexibilidad de los procedimientos, del control que ejercen las partes sobre el curso y avance de la disputa, de su libertad de aceptar o rechazar una propuesta de arreglo o solución, de la posibilidad de evitar una situación de suma-cero con las repercusiones sobre el prestigio de las partes, de la posibilidad de tener en cuenta las sensibilidades e implicaciones políticas más amplias de un asunto y, a final de cuentas, de la posibilidad de usar el poder relativo e influencia con que cuenta cada una de las partes para influir en la conducta de la otra parte. Este modelo fue utilizado por mucho tiempo en el Acuerdo General de Aranceles Aduaneros y Comercio (GATT).

Sin embargo, existe un segundo modelo: el "orientado por reglas", que se fundamenta en la utilización del arbitraje o la adjudicación y se utiliza cuando las partes quieren obtener decisiones vinculatorias (obligatorias) orientadas por reglas que se estructuran de conformidad con los intereses y obligaciones de largo plazo de las partes (por ejemplo, tal como se definen en acuerdos multilaterales como la OMC).

Este método revela claramente una preferencia por evitar o complementar el método diplomático-político y los que se perciben como sus riesgos, como la dependencia de la buena fe y del consentimiento de la otra parte en una disputa, o las soluciones *ad hoc*, las cuales posiblemente reflejen el poder relativo de cada una de las partes y no la sustancia y a quién asiste la razón.

Desde tal perspectiva, una solución "orientada por reglas" puede ser llevada a cabo mediante: a) la adjudicación, que consiste en la aceptación por las partes de que agentes externos e independientes a ellas resuelvan con carácter vinculatorio cualquier asunto sustantivo que no pueda ser resuelto mediante las consultas o la mediación o conciliación;[1] o b) el arbitraje, el cual permite que la partes por sí mismas nombren a los árbitros, definan el alcance, los parámetros del arbitraje y de la jurisdicción del tribunal y determinen los procedimientos aplicables y las reglas sustantivas para la solución de la controversia o serie de controversias.[2]

El presente trabajo se propone dos objetivos. El primero, dilucidar las razones que llevaron a los tres países miembros del TLCAN a escoger el arbitraje o variantes del mismo como mecanismo principal para resolver sus diferencias, y las fórmulas que éste adquirió en diversas áreas funcionales. El segundo, analizar el grado de efectividad que la fórmula arbitral escogida para cada mecanismo ha tenido para alcanzar los propósitos para los que se negoció.

EL ARBITRAJE COMO FÓRMULA PARA LA SOLUCIÓN DE DIFERENCIAS EN EL TLCAN

No resulta exagerado afirmar que entre los múltiples y complejos temas que México, Estados y Canadá enfrentaron en la negociación del TLCAN, uno de los que más importancia tuvieron para los tres gobiernos, así como para importantes sectores de la sociedad civil, fue el de los mecanismos de resolución de diferencias (MRD) que debían incluirse en el acuerdo global. Esta importancia derivó de la conciencia de

[1] Éste es el método que impera en la actualidad en la Unión Europea en donde cualquier controversia que surja derivada de la interpretación o violación del *aequis communitaire* es resuelto en forma independiente de los estados parte por la Corte Europea de Justicia.

[2] Este modelo, por cierto, es el que sirvió de fundamento al nuevo mecanismo de resolución de disputas comerciales que se incluyó en la Organización Mundial de Comercio o a la serie de mecanismos de resolución de diferencias que se establecieron en el TLCAN, como veremos más adelante.

que la negociación a final de cuentas daría como resultado un cuerpo complejo de detalladas normas y reglas obligatorias para los tres países[3] y de que dada la complejidad del mismo era importante incluir mecanismos institucionales efectivos de resolución de disputas que además de solucionar conflictos sirvieran para aclarar cualquier ambigüedad en las normas o reglas negociadas, que forzaran al cumplimiento del marco normativo y que permitieran que fueran utilizados no sólo por los gobiernos sino por actores privados u organismos no gubernamentales. Esto último, en particular, fue de gran importancia pues se consideró que los actores privados o particulares, al tener la capacidad de exigir el cumplimiento de los acuerdos y poder hacerlo de manera independiente a sus gobiernos, serían un factor central de apoyo político en su proceso de negociación y ratificación en el ámbito interno.

Otro de los factores importantes que influyeron en la negociación sobre los MRD, fue que los tres países identificaron metas de central importancia y propósitos específicos que los MRD debían cumplir en ciertas áreas funcionales de la negociación y cuyo cumplimiento y satisfacción debía lograrse a toda costa si se quería alcanzar un acuerdo efectivo, que afirmara los intereses de largo plazo de los tres países.

Así, en el caso de Canadá y México, por ejemplo, los dos gobiernos se propusieron que los MRD que se establecieran en el acuerdo global debían cumplir los siguientes objetivos: en primer lugar, asegurar que Estados Unidos observara sus compromisos en el tratado y disminuyera la posibilidad de acciones unilaterales y violatorias de los compromisos de liberalización. En otras palabras, un acuerdo que aminorara la enorme asimetría en poder político y económico de que goza ese país y su disposición a adoptar medidas unilaterales.

Un segundo objetivo importante fue que el sistema de resolución de disputas promoviera la cooperación transnacional por encima de los intereses particulares de cada Estado, entendiéndose éstos como

[3] En efecto, el TLCAN es uno de los acuerdos comerciales más comprensivos firmados en las últimas dos décadas; compuesto por 22 capítulos en los cuales se incluyen una serie de principios, normas, reglas y derechos y obligaciones de los países firmantes en materia de comercio de bienes, servicios, inversión, propiedad intelectual, barreras técnicas al comercio, medidas sanitarias y fitosanitarias, etc., el TLCAN incluye además una serie de anexos que elaboran y detallan las obligaciones y las excepciones a las mismas.

aquellos de órganos gubernamentales, poderes legislativos (o legisladores individuales) o grupos de interés. Este segundo objetivo se consideró de crucial importancia para México y Canadá, así como para sus sectores exportadores, pues en ambos países se tenía conciencia de que la política comercial de Estados Unidos se formula y aplica por medio de procesos políticos y legales que descentralizan la toma de decisiones y aumentan la influencia política de ciertos órganos gubernamentales como el Congreso (comités o legisladores particulares) o de grupos de interés que son relativamente pequeños y de representatividad limitada, como los sindicatos y las cámaras de comercio.

Uno de los ejemplos más notables de esta fragmentación del poder dentro del sistema político estadounidense y la influencia excesiva que han ganado grupos de interés en el manejo de la política comercial es el de las leyes contra las prácticas desleales de comercio, también denominadas leyes de remedios comerciales, las cuales conceden a los productores estadounidenses que enfrentan una fuerte competencia por las importaciones, protección respecto de las mismas mediante la aplicación de impuestos compensatorios o la adopción de medidas *antidumping*. La legislación de remedios comerciales de Estados Unidos permite a los productores nacionales iniciar costosos procesos judiciales en contra de sus competidores extranjeros, con un riesgo mínimo de pérdidas, aun cuando su queja resulte infundada o, incluso, frívola.

Para el gobierno y los exportadores mexicanos, al igual que para el gobierno canadiense y sus exportadores, la gran preocupación durante la negociación del TLCAN fue que el acceso ganado al mercado estadounidense por un acuerdo de libre comercio se perdiera por la concatenación de una serie de acciones *antidumping* y/o de subvenciones y medidas compensatorias o se viera amenazado por la incertidumbre creada por dichos juicios. Ambos países y sus sectores privados consideraban las demandas *antidumping* y de medidas compensatorias principalmente como un medio de compensar una pérdida de competitividad de las industrias estadounidenses mediante una costosa batalla judicial llevada a cabo totalmente dentro de las agencias administrativas y los tribunales estadounidenses.

Dado que tales litigios son iniciados por empresas privadas, no siempre pueden ser previstos y, por tanto, la amenaza de acoso que generan desalientan inversiones canadienses o mexicanas en nuevas fábricas y equipos cuyas ganancias futuras dependen del acceso seguro e ininterrumpido al mercado estadounidense.

Es por ello que el objetivo original de México y Canadá en la negociación del TLCAN fue lograr una exclusión para sus exportaciones de la aplicación de las leyes de remedios comerciales y al no lograrlo se propusieron alcanzar un MRD que proporcionara la certeza de que, en caso de que surgieran conflictos en esta materia, sus exportadores no recibirían un tratamiento arbitrario por parte de las autoridades que las administran. Esto, de acuerdo con el gobierno mexicano y los exportadores mexicanos, sólo se lograría mediante la inclusión de mecanismos específicos en el TLCAN que ofrecieran dicha certidumbre y evitaran que se hicieran interpretaciones administrativas arbitrarias que fueran contrarias al espíritu del Tratado. Igualmente, para los sectores exportadores de ambos países era importante que dichos mecanismos pudieran ser utilizados directamente por ellos mismos de manera independiente.

Por su parte, Estados Unidos consideró los MRD de gran importancia para alcanzar los siguientes objetivos. En primer lugar, asegurar que sus socios no dieran "marcha atrás" en el proceso de apertura. En el caso particular de México, el gobierno de Estados Unidos apoyó las reformas dirigidas a promover una economía de mercado emprendidas por el gobierno mexicano convencido de que crearían una mayor demanda para sus productos e inversiones, permitiendo a su vez la generación de un mercado integrado en el ámbito regional con las consecuentes ventajas en ganancias de competitividad y de bienestar. Un crecimiento robusto en México, además, disminuiría la presión para que los trabajadores indocumentados abandonaran el país y buscaran empleos en Estados Unidos.

En segundo lugar, Estados Unidos había tenido con sus socios del sur y del norte un largo historial de conflictos derivados de acciones de estos países en contra de sus inversionistas, por lo que en el TLCAN se consideró de importancia estratégica alcanzar un régimen sobre inversiones que eliminara la mayoría de las restricciones que establecían las legislaciones mexicana y canadiense y que asegurara la mayor protección posible a sus inversionistas. Los inversionistas o potenciales inversionistas estadounidenses, a su vez, estuvieron dispuestos a apoyar el Tratado en la medida en que las distintas disposiciones creadas para proteger sus intereses tuvieran garantía de hacerse cumplir mediante un mecanismo de resolución de disputas efectivo y que pudiera ser activado directamente por ellos. Para los inversionistas estadounidenses sólo un régimen de este tipo propiciaría la creación de un clima favorable a la planeación de sus empresas en el nivel regional y para alcanzar el tan buscado mercado integrado.

Ante esta demanda estadounidense, tanto Canadá como México reaccionaron de manera positiva, pues la atracción de mayores flujos de inversión extranjera directa fue precisamente uno de los grandes objetivos que tuvieron ambos países para negociar el TLCAN y, en el caso de México, uno de los grandes propósitos de las reformas económicas emprendidas por el gobierno en la década de los años ochenta. El gobierno mexicano, a su vez, consideró que la aceptación de un mecanismo de tal naturaleza señalaría claramente su compromiso de proteger las inversiones extranjeras que se ubicaran en su territorio, con lo cual nuestro país se volvería uno de los destinos preferidos de la inversión extranjera, especialmente la directa.

Análogamente, en la negociación de los acuerdos paralelos de cooperación laboral y ambiental, y como resultado de las presiones de diversos grupos y organizaciones obreras y ambientalistas, los dos gobiernos incluyeron en los mismos, mecanismos que permiten que organizaciones no gubernamentales o ciudadanos de los tres países puedan denunciar violaciones a la legislación ambiental o laboral. Estas denuncias bajo ciertas circunstancias pueden llevar a una decisión arbitral. Estos mecanismos resultaron necesarios para obtener el apoyo de dichas organizaciones y de miembros del Congreso estadounidense para promulgar el acuerdo global. También se incluyeron mecanismos de resolución de disputas que los gobiernos pueden accionar para sancionar omisiones persistentes y sistemáticas de las legislaciones ambiental y laboral.

A final de cuentas, en el TLCAN y en los acuerdos paralelos se establecieron distintos regímenes de resolución de disputas que resultaron de un complejo proceso de negociación entre los gobiernos y entre éstos y sus sectores privados y sociales. El sistema de resolución de controversias del TLCAN y los acuerdos paralelos se caracterizan por sus distintos ámbitos de validez, diseños institucionales y variadas técnicas para asegurar el logro de sus objetivos. Sin embargo, en todos los casos, la fórmula final en la que descansan para resolver las diferencias que puedan surgir es el arbitraje o variantes del mismo.[4] Sin embargo, como trataremos de demostrar, son las variantes del tipo de arbitraje las que explican los grados de efectividad que han mostrado cada uno de estos mecanismos. ¿Cuáles son estos mecanismos? El sistema en el TLCAN incluye:

- un mecanismo general para la prevención o solución de controversias derivadas de la interpretación y aplicación del TLCAN o las de aquellas circunstancias en la que una de las partes considera que una medida vigente o en proyecto de la otra parte, es o puede ser incompatible con las obligaciones del TLCAN, o puede ser causa de anulación o menoscabo de beneficios (capítulo 20);
- un segundo mecanismo específico para resolver las disputas relativas a la interpretación y/o aplicación de las legislaciones *antidumping* y de subsidios y cuotas compensatorias (capítulo 19);
- un tercero y cuarto para resolver controversias derivadas del incumplimiento de los capítulos 11 (sobre tratamiento a la inversión extranjera) y 14 (sobre tratamiento a los proveedores de servicios financieros);[5]
- Adicionalmente, los acuerdos paralelos de cooperación en materia ambiental y laboral contienen cada uno su propio mecanismo de resolución de disputas y de promoción de la cooperación, los cuales se constituyen como los primeros de su tipo.[6]

[4] Entre los modelos institucionales que se analizaron para servir de guía a la estructuración de los MRD durante la primera fase de negociación, uno de los que se descartaron desde el principio fue el modelo de una corte transnacional del tipo de la Corte Europea de Justicia, ya que ninguno de los tres países, en especial Estados Unidos, estuvo dispuesto a aceptar instituciones que implicaran cierto nivel de supranacionalidad. Del mismo modo, sin embargo, los tres países reconocieron muy temprano que los mecanismos de resolución de diferencias tampoco podrían basarse meramente en técnicas de simple consulta o mediación como las que habían prevalecido durante tanto tiempo en el GATT.

[5] El mecanismo del capítulo 14 no se analiza en este texto en virtud de que hasta la fecha no ha surgido ninguna controversia que haya llevado a los socios del TLCAN a solicitar la utilización del mecanismo.

[6] Por razones de espacio, no se examinan en este trabajo estos dos mecanismos.

FÓRMULAS ARBITRALES EN LOS MRD DEL TLCAN

Capítulo 20

El capítulo 20 brinda un mecanismo general para manejar todas las disputas que no están específicamente previstas en otras partes del TLCAN. Se trata de un mecanismo de resolución de disputas entre países soberanos que no está abierto a actores privados. El capítulo 20 sigue de cerca el modelo de los procedimientos de resolución de controversias que fueron evolucionando en el GATT, pero con una serie de importantes innovaciones dirigidas a hacer los procedimientos más seguros y plausibles.

El mecanismo dispone que los países en disputa traten primero de resolver el asunto ellos mismos por medio de canales políticos (consulta). Si éstos fallaran, se constituirá un panel arbitral de expertos independientes para que rindan un informe sobre cuáles son las obligaciones legales y recíprocas de las partes según los acuerdos internacionales pertinentes, principalmente el TLCAN. El informe del panel se transmitirá después a los ministros de Comercio de los países en disputa, de quienes se espera, aunque no estén legalmente obligados, que pongan en práctica las resoluciones del panel. Si una de las partes es incapaz de implementar un informe adverso del panel, la parte afectada tiene la posibilidad de tomar represalias.

El panel de expertos constituido por cinco miembros es escogido de una lista propuesta por cada uno de los países con base en un método de "selección cruzada".[7] Este método establece que cada parte nombrará dos panelistas que sean nacionales de la otra parte contendiente y el quinto, quien actúa como presidente, lo eligen las partes contendientes por mutuo acuerdo. En caso de no lograrse el acuerdo, la parte demandada o la demandante, según se decida por sorteo, designará presidente a un experto que no sea ciudadano del país que haga la designación.[8]

[7] Los expertos se eligen por consenso de las partes por un periodo de tres años, con la posibilidad de reelección. Cada país tiene derecho de nombrar a 10 panelistas, quienes deben cumplir con ciertos requisitos de experiencia y profesionalismo para garantizar la calidad e imparcialidad de sus resoluciones.

[8] Al método de selección cruzada se le atribuyó la ventaja de asegurar un mayor nivel de im-

El panel de expertos del capítulo 20 actúa como todo procedimiento arbitral con base en reglas establecidas por las partes, denominadas Reglas Modelo de Procedimiento, las cuales establecen plazos específicos para cada fase o instancia del procedimiento que en su fase más larga dura 250 días.

¿Cuál ha sido la experiencia de este mecanismo en el TLCAN?

Los socios del TLCAN han resuelto muchos casos recurriendo a las disposiciones de consulta bilateral del capítulo 20. Por ejemplo, en 1994, Estados Unidos pudo confirmar a Canadá que sus intereses serían tomados en cuenta en lo referente a un acuerdo de suspensión entre Esados Unidos y Rusia concerniente a un *dumping* de uranio. En cuanto al azúcar, en 1995 tanto Estados Unidos como Canadá negociaron la revisión de cuotas. Asimismo, impedimentos estadounidenses a la entrada de jitomates y aguacates mexicanos en 1996 fueron resueltos en último término mediante consultas entre el gobierno de Estados Unidos y agricultores mexicanos.

En cambio, el recurso a un panel de controversias contemplado en el capítulo 20 se ha solicitado en muy pocos casos. En dos de ellos, Poultry and Dairy y Broom Corn Brooms, los paneles decidieron en contra de Estados Unidos y desestimaron, en el primero, la queja de este país en contra de la imposición de aranceles por parte de Canadá sobre una serie de productos agropecuarios estadounidenses, principalmente aves, leche y huevos, mientras que, en el segundo, consideraron válida la queja de México relativa a la aplicación, por parte de Estados Unidos de cuotas a las escobas de mijo mexicanas. En ambos casos, aunque Estados Unidos expresó su desacuerdo con los veredictos acató las recomendaciones de los paneles del TLCAN. No obstante, otros dos casos produjeron desacuerdos más profundos, ambos entre Estados Unidos y México: el de servicios transfronterizos de autotransporte y el del azúcar, los cuales merecen un tratamiento más detallado.

---

parcialidad, y al de nombrar al presidente el darle a la parte vencedora en el sorteo el beneficio de poder realizar el nombramiento de manera unilateral, aunque a la vencida en el sorteo darle la satisfacción de que el quinto panelista no sería ciudadano de la parte vencedora y por lo tanto ésta no tendría la mayoría. En otras palabras, estas disposiciones preveían una selección de panelistas basada en la calificación e imparcialidad, al no depender el nombramiento de factores políticos y no sentirse los panelistas comprometidos con sus gobiernos.

El caso de servicios transfronterizos de autotransporte, también fue iniciado por México bajo el alegato de que la decisión de Estados Unidos en enero de 2000 de mantener las prohibiciones contra la operación de proveedores mexicanos del servicio de transporte de camiones en Estados Unidos constituía una violación de las obligaciones de este país en el TLCAN. El alegato de que el TLCAN permitiría a camiones mexicanos poco seguros operar en Estados Unidos había sido una tesis central en la oposición doméstica al TLCAN. Cuando finalmente llegó la resolución de enero de 2000, el gobierno estadounidense anunció que aun cuando aceptaría solicitudes de empresas camioneras mexicanas para operar en su territorio, las solicitudes no se resolverían, extendiendo efectivamente la prohibición a la operación de proveedores del servicio camionero mexicano en Estados Unidos. Este país continuó también con la prohibición que impedía a nacionales mexicanos invertir en empresas camioneras estadounidenses, aun cuando los términos del TLCAN instaban a México y a Estados Unidos a eliminar por fases las barreras al cruce fronterizo de camiones, incluidas las inversiones, para finales de 1995.

México había resistido las presiones de Estados Unidos para que permitiera que los transportistas estadounidenses operaran en México, y sólo con reticencias accedió a una apertura recíproca. Durante el gobierno de Bill Clinton la esperanza había sido que México no se opondría con demasiada tenacidad a la extensión de la prohibición. No obstante, México pensó que si aceptaba excepciones en este caso, otras industrias amenazadas por las disposiciones del TLCAN clamarían por extensiones similares. Aun así, México seguía teniendo esperanzas de resolver el caso con negociaciones, y tomó casi cinco años llegar a la decisión de solicitar un panel de arbitraje. El 6 de febrero de 2000, el panel emitió su informe final llegando a una resolución unánime a favor de México.

En su momento, el gobierno de George W. Bush no actuó de inmediato: no fue hasta diciembre de 2001 cuando el Congreso aprobó una ley que creaba un marco regulador para certificar los camiones mexicanos. Para asegurar el apoyo demócrata en el Congreso, la ley final contenía estrictas regulaciones de seguridad que quizá un número relativamente bajo de empresas transportistas mexicanas pudiera cumplir. Aunque no consiguió todo lo que quería, el sindicato de camioneros manifestó su satisfacción general con el resultado final. La legislación requeriría varios meses para ser implementada. Y aun después de que el presidente Bush hubiera anunciado un comienzo de la apertura de las fronteras estadounidenses a los camiones mexicanos de largo arrastre a fines de 2002, un juez federal en marzo de 2003 impidió que la orden presidencial se llevara a cabo y ordenó al Departamento de Transporte que realizara primero un estudio para evaluar el impacto ambiental de la orden. En junio de 2004, la Suprema Corte de Estados Unidos anuló la decisión del tribunal federal, otorgando un mayor peso a las obligaciones internacionales de este país contenidas en el TLCAN. A resultas de esta decisión, el gobierno estadounidense anunció que implementaría la apertura a los proveedores de servicios mexicanos, pero el caso aún sigue sin solución.

En el caso del azúcar, la cuestión central tiene que ver con la interpretación de disposiciones que rigen las importaciones estadounidenses de azúcar mexicano y la controversia puede interpretarse como la continuación en otro foro de una intensa lucha política, que empezó durante la negociación del TLCAN, continuó durante el esfuerzo que se hizo para que se aprobara el acuerdo en el Congreso estadounidense y explotó en los primeros años de la implementación del TLCAN.

La producción de azúcar estadounidense se cuenta desde hace mucho entre las industrias más subsidiadas y protegidas de ese país, reflejando la fuerza política concentrada de los cultivadores de caña de azúcar en Florida y Luisiana. En consecuencia, los precios del azúcar en Estados Unidos son considerablemente superiores a los de cualquier otra parte del mundo.

Antes del TLCAN, Estados Unidos restringió las importaciones de azúcar del mundo por medio de un sistema de cuotas. La cuota anual de México era sólo de 7 200 toneladas, una cantidad muy pequeña. Como México consumía mucho más azúcar del que producía, a pesar de ser un importante productor, históricamente la pequeña cuota no había sido de gran importancia.

En el TLCAN, Estados Unidos convino una complicada fórmula en la que las exportaciones de México a Estados Unidos crecerían de 7 200 toneladas al año a 25 000 toneladas los primeros seis años del acuerdo; después saltarían a 150 000 en el año 2000, y aumentarían 10% anualmente a partir de entonces. Si no obstante México llegara a ser exportador neto de azúcar por dos años consecutivos (medidos como producción menos consumo), sus exportaciones a Estados Unidos podían exceder los máximos hasta una cantidad igual al excedente neto.

Obviamente la cuestión era si México tenía probabilidades de seguir siendo importador neto o se convertiría en un exportador neto después del TLCAN. La complicación era que, según el TLCAN, México abriría sus mercados por primera vez a edulcorantes de maíz, el sustituto del azúcar más barato, cuyo empleo más significativo es endulzar bebidas no alcohólicas o refrescos. Si los que preparan las fórmulas de los refrescos mexicanos cambiaran a edulcorantes de maíz importados más baratos, México podría tener de repente un excedente sustancial de azúcar. Si así fuera, México tendría derecho a exportar cantidades virtualmente ilimitadas de azúcar libre de impuestos a Estados Unidos. Esta posibilidad no pasó inadvertida a los negociadores, que vieron el trueque de edulcorante de maíz por azúcar como el tipo de ganancia recíproca que los acuerdos comerciales tenían la intención de producir.

No obstante, el *lobby* estadounidense del azúcar contempló el acuerdo, con razón, como una importante amenaza y se movilizó para revisar lo que veía como un descuido. Bajo presión para que cedieran ante la votación del TLCAN en la Cámara de Representantes, en la que los votos de las delegaciones de Florida y Luisiana eran cruciales, los negociadores de México aceptaron calladamente un nuevo entendimiento expresado en la forma de un intercambio de cartas-convenio entre el representante comercial de Estados Unidos, Mickey Cantor, y el secretario mexicano de Comercio, Jaime Serra, según las cuales el consumo mexicano de edulcorantes se incluiría en el cálculo del estatus de producción de excedente neto de México, disminuyendo así considerablemente la probabilidad de que fuera clasificado como exportador neto de azúcar.

Dado lo anterior, los topes de 25 000 toneladas anuales durante los seis primeros años y de 150 000 toneladas al año a partir de 2000, era mucho más probable que fueran vinculantes. El arreglo también establecía un tope general de 250 000 toneladas al año sobre el volumen de acceso sin pago de impuestos, en caso de que México alcanzara el estatus de excedente neto. El acuerdo no se hizo público ni se incluyó oficialmente en los convenios del TLCAN que votaron las legislaturas de México y Estados Unidos.

Cuando el TLCAN entró en vigor, hubo un rápido aumento en la exportación de edulcorante de maíz de Estados Unidos a México, a medida que las embotelladoras de refrescos y otras procesadoras de comida sustituyeron la fructosa por sucrosa. Este cambio rápido de sustitución del azúcar, aunado a los límites de la capacidad de los productores mexicanos para exportar a Estados Unidos, sumió en una crisis a la industria mexicana del azúcar. Los refinadores mexicanos, acostumbrados a precios altos y a un mercado protegido, se endeudaron irremediablemente. Los cañeros mexicanos se dirigieron a pie a la Ciudad de México.

Bajo la presión tanto de cultivadores como de refinadores, el gobierno del presidente Ernesto Zedillo trabajó en dos frentes. Primero, trató de negociar una cuota mayor para las exportaciones de azúcar a Estados Unidos, amenazando con impugnar, según el capítulo 20, la legitimidad de las cartas-convenio. El gobierno mexicano argumentó que como las cartas firmadas no habían formado parte del expediente formal sobre el cual las legislaturas mexicana y estadounidense habían negociado, y que como eran compromisos contraídos de forma un tanto secreta por el ex presidente de México (ahora desacreditado), no tenían vigencia, e insistió en que debía aplicarse el acuerdo original. El 12 de marzo de 1998, México invocó el capítulo 20 y pidió consultas con Estados Unidos en las que no se llegó a ningún acuerdo.

En el segundo frente, México trató de limitar las importaciones de fructosa de Estados Unidos. En enero de 1998, después de que una agencia mexicana llegara a la conclusión de que los edulcorantes de maíz estadounidenses se vendían en México por debajo de los precios de mercado, México los gravó con cuotas *antidumping*. La Asociación de Refinadores de Maíz de Estados Unidos interpuso una queja ante la Oficina del Representante Comercial estadounidense, la cual inició un caso *antidumping* contra México, de acuerdo con el capítulo 19 del TLCAN, y poco después comenzó algo similar contra México en la OMC.

El intento que hizo México de eliminar las importaciones de fructosa de Estados Unidos no tuvo mucho éxito. Después de numerosos retrasos, el panel de la OMC falló contra México en junio de 2001, hallándolo culpable por no haber evaluado adecuadamente el efecto de las importaciones de fructosa en su industria azucarera. La decisión de la OMC, sostenida después de haber apelado México, fue reforzada con la decisión del panel del capítulo 19 del TLCAN, que falló el 10 de octubre de 2001 que el secretario mexicano de Comercio no había demostrado de manera fehaciente la amenaza de daño por parte de las importaciones de jarabe de maíz de alta fructosa. En diciembre de 2001, el Congreso mexicano, frustrado por los fallos emitidos contra las investigaciones *antidumping*, aprobó la legislación que gravaba con un nuevo impuesto todas las bebidas refrescantes endulzadas con jarabe de fructosa. Pero bajo la presión de Estados Unidos, el presidente mexicano Vicente Fox rescindió el impuesto, acción que después fue recusada en los tribunales mexicanos. La Suprema Corte, más tarde, declaró ilegal la rescisión del impuesto decidida por el Ejecutivo mexicano.

México se topó con la misma frustración en su intento de negociar una cuota más alta para el azúcar con Estados Unidos. Después de años de negociación, el avance era mínimo. En agosto de 2000, México solicitó formalmente que se estableciera el panel de disputas del TLCAN. Estados Unidos repudió la solicitud y México retrocedió. En diciembre de 2001, México amenazó con buscar la mediación internacional si Estados Unidos estaba en desacuerdo con el establecimiento de un panel de arbitraje del TLCAN en los 180 días siguientes; sin embargo, a mediados de 2006 no se había constituido ningún panel y la controversia estaba lejos de haberse solucionado. Como en el caso de los camiones, la intensidad de las presiones políticas domésticas había hecho que los gobiernos se mostraran recelosos de llevar efectivamente el caso a un panel del TLCAN. Los dos casos muestran los límites del capítulo 20.

Capítulo 19

El capítulo 19 del TLCAN establece un mecanismo que permite a importadores y exportadores canadienses, mexicanos y estadounidenses, la opción de apelar una resolución final impositiva de cuotas *antidumping* o medidas compensatorias, emitida por una autoridad administrativa canadiense, mexicana o estadounidense, ante un panel binacional de expertos con poderes vinculantes para revisar la resolución y decidir si fue emitida de acuerdo con las leyes de la autoridad que la expidió.

Este mecanismo se estableció como una segunda opción en preferencia en un intento inicialmente de Canadá y después de México de que se les concediera una exención de la esfera de acción de las leyes de recursos comerciales para castigar las acciones desleales de comercio (*antidumping* y subvenciones). Para Canadá y México, la alta frecuencia con que Estados Unidos aplicó esta legislación (sobre todo la de *antidumping*) para castigar sus exportaciones durante los ochenta, hizo que fuera absolutamente esencial contar con un acceso seguro y estable al mercado estadounidense, y este mecanismo fue considerado por ambos países como una manera de ejercer control indirecto sobre el uso de las leyes estadounidenses de recursos comerciales. Estados Unidos se opuso a la creación del mecanismo en el CUSFTA [Canada-United States Free Trade Agreement] y a su continuación en el TLCAN, pero lo aceptó en cuanto se dio cuenta de que sería útil para el manejo de sus relaciones tanto con Canadá como con México.

Por tanto, las partes del TLCAN acordaron conservar sus propias leyes y prácticas de *antidumping* (AD) y de aranceles compensatorios (AC). No obstante, también acordaron que las enmiendas a este tipo de estatutos estarían sometidas a notificación y consulta, y serían congruentes con el GATT, con otros acuerdos multilaterales, con cualquier acuerdo sucesivo del que los tres fueran parte y con el propio TLCAN.

La pieza central del mecanismo es el establecimiento de paneles de revisión binacionales. A solicitud de una de las partes, los paneles binacionales, compuestos por panelistas *ad hoc* independientes, reemplazan la revisión judicial realizada por tribunales domésticos de resoluciones finales AD y AC. El mandato del panel es revisar si una resolución final se ha hecho de acuerdo con la ley nacional. Los paneles deben aplicar el mismo criterio de revisión y los principios legales generales que los que aplicaría el tribunal de revisión de la parte interesada.

No obstante, es importante destacar que, a pesar de ello, Canadá y México consideraron que los cinco expertos sentados en el lugar de los jueces iban a ser más rigurosos cuando aplicaran la ley nacional y que por lo tanto revocarían las decisiones influidas por la política doméstica. Por otra parte, los negociadores estadounidenses participaron con la intención de que los paneles del capítulo 19 operaran y decidieran del mismo modo que los tribunales domésticos. Esta divergencia fundamental de puntos de vista aún persiste.

Incorporar el mecanismo del capítulo 19 al TLCAN no fue una tarea fácil para México debido a la percepción de los negociadores canadienses y estadounidenses de que el marco legal AD y AC de México era problemático tanto en el nivel de procedimiento como en el sustantivo. Aunque el capítulo 19 del TLCAN es esencialmente idéntico al capítulo 19 del CUSFTA, México fue obligado a aceptar algunas adiciones con el fin de que se le concediera el acceso a paneles de revisión binacionales. Primero, para apaciguar la preocupación de Estados Unidos de que apremios constitucionales en México pudieran interferir con el proceso del panel, se incorporó un nuevo mecanismo para salvaguardar el sistema de revisión del panel. Segundo, México aceptó poner en práctica varios cambios procesales en su legislación comercial. Las enmiendas de procedimiento, en general, tenían la virtud de aumentar el nivel de transparencia del AD y la práctica administrativa en investigaciones AD y de AC, contribuyendo por lo tanto de manera importante a reducir el potencial de la instancia administrativa para tomar decisiones arbitrarias. Adicionalmente, se daban nuevas reglas que trataban de las consultas para incrementar aún más la transparencia en la administración de las leyes de AD y de AC.

¿Cuál ha sido la experiencia de este mecanismo en el TLCAN?

Desde la entrada en vigor del TLCAN en 1994, se han presentado más casos invocando el capítulo 19 que cualquier otro mecanismo de resolución de controversias. En la actualidad, no hay casos en trámite concernientes a resoluciones de organismos canadienses. Hay 24 casos en los que se están revisando resoluciones de organismos estadounidenses, cinco casos en los que están revisando las resoluciones del organismo mexicano y un procedimiento ante un Comité de Impugnación Extraordinaria que implica a un organismo estadounidense.

Un estudio reciente demuestra que en el caso de las resoluciones emitidas por autoridades competentes de Estados Unidos, casi todas las revisiones judicales que implicaban importaciones provenientes de Canadá o México, fueron sometidas a un panel binacional invocando el capítulo 19 y no al Tribunal de Comercio Internacional de Estados Unidos.[9]

El estudio también señala que los paneles integrados de conformidad con el capítulo 19 han sido "bastante activos" en devolver los casos a las autoridades investigadoras nacionales. En el periodo finalizado en mayo de 2002, de las 26 revisiones por parte de paneles binacionales de resoluciones emitidas por el Departamento de Comercio estadounidense, que implicaban importaciones provenientes de Canadá, sólo cinco fueron confirmadas sin devolución (en estos cinco casos se trataba de medidas *antidumping*; todos los casos relacionados con medidas compensatorias fueron devueltos). Muchas de las devoluciones dieron como resultado que se redujeran los derechos y en dos casos que se devolviera el monto correspondiente a esos derechos (en algunos casos por un monto sustancial). De las cinco revisiones realizadas por paneles binacionales de resoluciones emitidas por la Comisión de Comercio Internacional de Estados Unidos en el mismo periodo, una resultó en una revocación total de la orden que impusiera los derechos, y otras fueron devueltas a la autoridad investigadora y, finalmente, derivaron en la reducción de derechos.

A pesar de que los paneles binacionales han emitido en algunas ocasiones fallos controvertidos, sobre todo en la contenciosa y prolongada controversia sobre madera blanda entre Canadá y Estados Unidos, la mayoría no han sido fallos de caráter polémico. En los últimos años, el número de revisiones llevadas a cabo por paneles ha venido disminuyendo debido a una reducción en el número de investigaciones en materia de derechos *antidumping* y compensatorios por parte de las autoridades competentes de Estados Unidos relacionadas con importaciones provenientes de Canadá y México. Ese menor número de medidas *antidumping* y compensatorias aplicadas por Estados Unidos contra importaciones provenientes de Canadá y México podría atribuirse a la mayor integración de las tres economías del TLCAN como consecuencia de la eliminación de barreras arancelarias y de otro tipo.

[9] Patrick Macrory, "NAFTA Chapter 19: A Successful Experiment in Internacional Trade Resolution", *The Border Papers*, C.D. Howe Institute, *Commentary*, núm. 168, p. 6.

En conclusión, el mecanismo de resolución de disputas del capítulo 19 ha sido tan utilizado con el TLCAN como lo fue con el CUSFTA. El logro no es pequeño, dado que México necesitaba ser integrado a un sistema de resolución de disputas diseñado originalmente para reconciliar a dos países norteamericanos anglófonos con sistemas legales muy similares. A pesar del potencial de discordia, no han sido evidentes las dificultades en el proceso de toma de decisiones atribuibles a las diferencias entre sistemas de derecho civil y de *common law*.

Capítulo 11

El objetivo del capítulo 11 es estimular el libre flujo de inversiones entre las partes, mediante la imposición de limitaciones sobre la capacidad de un gobierno anfitrión de imponer medidas discriminatorias, o que distorsionen el mercado, a esas inversiones o inversionistas. Con este fin, el capítulo 11 establece una gama de protecciones en cada país a inversiones e inversionistas de las otras dos partes, reforzadas por el derecho que tienen las partes privadas de buscar recursos judiciales en caso de incumplimiento de las obligaciones del capítulo 11.

Las disposiciones relativas a los flujos de inversión encarnan algunos de los aspectos más innovadores del TLCAN, y más aún en un acuerdo entre dos países desarrollados avanzados y uno en desarrollo. Este capítulo establece un régimen de inversión abierta en América del Norte y provee un marco predecible para la planeación de negocios e inversiones. El capítulo 11 "cubre prácticamente todas las condiciones absolutas que los expertos consideran necesario incluir en un acuerdo internacional de esta naturaleza". El capítulo también incluye un conjunto innovador de disposiciones para abordar controversias entre inversionistas extranjeros y el gobierno anfitrión. A diferencia de las provisiones del capítulo 20 para resolver controversias entre estados, el capítulo 11 establece un arbitraje obligatorio entre un inversionista y un gobierno. Un tribunal de tres árbitros: uno escogido por el inversionista supuestamente agraviado, otro escogido por el gobierno que responde y un presidente seleccionado conjuntamente, atenderán este tipo de disputas inversionista-Estado.

La resolución de disputas inversionista-Estado ha sido caracterizada como el "desarrollo legal más significativo y único que ha tenido lugar a través del TLCAN". Esto es así porque el TLCAN concede a los inversionistas individuales el derecho a interponer demandas legales internacionales contra un Estado anfitrión, un derecho que tradicionalmente pertenecía sólo a otros estados. Este mecanismo no sólo implica la creación de "un sistema de adjudicación de conflictos paralelo a los tribunales nacionales", sino también "ha intensificado el papel de reglas supranacionales y estructuras administrativas en la gobernanza de los regímenes de inversión extranjera directa de América del Norte". Además, el capítulo 11 establece un conjunto de reglas que "crean una interfase entre el TLCAN y cualquiera de las dos convenciones de arbitraje internacional, a saber, la Convención Internacional para la Resolución de diferencias relativas a Inversiones (ICSID, por sus siglas en inglés) y las reglas de arbitraje de la Comisión de Naciones Unidas sobre Derecho Internacional Comercial (UNCITRAL, por sus siglas en inglés)".

Pese a que este mecanismo surgió, como ya comentamos antes, de una iniciativa de Estados Unidos, a la que se unió Canadá, para disciplinar las acciones del gobierno mexicano, ambos países se sorprendieron al ver que se presentaban reclamaciones contra ellos.

Hasta la fecha, se han iniciado 29 reclamaciones según lo dispuesto por el capítulo 11: 12 contra México, 10 contra Estados Unidos y siete contra Canadá (otras tres notificaciones de intención de someter reclamaciones contra Canadá al arbitraje fueron retiradas).

Actualmente, existen ocho casos pendientes contra Estados Unidos, siete contra México, más otros tres en los cuales se han presentado las notificaciones de intención, y cuatro contra Canadá, más otros tres en los cuales se presentaron notificaciones de intención.

Por una parte, el capítulo 11 establece un principio innovador: las partes privadas pueden demandar y buscar reparación por las supuestas violaciones de las obligaciones de los gobiernos. Pero en la práctica, 30 casos representan una modesta respuesta a esa oportunidad. La misma paradoja se aplica a las cantidades de indemnización pretendidas por daños y perjuicios implícitos en los casos del capítulo 11. Estas cantidades han llegado a un total de más de 3 000 millones de dólares. Aun así, sólo en tres de los cuatro laudos a favor del inversionista demandante se ha llegado a una resolución sobre la cantidad de la indemnización. El Tribunal de Arbitraje en el caso Metalclad otorgó al demandante en concepto de indemnización 16.7 millones de dólares por daños y perjuicios, incluidos intereses. Esta cantidad representa aproximadamente 13% de la solicitada por Metalclad originalmente. En el caso de CEMSA, el Tribunal otorgó al demandante 1.7 millones de dólares por daños e intereses generados, aproximadamente 17% de la cantidad demandada por CEMSA. En el tercer caso, Pope and Talbot, el Tribunal de Arbitraje otorgó al demandante medio millón de dólares, menos de .05% de la cantidad solicitada.

Un caso de 30 se resolvió fuera del arbitraje durante el proceso: Canadá aceptó pagar a Ethyl Corporation aproximadamente 13 millones de dólares estadounidenses por concepto de finiquito y eliminar la prohibición de comercio de MMT entre provincias, y ofreció una disculpa. Dicha cifra constituía 6.4% de la cantidad demandada originalmente por Ethyl.

Es cierto que los daños y perjuicios totales que se están demandando en los casos equivalen a más de 3 000 millones y medio de dólares estadounidenses. Pero incluso si la mitad de los casos se resolviera a favor de los demandantes y las indemnizaciones llegaran a aproximadamente 20% de los daños pretendidos por los demandantes, estaríamos hablando de unos 650 millones de dólares en daños, cifra que no representa siquiera 1.0% del total estimado de la inversión extranjera en México desde la entrada en vigor del TLCAN. El gobierno mexicano calcula que, en marzo de 2000, los inversionistas de Estados Unidos y Canadá tenían participaciones en por lo menos 12 557 corporaciones en México; de éstas, inversionistas en sólo siete presentaron arbitrajes de inversiones contra México dentro del TLCAN.

CONCLUSIÓN

Los extensivos y variados mecanismos para la resolución de disputas contenidos en el texto del Tratado de Libre Comercio de América del Norte representan, en su variedad y amplitud, un enfoque único de la muy reconocida necesidad de contar con mecanismos idóneos de resolución de conflictos en asuntos que atañen a acuerdos comerciales regionales.

La historia general de disputas entre los tres países en los últimos 12 años bajo el TLCAN es de un compromiso con el imperio de la ley. Los tres países han hecho uso de los procesos casi por igual. Los tres han triunfado y fracasado al presentar sus demandas . Los tres han aceptado generalmente los resultados de los paneles y han puesto en práctica los cambios requeridos en leyes y políticas, aunque no siempre con entusiasmo y buena voluntad. En ocasiones, se ha necesitado alguna presión adicional para resolver los problemas. En otras, la solución de un problema ha llevado a la explosión de un asunto relacionado. No obstante, en general los tres gobiernos han estado dispuestos a hacer pleno uso del sistema y a cumplir con sus resultados.

Asimismo, como organismos que ejercen funciones judiciales, los paneles han desempeñado su papel muy profesionalmente y han decidido, como se esperaba que lo hicieran, basándose en la justicia, eficiencia, transparencia, congruencia, imparcialidad y toma razonada de decisiones siempre de acuerdo con la ley.

Por ejemplo, en las disputas del capítulo 19 del TLCAN, durante el periodo de casi 12 años de casos presentados ante dicho mecanismo, los paneles han ratificado algunas decisiones de autoridades administrativas domésticas o les han devuelto otras, en busca de aclaración o de una justificación más fuerte de la decisión devuelta, o, a falta de justificación, resolviendo que la decisión fuera revocada. Expertos que han revisado el razonamiento en este tipo de casos, en general han estado de acuerdo en que los paneles de expertos, familiarizados con los conceptos económicos y legales, han desempeñado su labor con capacidad y profesionalismo, y, muchas veces, más a conciencia de lo que ha sido en los tribunales domésticos.

Aunque algunos de los casos que se dieron entre Canadá y Estados Unidos durante la existencia del CUSFTA llevaron a algunos críticos a esgrimir que el sesgo de los participantes extranjeros a favor de sus propios litigantes había contaminado y desacreditado el proceso del capítulo 19, hasta ahora no se ha planteado esta queja con relación a la experiencia del TLCAN. Hay buenas razones para ello. No ha habido ningún caso que implique una división de la decisión según la nacionalidad de los panelistas. Más de 80% de los casos se ha decidido por unanimidad, mientras que el resto ha sido por una mayoría de panelistas de ambas nacionalidades.

Bajo cualquier criterio, el proceso ha demostrado un nivel muy alto de imparcialidad y profesionalismo y, a pesar del número de casos de alto perfil político, se ha conseguido resolver disputas más de acuerdo con principios legales que por arreglos políticos. En suma, el capítulo 19 ha resultado ser una agradable sorpresa porque reduce las fuertes tensiones en litigios comerciales que traspasan las fronteras. Ha obligado a funcionarios de los tres países a operar dentro del margen de la ley y ha reducido la capacidad de las industrias proproteccionistas de presionar a funcionarios administrativos para que favorezcan sus intereses.

Por otra parte, la disposición para resolución de disputas más general del capítulo 20 del TLCAN se ha utilizado con menos frecuencia pero con la misma utilidad. Diversas cuestiones difíciles se han resuelto en el nivel consultivo o en el nivel de los paneles, en cuyo caso las decisiones han sido consideradas de calidad excepcional.

En cuanto a disputas por inversiones, la evidencia general a partir de nuestro análisis es que el capítulo 11 es un mecanismo eficaz para resolver controversias de inversiones. Hasta ahora, la experiencia ha sido que se inician arbitrajes, se constituyen tribunales y se emprenden procesos sin que las partes en disputa falten a sus obligaciones o se nieguen a someterse a arbitrio. Las partes en disputa han tenido amplias oportunidades de presentar sus objeciones, recusaciones, sometimientos a arbitraje y demandas. Contrariamente a otros mecanismos de resolución de disputas del TLCAN, y en la medida en que el propio TLCAN no las modifica, el arbitraje de inversiones del capítulo 11 utiliza reglas de procedimiento ya existentes, que se aplican también fuera del TLCAN y que incluyen a organismos administrativos independientes (el caso del ICSID y las Reglas del Mecanismo Complementario del ICSID) o que establecen maneras de solucionar callejones sin salida durante el arbitraje que no se basan únicamente en la buena voluntad de las partes en disputa. Esto contribuye a que los procesos sigan un curso regular.

No hay noticia de que alguna de las partes del TLCAN se haya negado o retrasado indebidamente el pago de indemnización cuando éste se ha ordenado. Esto tiene varias consecuencias. El arbitraje de inversiones del TLCAN no está diseñado para tener como efecto un cambio directo de políticas. Facilita el cumplimiento obligado y la imposición del mismo porque en general es más fácil que un Estado pague una compensación que cambiar o reformar una ley o política. Es o debería ser un recurso extraordinario. No es el recurso que hay que buscar para trastornos menores o medidas que podrían demandarse más efectivamente por medio de recursos internos con el fin de asegurar la continuidad de la inversión. En realidad, este mecanismo se deriva del derecho consuetudinario de quejas de acuerdo con el derecho internacional, donde el agotamiento de los recursos internos constituye una condición para presentar una queja en el nivel internacional. Aunque de acuerdo con el TLCAN, un inversionista no necesita como regla general agotar sus recursos locales como condición de procedimiento para presentar una queja, la cuestión de si es necesario o no agotar los recursos internos para demandar con éxito una transgresión bajo algunas de las disposiciones sustantivas, todavía no ha sido resuelta por ningún tribunal.

A pesar de ello, el capítulo 11 ha provocado una considerable controversia, que los gobiernos del TLCAN han estado dispuestos a abordar comprometiéndose a volver a aclarar el principal objetivo del capítulo. En diferentes casos del capítulo 11, los tres gobiernos del TLCAN empezaron a quejarse de que las compañías estaban extendiendo demasiado los límites de los requisitos para dar a los inversionistas un estándar mínimo de trato en aspectos que los gobiernos nunca habían tenido la intención de hacer. Una declaración aclaratoria emitida en julio de 2001 por los tres ministros limitó el estándar de trato mínimo ligándolo a otras normas bien establecidas de tratamiento, al tiempo que excluyó obligaciones contraídas bajo otros acuerdos.

En cuanto a las relaciones entre los tres miembros del TLCAN, en la medida en que Canadá, Estados Unidos y México han estado dispuestos a hacer uso de las reglas y procedimientos existentes, es indudable que dichos procedimientos han contribuido positivamente al manejo de sus relaciones. La existencia de acuerdos internacionales no significa que no surjan conflictos, sino que hay mejores bases para abordarlos y resolverlos. Puesto que los tres socios llevan a cabo una de las relaciones comerciales más activas del mundo, era de esperar que surgieran numerosas disputas cuando se implementaran los acuerdos del TLCAN. Esta expectativa resultó cierta. Pero la aplicación de reglas claras dentro de un conjunto de procedimientos vinculantes ha asegurado la igualdad de trato entre las tres partes. Los resultados han estado determinados por reglas convenidas más que por políticas de poder.

A pesar de todo, hay límites a la buena voluntad de un gobierno de ceder el control a las reglas y procedimientos internacionales, como lo ilustra el continuo conflicto sobre los servicios de transporte mexicanos y el azúcar, que ha enturbiado las relaciones México-Estados Unidos en los últimos años. La renuencia de México a adoptar medidas de represalia en el caso de los servicios de transporte camionero parece que se basa en el juicio de que a pesar de que México tiene toda la razón, los costos de adoptar medidas de represalia son mucho más altos que los beneficios. La asimetría sigue siendo claramente un problema en casos como éste. Por otra parte, los capítulos del TLCAN han creado un marco para tratar incluso la "incorrección" de leyes comerciales injustas.

BERNARDO SEPÚLVEDA: SU PAPEL COMO JUEZ *AD HOC* DE LA CORTE INTERNACIONAL DE JUSTICIA EN EL CASO AVENA Y OTROS NACIONALES MEXICANOS

Joel Hernández García

Bernardo Sepúlveda prestó juramento como juez de la Corte Internacional de Justicia (CIJ) el 6 de febrero de 2006. Es el cuarto jurista mexicano en ocupar esa distinguida posición, habiendo sido precedido en el puesto por Isidro Fabela, Roberto Córdova y Luis Padilla Nervo.

Su elección al cargo de juez de la CIJ por la Asamblea General y el Consejo de Seguridad de la Organización de las Naciones Unidas (ONU) marcó el rompimiento de una prolongada ausencia de México en el máximo tribunal internacional. En efecto, desde 1973 la CIJ no contaba con un juez mexicano.

Con el regreso de México a la CIJ, en la persona de Bernardo Sepúlveda, se rompe también una ausencia generalizada de juristas mexicanos en órganos jurisdiccionales internacionales. Antes de la elección de Bernardo Sepúlveda, únicamente contábamos con la participación del doctor Sergio García Ramírez en la Corte Interamericana de Derechos Humanos con sede en San José, Costa Rica.

En mi carrera como miembro del Servicio Exterior Mexicano (SEM), nada me ha producido mayor satisfacción que haber sido testigo de la campaña y la elección en noviembre pasado.

La elección de Bernardo Sepúlveda a la CIJ tiene varios significados. Es, ante todo, el reconocimiento al jurista que ha incursionado con éxito en la diplomacia, la docencia, la investigación, el litigio y la judicatura. Es también el reconocimiento a México como país que promueve el derecho internacional como piedra angular de las relaciones internacionales. Pero aunado a lo anterior, veo en la elección de Bernardo Sepúlveda un enorme potencial para promover la difusión del derecho internacional en nuestro país. Sin duda, los estudiantes, estudiosos y practicantes del derecho internacional habremos de seguir con interés su trabajo en La Haya.

Que la elección sirva también para recordarnos la capacidad que tiene nuestro país para contribuir con sus más prestigiados juristas al trabajo de los tribunales internacionales, que casi habíamos olvidado por esta prolongada ausencia en la CIJ. A partir de este momento, el reto será seguir abriendo camino para que otros juristas mexicanos se incorporen a las instituciones jurídicas internacionales.

Bernardo Sepúlveda no será un extraño en el Palacio de la Paz porque la Corte no le es ajena. Su elección tiene como antecedente más inmediato su nombramiento y desempeño como juez *ad hoc* de la misma Corte en el caso Avena y otros nacionales mexicanos (México *vs.* Estados Unidos).[1]

México rompió un tabú al demandar a Estados Unidos ante la Corte Internacional de Justicia el 9 de enero de 2003 por violaciones al artículo 36 de la Convención de Viena sobre Relaciones Consulares (CVRC) en los procedimientos seguidos en contra de 52 nacionales mexicanos que resultaron en la imposición de la pena capital. Este acontecimiento constituyó un acto sin precedentes al ser la primera ocasión en que México recurrió a la vía contenciosa de la Corte.

De conformidad con el artículo 31 de su Estatuto, si la Corte incluye entre los magistrados uno de la nacionalidad de una de las partes, la otra parte puede designar a una persona de su elección para que funja como magistrado. Al mismo tiempo, si la Corte no incluye entre los magistrados alguno de la nacionalidad de las partes, cada una de éstas podrá designar uno.[2] Toda vez que la composición de la Corte incluía un juez de nacionalidad estadounidense, Thomas Buergenthal, el gobierno de México decidió ejercer el derecho que le otorgaba el citado artículo nominando a Bernardo Sepúlveda como juez *ad hoc*.

El juez *ad hoc* está sujeto a las mismas obligaciones que los jueces elegidos:[3] antes de asumir sus funciones, hace el mismo juramento, participa en cualquier decisión relativa al caso en términos de igual-

[1] *Case Concerning Avena and other Mexican Nationals* (*Mexico* vs. *United States of America*) [2004] ICJ Rep 1.

[2] Estatuto de la Corte Internacional de Justicia, art. 31.2 y 31.3.

[3] *Ibid.*, art. 31.6.

dad y actúa con total independencia del Estado que lo nombró. Desde 1946, 54 personas han fungido como jueces *ad hoc*, de las cuales 12 han sido miembros de la Corte en algún otro momento. La figura no fue introducida por la CIJ, sino que fue heredada de su antecesora, la Corte Permanente de Justicia Internacional. Su objetivo ha sido contar con un miembro que éste mayormente familiarizado con las posiciones de ambas partes, porque de otra manera resultaría difícil que los jueces elegidos lo estuvieran.

En su demanda, el gobierno de México solicitó a la Corte que declarase:[4]

- Que Estados Unidos, al detener, enjuiciar, condenar y sentenciar a 52 nacionales mexicanos a la pena capital, violó sus obligaciones internacionales hacia México, al no informarles, sin dilación, al momento de su detención de su derecho a la notificación y al acceso consulares, privando así a México de su derecho a proporcionar protección consular y del derecho de los 52 nacionales mexicanos a recibir tal protección.
- Que Estados Unidos violó el artículo 36 de la CVRC al no cumplir sus obligaciones de proporcionar la revisión y reconsideración efectiva de las sentencias dictadas, al sustituir tal revisión por procedimientos de clemencia administrativa y al aplicar la doctrina de la "preclusión procesal".
- Que por los daños sufridos, México tiene derecho a la plena reparación en la forma de la *restitutio in integrum*.
- Que esa reparación consiste en la obligación de restablecer el *statu quo ante*, mediante la anulación de las sentencias de los 52 nacionales mexicanos sentenciados.
- Que en la medida en que esas sentencias no sean anuladas, Estados Unidos debe proporcionar, por medios de su propia elección, la revisión y reconsideración efectiva y significativa de las sentencias de los 52 nacionales.
- Que Estados Unidos otorgue garantías de no repetición.

Después de la presentación de argumentos escritos y orales por ambas partes en el transcurso de 2003, la Corte rindió su fallo el 31 de marzo de 2004. En su sentencia, la Corte concluyó:[5]

[4] *Application Instituting Proceedings*. Lista General núm. 128, 9 de enero de 2003, pp. 44-45.

[5] *Case Concerning Avena and other Mexican Nationals*, *op. cit.*, pp. 59-61.

• Que al no informar, sin dilación, al momento de la detención de los nacionales mexicanos objeto de la demanda, Estados Unidos violó sus obligaciones bajo el artículo 36 de la CVRC.

• Que al no notificar a las autoridades consulares mexicanas, sin dilación, de la detención de los nacionales mexicanos, privó a México de su derecho a otorgar la protección prevista en la CVRC a los individuos concernidos.

• Que Estados Unidos privó a México de su derecho a comunicarse y tener acceso a sus nacionales y visitarlos durante su detención, violando así el artículo 36 de la CVRC.

• Que la reparación debida consiste en la obligación de Estados Unidos de proporcionar, por los medios de su elección, la revisión y reconsideración de las condenas y sentencias de los nacionales mexicanos concernidos, tomando en cuenta las violaciones incurridas al artículo 36 de la CVRC.

En primer lugar, es importante hacer hincapié en que la opinión de Bernardo Sepúlveda es una opinión separada y no disidente, lo cual implica (como él mismo lo explica) que está de acuerdo con la sentencia de la Corte en su conjunto. Sin embargo, en algunos temas, llegó a la misma conclusión por caminos diferentes, mientras que en otros no estuvo de acuerdo con la decisión de la Corte. Destaco los principales elementos de la opinión separada.[6]

Desde el punto de vista de Sepúlveda, la Corte no aclaró en su sentencia la naturaleza de las obligaciones que violó Estados Unidos ni hacia quién tenía tales obligaciones. En su opinión, es claro que la naturaleza jurídica de las obligaciones impuestas sobre Estados Unidos radica en el derecho a la protección diplomática y que dichas obligaciones se tienen, en este caso, hacia México.

Explica también que la Corte no estableció con la suficiente claridad si los derechos conferidos en el artículo 36 de la Convención de Viena sobre Relaciones Consulares son de carácter estrictamente consular o si implican también el reconocimiento del derecho del Estado a ejercer protección diplomática.

[6] Opinión separada del juez Sepúlveda, en <http://www.icj-cij.orgliciwww/idocket/imus/imusframe.htm>, 7 de abril de 2006.

Éste es uno de los puntos en los que Bernardo Sepúlveda opina que la Corte tuvo un retroceso en la formación de criterios, ya que en el caso La Grand[7] tal distinción sí fue establecida mientras que en el presente caso no.

Otro punto que Sepúlveda señala con mucho énfasis es el reconocimiento de que la clemencia no puede ser entendida como un recurso interno que deba ser agotado antes de llevar el caso a la Corte. Para sostener este punto se vale de la opinión de la Comisión de Derecho Internacional (CDI) en su proyecto de artículos sobre protección diplomática, donde se establece que los recursos administrativos que no sean judiciales o cuasijudiciales escapan de la regla del agotamiento de recursos internos. No se aceptan como tales los remedios otorgados por "gracia".

Más adelante, Sepúlveda hace referencia al tratamiento que la Corte hace de la "doctrina de la preclusión procesal" (*procedural default doctrine*). Al respecto dice que, a pesar de que la Corte hace un pronunciamiento importante al decir que tal doctrina impide a los acusados ejercer los derechos que les son conferidos por la Convención de Viena, la Corte no lleva esta declaración a sus últimas consecuencias, lo cual significa que la Corte no establece en su sentencia un modo adecuado de reparar tal violación.

Desde su punto de vista, la Corte debió declarar que la utilización de la doctrina de preclusión procesal, como justificación para no admitir recursos por parte de los acusados de acuerdo con la Convención de Viena, implica una falta de las cortes estadounidenses por denegación de justicia, lo cual a su vez implicaría que Estados Unidos estaría incurriendo en responsabilidad internacional.

Por otro lado, expresa también que la Corte debió declarar que la notificación, de acuerdo con el artículo 36 de la Convención de Viena, debe darse al Estado inmediatamente y previo al interrogatorio al detenido para que los derechos conferidos en la Convención sean de utilidad. Su argumento se basa en que hay muchos casos (16 en éste, en particular) en los que la asistencia tenía que ser otorgada desde antes de iniciar el juicio para que fuera efectiva. Un punto interesante es que Sepúlveda hace una analogía con algunas de las Reglas Miranda

[7] *La Grand Case* (*Germany* vs. *United States of America*) [2001] ICJ Rep 466.

para demostrar cómo en ellas también se reconoce que el derecho de asistencia legal debe ser otorgado imperativamente antes de iniciar el juicio y antes de interrogar al detenido para lo cual, en el caso de los mexicanos detenidos, implicaba la necesidad de notificar a México de la detención de tales mexicanos, forzosamente antes de interrogarlos.

Uno de los puntos más importantes en los que Bernardo Sepúlveda se pronuncia en contra de la decisión de la Corte es el relativo a la reparación que Estados Unidos le debe a México por la violación al artículo 36 de la Convención de Viena sobre Relaciones Consulares. Desde su punto de vista, la Corte no adopta la reparación adecuada, la cual debió ser conceder a México la *restitutio in integrum*, consistente en retrotraer los efectos de los procesos judiciales de los mexicanos detenidos hasta el momento de la violación para iniciar de nuevo el proceso, subsanando tal violación.

Por el contrario, la Corte, habiendo reconocido que Estados Unidos violó la Convención de Viena en su artículo 36.1 (a), (b) y (c) con respecto a los mexicanos detenidos, establece que es ella quien debe determinar cuál es la reparación adecuada para el caso, atendiendo a las circunstancias particulares del mismo. La Corte llega a la conclusión de que la reparación apropiada es que Estados Unidos permita una revisión y reconsideración de los procesos. Desde el punto de vista de Sepúlveda, esto no es suficiente para reparar totalmente las violaciones hechas, además de que tal pronunciamiento no se apega a la regla de la *restitutio in integrum* establecida por la Corte Permanente de Justicia en el caso de la Fábrica de Chorzów[8] y reconocido por la Corte en muchos casos.

Por otro lado, la Corte tampoco establece con claridad el alcance y significado de la expresión "*by means of its own choosing*" (por medios de su propia elección) para poder hacer efectiva la revisión y reconsideración que concedió. Sin una explicación clara del alcance y significado de dicha expresión, la sentencia no se puede cumplir adecuadamente ya que lleva a que las partes en el caso puedan hacer diferentes interpretaciones de la misma, llevando a cabo las acciones que más les convengan.

[8] *Factory at Chorzów Case* (*Germany* vs. *Poland*) (Merits) (1928) PCIJ Rep Series A núm. 17, p. 47.

Es por esto, explica Sepúlveda, que no puede haber una reparación absoluta del daño causado dada la ambigüedad de la sentencia de la Corte en este sentido. Además, desde su punto de vista, la Corte debió retomar el concepto de "restitución judicial" (*juridical restitution*) que ha desarrollado la CDI en sus artículos sobre responsabilidad internacional de los estados[9] respecto a la doctrina de la preclusión procesal. Este concepto implica que se debe modificar la situación legal violatoria de derecho internacional mediante la anulación, revocación o enmienda de una disposición, incluso constitucional, que sea privativa de derechos en materia internacional.

Su explicación es que, como la doctrina de la preclusión procesal indudablemente viola los derechos conferidos en la Convención de Viena, al no permitir la interposición de recursos por no ser el momento procesal oportuno, tal doctrina es privativa de derechos conferidos en materia internacional. De tal suerte que dicha doctrina, en tanto violatoria y contraria del derecho internacional, debe ser modificada.

Finalmente, la Corte rechazó la petición de México de declarar que Estados Unidos debía detener las violaciones, argumentando que no había prueba de que existiera una continuidad de las violaciones a la Convención por parte de Estados Unidos. Por tanto, la Corte debió haber ordenado la cesación de las violaciones al artículo 36 por Estados Unidos.

[9] International Law Commission, "Responsibility of States for Internationally Wrongful Acts", en "Report of the International Law Commission on the Work of its 53rd Session" (23 de abril-1 de junio y 2 de julio-10 de agosto de 2001) UN Doc A/56/10 at 59 (DASR).

LOS TRATADOS INTERNACIONALES EN EL ORDEN JURÍDICO MEXICANO

Hugo Perezcano Díaz

INTRODUCCIÓN

Esta obra rinde homenaje a Bernardo Sepúlveda, motivado por su reciente nombramiento como juez del máximo tribunal internacional, la Corte Internacional de Justicia. Además de ser la cúspide —hoy— de una destacada carrera, es un evento de importancia y orgullo nacional, y en esta ocasión nos ofrece la oportunidad de hacerle un homenaje, pero no porque no lo mereciera antes. Es por ello un honor y un privilegio que el embajador Sepúlveda me haya invitado a colaborar con un trabajo a ser incluido en esta obra; no sólo porque, para alguien que, al lado de una trayectoria tan prominente, no puede sino sentir que apenas comienza en estos andares, sino porque, tras haber leído un borrador de este trabajo, consideró que era digno de incluirse en ella. Por ello, además, le estoy muy agradecido.

La jerarquía de los tratados en el orden jurídico mexicano es un tema de gran importancia y actualidad. La Suprema Corte de Justicia de la Nación había definido el lugar que ocupaban, sentando jurisprudencia en 1992. Sin embargo, en 1999 consideró oportuno revisar ese criterio y modificarlo, abandonando expresamente la jurisprudencia que había sentado. La nueva tesis de la Corte ha sido muy debatida y criticada. Se han escuchado voces a favor y en contra, y otras que aun han discutido mucho el razonamiento de los ministros, pero que aguardan todavía para pronunciarse sobre si el sentido de la resolución es correcto o no.

La propia Suprema Corte de Justicia tendrá oportunidad de revisar el criterio de 1999, que hoy sólo constituye una tesis aislada. Actualmente tiene pendiente resolver varios casos que involucran tratados internacionales.

En mi opinión, el criterio vigente de la Suprema Corte es correcto, en virtud de los antecedentes legislativos históricos y una interpretación hermenéutica de la Constitución; pero en ocasiones las decisiones judiciales pueden darle un giro a las del legislativo y aun a las del constituyente, como lo demuestra, precisamente, el caso de la jerarquía de los tratados. La decisión, según lo han expuesto numerosos autores, es de gran trascendencia. Carpizo, por ejemplo, considera el criterio de 1999 "una de las tesis más importantes que ha aprobado la Suprema Corte de Justicia a partir de 1995".[1] Involucra, desde luego, la relación que guardan los tratados internacionales frente a otras normas en el orden jurídico interno, pero también es reflejo del papel que desempeña el Estado mexicano en el plano internacional y el que desempeña el derecho internacional en nuestro ámbito jurídico interno. López Ayllón comenta que "los tratados internacionales tienen, desde hace varios años, un papel central en el sistema jurídico nacional" y explica:

> Los tratados internacionales han comenzado a regular algunas materias que tienen un impacto directo en el derecho nacional (*i.e.*, el comercio, los derechos humanos, las relaciones contractuales, el medio ambiente, etc.). Además, ciertos agentes externos tienen interés directo en el cumplimiento de las obligaciones internacionales de México, generando así un mayor escrutinio, incluso presión, para lograr tal fin. Por todo lo anterior, el peso específico de los tratados internacionales en el derecho mexicano es cada vez mayor.[2]

Así es, aunque me parece que es más correcto señalar que los tratados, que siempre han tenido un papel importante en el sistema jurídi-

[1] Jorge Carpizo, "Los tratados internacionales tienen jerarquía superior a las leyes federales. Comentario a la tesis 192 867 de la Suprema Corte de Justicia de la Nación", *Cuestiones Constitucionales. Revista Mexicana de Derecho Constitucional* (en línea), Instituto de Investigaciones Jurídicas, núm. 3, julio-diciembre de 2000, formato pdf, disponible en <http://www.juridicas.unam.mx/publica/rev/cconst/cont/3/cj/cj7.htm>, p. 183.

[2] Sergio López Ayllón, "La jerarquía de los tratados internacionales (amparo en revisión 1475/98, Sindicato Nacional de Controladores de Tránsito Aéreo)", *Cuestiones Constitucionales. Revista Mexicana de Derecho Constitucional*, *op. cit.*, pp. 197 y 198.

co mexicano según lo evidencia el artículo 133 de la Constitución, hoy tienen mayor preponderancia porque los avances tecnológicos, particularmente en los medios de transporte y las telecomunicaciones, han acortado las distancias y propiciado una mayor interacción de la comunidad internacional, que se ha tornado más dinámica, se interesa cada vez más y tiene cada vez mayor injerencia en aspectos que antes se pensaba sólo concernían al ámbito nacional, al Estado y sus ciudadanos. En palabras de López Ayllón, "las 'fronteras' tradicionales entre lo interno y lo externo han comenzado a diluirse".[3]

No es, pues, que la jerarquía normativa deba ajustarse, como sucede en otros campos del derecho, a circunstancias que cambian con el tiempo; no se trata de cuestiones que no había sido posible anticipar o que hayan quedado rebasadas, por ejemplo, por los avances tecnológicos. La jerarquía de las normas jurídicas es uno de los aspectos que definen a nuestro Estado federal.

Dicho esto, no puede ignorarse que México es parte de esa comunidad internacional más dinámica, y que el derecho internacional, como se dijo, desempeña un papel cada vez más preponderante en nuestro sistema jurídico. El artículo 40 de la Constitución, que declara la voluntad del pueblo mexicano de constituirse en una República compuesta de estados unidos en una federación, tiene una cara que mira al exterior, pero otra que lo hace al interior. Debe cuidarse de no debilitar el papel del Estado mexicano en el exterior y minimizar la importancia del derecho internacional, ni su reflejo en el ámbito interno, y menos aún en aras de un nacionalismo mal entendido.

El estudio que aquí se presenta fue primeramente aceptado para su publicación en el *Anuario Mexicano de Derecho Internacional.* Aquí lo retomo y lo complemento en ciertos puntos que quedaron sin desarrollar y en otros cuyo análisis profundizo. También abordo la posición de algunos autores que no había analizado. El propósito es proveer un estudio de los elementos que confirman el nuevo criterio de la Corte, tanto desde un punto de vista histórico como de la interpretación hermenéutica de la Constitución, a la luz de nuestro régimen federal.

[3] *Ibid.*, p. 199.

Debo precisar que éstos también son los límites del estudio. Existen muchos otros temas que la Corte abordó y que merecen ser comentados, pero serán objeto, quizá, de otro trabajo.

EL CRITERIO VIGENTE DE LA SUPREMA CORTE DE JUSTICIA

Al resolver en revisión un amparo promovido por el Sindicato Nacional de Controladores Aéreos, en octubre de 1999 el pleno de la Suprema Corte de Justicia estableció una tesis que abandonó la jurisprudencia vigente hasta entonces, que consideraba los tratados en una misma jerarquía que las leyes federales. La Corte adoptó un nuevo criterio que considera los tratados jerárquicamente en un segundo plano, inmediatamente por debajo de la Constitución, por encima del derecho federal y el local, estando estos dos en un tercer lugar en una misma jerarquía.[4] El nuevo criterio constituye una tesis aislada. La Corte no ha vuelto a abordar el tema.

En esencia, la Corte sustenta su tesis en los siguientes razonamientos:

• los compromisos internacionales son asumidos por el Estado mexicano en su conjunto y comprometen a todas sus autoridades frente a la comunidad internacional, ya que el presidente de la República suscribe los tratados internacionales en su calidad de jefe de Estado y el Senado interviene como representante de la voluntad de las entidades federativas y, por medio de su ratificación, obliga a sus autoridades; y

• la celebración de tratados no está sujeta a la limitación competencial entre la Federación y las entidades federativas establecida por el artículo 124 constitucional, puesto que el presidente de la República y el Senado pueden obligar al Estado mexicano en su conjunto en cualquier materia, independientemente de que para otros efectos ésta sea competencia de las entidades federativas.[5]

[4] Tratados internacionales. Se ubican jerárquicamente por encima de las leyes federales y en un segundo plano respecto de la Constitución federal. Suprema Corte de Justicia de la Nación, Tesis P. LXXVII/99, *Semanario Judicial de la Federación*, noviembre de 1999, p. 46. Documento en línea disponible en <http://www.scjn.gob.mx/ius2005/>, registro núm. 192867 (citado 01/03/06).

[5] Flores señala que éste es un elemento central a partir del cual la Corte deriva su conclusión

La Corte desprende la mayor jerarquía de los tratados internacionales de la interpretación del artículo 133 constitucional a la luz de su evolución histórica y el papel que desempeña el Estado mexicano ante la comunidad internacional. Su conclusión en esencia deriva de dos cuestiones que da por sentadas, pero sobre las cuales no ofrece un análisis: la capacidad con la que intervienen el presidente de la República y el Senado en el proceso de celebración y aprobación de tratados internacionales, y el que los tratados internacionales escapan a la limitación de competencias prevista en el artículo 124 de la Constitución.

Sin embargo, la posición que los tratados internacionales ocupan en el orden jurídico mexicano no puede desprenderse únicamente del artículo 133, en relación con los artículos 76, fracción I, y 89, fracción X, de la Carta Magna. El análisis es más complejo. Para resolver las interrogantes sobre el lugar que ocupan los tratados en el orden jurídico y el ámbito de los mismos en función de la distribución de competencias, es preciso analizar otros artículos de la Constitución, en el contexto no sólo de su evolución histórica, sino también del régimen federal mexicano.

LA SUPREMACÍA DE LA CONSTITUCIÓN

Contexto histórico

La estructura del sistema jurídico mexicano está dada primeramente por el artículo 133 de la Constitución que dispone:

sobre la mayor jerarquía de los tratados, pero comenta que no debió haber concluido que las leyes federales y locales están en la misma jerarquía, por tratarse de dos ámbitos de competencia diferentes, dichas leyes no están en una relación de jerarquía entre sí. Imer Flores, "Sobre la jerarquía normativa de leyes y tratados. A propósito de la (eventual) revisión de una tesis", *Cuestiones Jurídicas Constitucionales. Revista Mexicana de Derecho Constitucional*, 1ª ed. (en línea), Instituto de Investigaciones Jurídicas, núm. 13, julio-diciembre de 2005, formato html, disponible en <http://info.juridicas.unam.mx/publica/rev/cconst/cont/13/cj/cj7.htm> [citado 10/10/2006]. Es correcto que no hay una relación de jerarquía entre leyes federales y locales, aunque debe precisarse que la Corte no sugirió lo contrario, sino simplemente que las leyes federales y locales están en un mismo plano en relación con la Constitución y los tratados.

> Esta Constitución, las leyes del Congreso de la Unión que emanen de ella y todos los Tratados que estén de acuerdo con la misma, celebrados y que se celebren por el Presidente de la República, con aprobación del Senado, serán la Ley Suprema de toda la Unión. Los jueces de cada Estado se arreglarán a dicha Constitución, leyes y tratados, a pesar de las disposiciones en contrario que pueda haber en las Constituciones o leyes de los Estados.

La supremacía constitucional se estableció desde los inicios de la vida independiente de México. El Acta Constitutiva de la Federación de enero de 1824 previó en su artículo 24: "Las Constituciones de los Estados no podrán oponerse a esta acta ni a lo que establezca la Constitución general: por tanto, no podrán sancionarse hasta la publicación de esta última". La Constitución de 1824 recogió este principio, y también incorporó el de la supremacía de los tratados internacionales respecto del ámbito de los estados. El artículo 161 estipuló:

> Cada uno de los Estados tiene la obligación:
>
> I. De organizar su gobierno y administración interior, sin oponerse a esta constitución ni a la acta constitutiva.
>
> ...
>
> III. De guardar y hacer guardar la constitución y las leyes generales de la Unión, y los tratados hechos o que en adelante se hicieren por la autoridad suprema de la federación con alguna potencia extranjera.

Puede apreciarse cierta similitud entre la fracción III del artículo 161 con el segundo párrafo del artículo VI en la Constitución de los Estados Unidos de América de 1787, que dispone:

> *This Constitution, and the Laws of the United States which shall be made in Pursuance thereof; and all Treaties made, or which shall be made, under the Authority of the United States, shall be the supreme Law of the Land; and the Judges in every State shall be bound thereby, any Thing in the Constitution or Laws of any State to the Contrary notwithstanding.*

La disposición puede traducirse de la siguiente forma:

> Esta Constitución, y las Leyes de los Estados Unidos que se hicieren en seguimiento de ella; y todos los Tratados hechos o que se hicieren, bajo la potestad de los Estados Unidos, serán el Derecho Supremo de la Nación; y los Jueces en todo Estado estarán obligados por ellos, no obstante cualquier cosa en contrario en la Constitución o las Leyes de cualquier Estado.

Al redactar el artículo 161 —como muchos otros— el Constituyente de 1824 se inspiró en la Constitución de Estados Unidos, pero incorporó un texto que tiene importantes diferencias. La supremacía de la Constitución se aprecia con mayor claridad que en el texto del artículo 133 de la Constitución vigente, que tantos debates ha suscitado. El artículo 161 no establece la supremacía de la Constitución en forma explícita; pero tampoco califica a la Constitución y las leyes generales del Congreso de Ley Suprema. En este contexto, la fracción I del mismo artículo, aunado al artículo 163 que establece el deber de "todo funcionario público, sin excepción de clase alguna" de prestar juramento de guardar la Constitución y el Acta Constitutiva parecen apuntar con suficiente claridad a la supremacía constitucional.

El artículo 133 de la Constitución vigente tiene su origen en la Constitución de 1857, cuyo proyecto fue elaborado por la Comisión de Constitución del Congreso Constituyente instalado el 18 de febrero de 1856. El dictamen de la Comisión de Constitución no aborda la inclusión del artículo 123 del proyecto, que finalmente quedó aprobado como artículo 126:

> Artículo 126. Esta Constitución, las leyes del Congreso de la Unión que emanen de ella y todos los tratados hechos o que se hicieren por el Presidente de la República con aprobación del Congreso, serán la ley suprema de toda la Unión. Los jueces de cada Estado se arreglarán a dicha Constitución, leyes y tratados, a pesar de las disposiciones en contrario que pueda haber en las Constituciones o leyes de los Estados.

A diferencia del Constituyente de 1824, el de 1857 recogió el texto del artículo VI, párrafo segundo, de la Constitución de Estados Unidos, con ciertas modificaciones menores para adecuarla al resto del texto constitucional. En primer lugar, se precisó que se trataba de leyes del

Congreso de la Unión, quizá para evitar cualquier duda que pudiese haber surgido de haber sustituido la referencia a las "Leyes de los Estados Unidos" por las "Leyes de los Estados Unidos Mexicanos", dadas las muy distintas circunstancias en las que surgieron nuestros respectivos federalismos, y particularmente la pugna continua que venía desarrollándose entre centralistas y federalistas, y que pretendía resolverse en definitiva precisamente con la nueva Constitución. Segundo, estableció la correlación de este artículo con el 64, inciso octavo (también del proyecto, artículo 72, fracción XIII, de la Constitución aprobada) que establecía las facultades del Congreso de la Unión para "aprobar los tratados y convenios diplomáticos que celebre el Ejecutivo", y el 86, inciso décimo (85, fracción X, de la Constitución aprobada) que establecía la del Ejecutivo de "dirigir las negociaciones diplomáticas conforme a las instrucciones que reciba del congreso federal, y celebrar tratados con las potencias extranjeras, sometiéndolos a la ratificación del mismo congreso", precisando que serían "ley suprema en toda la Unión" los tratados suscritos por el presidente de la República, con aprobación del Congreso. Finalmente, la Comisión modificó la frase "*Supreme Law of the Land*" para referirse al Estado federado designado como "Unión". Sin embargo, la traducción de la frase no fue la más afortunada. El término "*law*" puede traducirse al español como "ley", entendida, en términos simples, como una norma general, abstracta, que emana de un órgano legislativo del Estado; pero también como "derecho", entendido igualmente en términos simples como el conjunto de normas reconocidas como obligatorias y que el Estado puede imponer en forma coactiva. El texto constitucional estadounidense distingue entre "*the laws of the United States*", donde utiliza el plural y claramente se refiere a las leyes, y "*the supreme Law of the Land*", donde emplea el singular y el contexto indica más bien que se utiliza en su acepción de "derecho".

El artículo 126 de la Constitución de 1857 permaneció inalterado. El proyecto de Constitución reformada que presentó Venustiano Carranza al Constituyente de 1917 no lo recogió. Al respecto, la Comisión de Constitución expresó en su dictamen:

> Más importante aún es el artículo 123 [*sic*] de la Constitución de 1857, también suprimido en el proyecto, que establece la supremacía de la Ley cons-

titucional, de las leyes emanadas de ésta y de los tratados hechos por el Ejecutivo con aprobación del Congreso. La ley americana, en un precepto análogo, hace uso de la expresión enérgica, diciendo que leyes como éstas son la ley suprema de la tierra. Así es entre nosotros también, y el artículo suprimido, además de esa grandiosa declaración, constituye la salvaguardia del pacto federal y su lugar preferente respecto de las Constituciones locales, pues autoriza a los jueces para ceñirse a aquél, a pesar de disposiciones en contrario que pueda haber en éstas.

No obstante, su inclusión fue poco meditada. El artículo fue aprobado por unanimidad de 154 votos, sin discusión alguna. Se incorporó con el mismo texto que tenía en la Constitución de 1857 y acarreó un error de ésta, que no fue corregido sino hasta 1934, 17 años después. Con la reinstalación del Senado en 1874, las reformas constitucionales lo facultaron para aprobar los tratados, pero la referencia al Congreso en el artículo 126 omitió ser corregida y se recogió inadvertidamente en el artículo 133 de la Constitución de 1917.

La supremacía de la Constitución en el texto vigente de la Carta Magna

Tanto la doctrina como la jurisprudencia en general coinciden en que la Constitución es la norma suprema y que la supremacía está anclada esencialmente en el artículo 133 constitucional, aunque se desprende también de los artículos 41, que contiene el principio de la distribución de competencias entre los poderes de la Unión y los de los estados, en relación con el 124 que la establece; el 128, que dispone que todo funcionario deberá rendir protesta de guardar la Constitución y las leyes que de ella emanen; y el 135, que establece un procedimiento especial para la adición y reforma de la Constitución.[6]

[6] "Supremacía de la Constitución", en Instituto de Investigaciones Jurídicas, *Diccionario jurídico mexicano*, México, Porrúa/Universidad Nacional Autónoma de México, 2ª ed., 1988, vol. IV, pp. 3023-3025. Jorge Carpizo, *Estudios constitucionales*, México, Universidad Nacional Autónoma de México, 6ª ed., 1998, pp. 17 y 18. Elisur Arteaga Nava, *Derecho constitucional*, México, Universidad Nacional Autónoma de México, 1994, t. III, p. 120.

Sin embargo, no parece haber habido siempre tal coincidencia. Óscar Rabasa, el autor de la reforma de 1934 al artículo 133, comentó:

> Se tuvo en cuenta la conveniencia de disipar dudas y confusiones que suscitaba el laconismo anglosajón del texto primitivo del Art. 133 de nuestra Constitución. Surgía la primera duda respecto a si la Constitución y los tratados eran de jerarquía igual o si había diverso rango entre la primera y los segundos, sólo porque en el texto a ambos tipos de ordenamiento se les declaraba ley suprema. Más aún: se llegó a suponer que los tratados internacionales ocupaban rango superior al de la Constitución, sin parar mientes en que, si esta conclusión jurídica es correcta desde el plano del derecho internacional, no lo es desde el ángulo del derecho interno, que en México está integrado fundamentalmente por la Constitución... [y] ésta expresamente dispone que ella es ley suprema en toda la nación y cuando establece que los tratados también lo serán, es claro que tal cosa es cierta siempre y cuando se ajusten a los preceptos expresos de la propia Ley Fundamental.[7]

La Comisión de Puntos Constitucionales de la Cámara de Diputados expresó al respecto en su dictamen:

> Es obvia la razón que se ha tenido en cuenta para reformar el artículo 133 de la Constitución en la forma propuesta por el Ejecutivo y que el Senado acepta, pues si bien es verdad que los tratados internacionales también son Ley Suprema de la Unión, esto es, en cuanto no estén en pugna con la Ley Fundamental que es la Constitución.[8]

Algunos autores, incluido el propio Óscar Rabasa, opinan que los tratados internacionales que estén de acuerdo con la Constitución adquieren la misma jerarquía que ésta.[9] Pereznieto explica que, si se sal-

[7] Óscar Rabasa, *cit. pos.* Leonel Pereznieto, "El art. 133 constitucional: una relectura", *Anuario del Departamento de Derecho de la Universidad Iberoamericana*, núm. 25, 1995-II, p. 273.

[8] El dictamen de las Comisiones Unidas Segunda de Puntos Constitucionales y Segunda de Justicia del Senado no aludió a la propuesta de reforma al artículo 133 presentada por el Ejecutivo, que fue parte de una iniciativa para reformar también los artículos 73, fracción XXI, y 107.

[9] Óscar Rabasa, *cit. pos.* Pereznieto, *loc. cit.*

va el requisito de que los tratados sean conformes a la Constitución, entonces son Ley Suprema de la Unión y el artículo 133 los ubica en el mismo nivel jerárquico de aquélla.[10] Sin embargo, en la pirámide kelseniana la exigencia en la Constitución de que los tratados sean acordes con ella desvela la supremacía de la misma sobre éstos. Así lo han entendido la mayoría de los autores y actualmente parecen haberse disipado las dudas que la redacción original del artículo 133 pudo haber generado sobre la supremacía de la Constitución. La opinión actual, generalizada, es que la reforma de 1934 estableció con claridad la supremacía de la Constitución.

LA JERARQUÍA DE LAS NORMAS INTERNACIONALES

Sánchez Cordero comenta que "subsiste un problema de muy antigua discusión, que no ha sido definido en nuestro país de manera contundente: el de las relaciones entre el Derecho Internacional y el Derecho Interno". Añade:

> La recepción del Derecho Internacional por ordenamientos internos parte entonces de reconocer que el Estado no puede desconocer internamente las normas que ha generado exteriormente.
>
> El asunto, trasladado al ámbito interno del ordenamiento jurídico, se torna inicialmente en un problema de jerarquía de las normas y, en consecuencia, de fuentes del derecho. Es decir, el problema esencial en materia de aplicación de tratados al interior de un Estado consiste en la adaptación de las normas internacionales a su Derecho Interno y el lugar que éste les asigna a esas normas se torna inicialmente en un problema de jerarquía de normas y, en consecuencia, de fuentes del derecho.[11]

[10] *Ibid.*, p. 280.

[11] Olga Sánchez Cordero, *La Constitución y los tratados internacionales. Un acercamiento a la interpretación judicial de la jerarquía de las normas y la aplicación de los tratados en la legislación nacional*, 1ª ed. (en línea), Culiacán, Supremo Tribunal de Justicia de Sinaloa, *Cuadernos Jurídicos*, núm. 8, 1999, formato pdf, disponible en <http://www.bibliojuridica.org/libros/libro.htm?l=484>, pp. 3-5.

En principio, las normas del derecho internacional en sí mismas no tienen validez en nuestro sistema de derecho; sólo la tienen en la medida en que hayan sido recibidas por el orden jurídico interno, ya sea en la Constitución misma, a través de los sistemas de incorporación o reenvío;[12] o bien a través del método de recepción que contemplan los artículos 76, fracción I, 89, fracción X, y 133 de la propia Constitución —subrayo con toda intención las palabras "en principio", porque queda abierta la pregunta de si las normas del *ius cogens* pudieran tenerla, aunque ello es materia de otro estudio y, por lo pronto, me limito simplemente a apuntarlo.

Podemos hablar, pues, de dos actos distintos de creación de normas en relación con las normas internacionales: el primero es el acto de creación de la norma internacional como tal, es decir, el que le da existencia en el plano internacional, y que para los tratados está codificado en la Convención de Viena sobre el Derecho de los Tratados de 1969.[13] El que aquí nos concierne es el acto de creación de una norma en el orden jurídico interno mediante el sistema de recepción del derecho internacional por el derecho mexicano y que puede ser a través de los métodos de incorporación o reenvío, o bien el previsto en los artículos 89, fracción X, 76, fracción I, y 133 constitucionales.[14]

[12] Cf. Carlos de Silva, "La supremacía constitucional y los tratados internacionales", *Anuario de Derecho Público. Los Controles Constitucionales*, núm. 1, México, Instituto Tecnológico Autónomo de México/McGraw Hill, 1997, pp. 96-99. Sánchez Cordero, *op. cit.*, pp. 10-14.

[13] La Convención de Viena sobre el Derecho de los Tratados entre Estados y Organizaciones Internacionales o entre Organizaciones Internacionales de 1986 en general contiene disposiciones equivalentes.

[14] De Silva comenta: "No queda, pues, duda de que el sistema jurídico mexicano acepta el derecho internacional cuando las normas de éste son incorporadas al derecho estatal mediante sistemas de reenvío, adaptación o creación de las propias". Sin embargo, se refiere a la creación de normas de derecho internacional en el ámbito interno. Añade: "Por otra parte, debe precisarse que no sólo el presidente está facultado para crear normas de derecho internacional, con la aprobación del Senado mediante la celebración de tratados. Tal facultad compete también al Congreso de la Unión en términos del artículo 73 constitucional, que le atribuye competencia para declarar la guerra...; dictar leyes según las cuales deban declararse buenas o mala las presas de mar y tierra y para expedir leyes relativas al derecho marítimo de paz y guerra...; dictar leyes sobre nacionalidad, condición jurídica de los extranjeros, ciudadanía, naturalización, colonización, emigración e inmigración...; expedir leyes de organización del cuerpo diplomático y del cuerpo consular mexicanos..., y para establecer contribuciones sobre el comercio exterior...". De Silva, *op. cit.*, p. 99. La opinión, a mi parecer, es errónea porque no se trata de normas inter-

Puesto que la estructura del orden jurídico mexicano está determinada, según se dijo, por la Constitución, la posición jerárquica que ocupan las normas internacionales en el mismo es un tema de derecho constitucional. En la ejecutoria que dio origen a la tesis de 1999 de la Suprema Corte de Justicia sobre la jerarquía de los tratados, la Corte abordó también el sistema de recepción de los tratados internacionales por el derecho mexicano. En este contexto, aludió a ciertas disposiciones de la Convención de Viena sobre el Derecho de los Tratados relativas a la obligatoriedad de éstos, con el propósito de ilustrar sus razonamientos sobre la vigencia del derecho internacional en México. Debe precisarse, no obstante, que las cuestiones de recepción por el derecho mexicano del derecho internacional y la jerarquía normativa de los tratados en nuestro orden jurídico, no pueden desprenderse del derecho internacional. La Convención de Viena se refiere, entre otras materias, a la obligatoriedad de los tratados en el plano internacional exclusivamente. No pretende resolver cuestiones, y mucho menos establecer reglas, relativas a la aplicación de los tratados en los sistemas jurídicos nacionales. Ello es una cuestión de derecho interno que, en México, debe resolverse a partir de la Constitución.[15]

Las normas internacionales de orden constitucional

La Constitución recoge en su texto ciertas normas del derecho internacional por incorporación o reenvío. Incorpora ciertos principios del derecho internacional en su texto, haciéndolos propios. Así, el artículo 15 prohíbe la celebración de tratados para la extradición de reos

nacionales, sino internas, que rigen únicamente en territorio mexicano, aun cuando dichos asuntos ciertamente tienen una dimensión internacional. El Congreso, como tal, no participa en la creación de normas internacionales. En efecto, el propio De Silva reconoce: "Claro está que la facultad del Congreso de la Unión para crear normas de derecho internacional no implica la posibilidad de que, mediante ellas, se obligue directamente a otros Estados, sino únicamente la de establecer, para efectos internos, la forma en que en el país habrá de operar ciertos aspectos que, en esencia, son de o están relacionados con el derecho internacional" (*ibid.*). Una norma de efectos exclusivamente internos por definición no es una norma internacional.

[15] Cf. José Ramón Cossío Díaz, "La nueva jerarquía de los tratados internacionales", *Este País*, febrero de 2000, p. 36.

políticos y para la de aquellos delincuentes del orden común que hayan tenido la condición de esclavos en el país donde cometieron el delito. El artículo 89, fracción x, dispone en la parte pertinente que el Poder Ejecutivo observará los siguientes principios normativos en la conducción de la política exterior: "la autodeterminación de los pueblos; la no intervención; la solución pacífica de controversias; la proscripción de la amenaza o el uso de la fuerza en las relaciones internacionales; la igualdad jurídica de los Estados; la cooperación internacional para el desarrollo; y la lucha por la paz y la seguridad internacionales".

Por otro lado, el artículo 27 dispone que "corresponde a la Nación el dominio directo... [del] espacio situado sobre el territorio nacional, en la extensión y términos que fije el Derecho Internacional", y añade que "son propiedad de la Nación las aguas de los mares territoriales en la extensión y términos que fije el Derecho Internacional". También dispone que la nación ejerce derechos de soberanía en una zona económica exclusiva situada fuera del mar territorial y adyacente a éste, en una extensión de 200 millas náuticas medidas a partir de la línea de base desde la cual se mide el mar territorial, y agrega que, "en aquellos casos en que esa extensión produzca superposición con las zonas económicas exclusivas de otros Estados, la delimitación de las respectivas zonas se hará en la medida en que resulte necesario, mediante acuerdo con estos Estados".

Estas normas del derecho internacional, ya sea que se trate de normas consuetudinarias, convencionales o del *ius cogens* —adviértase que los artículos 15 y 89, fracción x, recogen una serie de normas y principios del derecho internacional sin calificarlos en forma alguna; el artículo 27 se refiere simplemente al "Derecho Internacional" en forma amplia en sus párrafos cuarto y quinto, mientras que en el párrafo séptimo remite a tratados celebrados entre Estados—, adquieren la calidad de normas constitucionales. En consecuencia, participan de la supremacía de la Constitución. De tal manera, "cualquier conflicto que se suscitara entre estas normas internacionales y las de derecho interno tendría que resolverse a favor de las primeras", según precisan De Silva y Sánchez Cordero.[16]

[16] De Silva, *op. cit.*, p. 97. Sánchez Cordero, *op. cit.*, p. 12.

Los tratados internacionales

Los tratados se incorporan al derecho mexicano mediante el método que prevén los artículos 89, fracción x, que faculta al presidente de la República para celebrar tratados y requiere que los someta a la aprobación del Senado; el 76, fracción i, que faculta al Senado de la República para aprobar los tratados que celebre el presidente; y el artículo 133, que dispone que aquellos tratados que hayan sido celebrados y aprobados de esta forma y estén de acuerdo con la Constitución serán Ley Suprema de toda la Unión. Por disposición constitucional, pues, los tratados que tengan estas características adquieren en el sistema jurídico mexicano el carácter de leyes de la Unión.[17] Becerra comenta al respecto:

> Esta interpretación que hace la SCJ es congruente con los orígenes del artículo 133. En efecto, si revisamos el origen de la fórmula mexicana, es decir la Constitución de los Estados Unidos, veremos que el presidente de la República y el Senado tienen una capacidad legislativa única, ya que *"during the 1788 debates on ratification in North Carolina, Mr. Lenoir affirmed*

[17] Rosales parece sugerir lo contrario cuando argumenta que "un tratado posterior no puede derogar una ley porque el único medio para abrogarla es el acto legislativo". Cf. Emmanuel Rosales Guerrero, "Elementos para un análisis crítico de los precedentes judiciales del Poder Judicial de la Federación en materia de tratados internacionales", inédito. Conferencia ofrecida en el foro Fiscalización de Operaciones Internacionales, organizado por el Colegio de Contadores Públicos de México, 15 y 16 de marzo de 2006, p. 29. Sin embargo, si bien el artículo 133 constitucional ha suscitado muchas discusiones sobre la jerarquía normativa, no parece dejar lugar a dudas al disponer que "todos los Tratados que estén de acuerdo con la misma, celebrados y que se celebren por el Presidente de la República, con aprobación del Senado, *serán* la Ley Suprema de toda la Unión" (énfasis propio). López Ayllón señala correctamente que un segundo principio que contiene el nuevo criterio de la Suprema Corte de Justicia es el reconocimiento de que los tratados internacionales son actos materialmente legislativos por contener normas generales y abstractas. Cf. López Ayllón, *op. cit.*, p. 200. En efecto, la Corte en su ejecutoria recoge varios precedentes judiciales que así lo establece y que dotan a los tratados de fuerza de ley. Desde luego, los tratados no son los únicos actos materialmente legislativos, que de manera formal siguen un proceso de creación distinto al de las leyes. Por ejemplo, el artículo 131 de la Constitución dispone que "el Ejecutivo podrá ser facultado por el Congreso de la Unión para aumentar, disminuir o suprimir las cuotas de las tarifas de exportación e importación, expedidas por el propio Congreso [en la ley correspondiente], y para crear otras". El Congreso otorgó esta facultad al Ejecutivo en la Ley de Comercio Exterior, de modo que éste puede aumentar, reducir e incluso suprimir aranceles —impuestos al comercio exterior— establecidos por el Congreso en ley.

that the treaty power is a legislative power given to the president", and Senate, since treaties "are to be the supreme law of the land".[18]

(El énfasis es de Becerra.)

Sobre el requisito de que los tratados deben estar de acuerdo con la Constitución, además del punto obvio de que no pueden contravenir sus disposiciones, se ha discutido si deben limitarse a las materias que ésta explícitamente abarca. Al respecto, la Suprema Corte de Justicia expresó en la ejecutoria que dio lugar a la tesis aislada que se comenta:

La recepción del derecho internacional contenido en los tratados en nuestro país, depende también del requisito de fondo de que "estén de acuerdo con la misma...", la expresión por sí misma resulta poco afortunada, sin embargo, la teleología de la norma, como se desprende de los antecedentes descritos de la reforma de mil novecientos treinta y cuatro, parten de la reafirmación del principio de supremacía constitucional, esto es, que el tratado no transgreda disposiciones constitucionales. Sin embargo, la interpretación gramatical puede llevarse al extremo de considerar que sólo lo que se encuentre dentro de los límites expresos de la Constitución podrán [*sic*] ser aceptadas [*sic*] como normas del derecho internacional vigentes en México. Puede darse el caso de convenios internacionales que amplíen las garantías individuales o sociales y que por no estar dentro de las normas constitucionales no podrían ser aplicadas a nuestro derecho. En este caso, conviene analizar las características de la norma internacional que se pretende aplicar y en función de ella atender a la finalidad de las disposiciones constitucionales de que se trata. En el ejemplo, es evidente que si el tratado obliga a ampliar la esfera de libertades de los gobernados o compromete al Estado a realizar determinadas acciones en beneficio de grupos humanos tradicionalmente débiles, deben considerarse como constitucionales. Situación diversa de la que, por

[18] Manuel Becerra Ramírez, "Tratados internacionales. Se ubican jerárquicamente por encima de las leyes y en un segundo plano respecto de la Constitución federal (amparo en revisión 1475/98)", *Cuestiones Constitucionales*, *op. cit.*, p. 175. La última frase de la cita puede traducirse de la siguiente forma: "'durante los debates de 1788 sobre la ratificación en Carolina del Norte, el Sr. Lenoir afirmó que la facultad en materia de tratados es una facultad legislativa que se confiere al presidente' y al Senado, ya que los tratados 'han de ser el derecho supremo de la nación'".

el contrario, merme la esfera de protección que la Constitución da *per se* a los gobernados.

De tal manera, la Corte señala que, en aquellos casos en los que existe duda sobre la constitucionalidad de un tratado porque éste rebasa los límites explícitos de la Constitución, deben analizarse "las características de la norma internacional que se pretende aplicar y en función de ella atender a la finalidad de las disposiciones constitucionales de que se trata", para determinar si la norma amplía los preceptos constitucionales en beneficio de los gobernados o los merma. Si lo primero, entonces debe considerarse que el tratado —o la norma pertinente— está de acuerdo con la Constitución. En caso contrario, habrá que concluirse que es inconstitucional. La Corte lo ilustra con las garantías individuales, pero no hay razón en principio para no aplicar este criterio en otras materias, por ejemplo, en las que abarca el artículo 131 constitucional. Lo que la Corte expresa es la necesidad de analizar cada caso frente a las disposiciones constitucionales pertinentes para determinar si, a la luz de la finalidad de éstas, se violenta o no la Constitución.

Corzo correctamente añade:

> La cuestión es un poco más compleja, pues se trata de establecer una regla para aquellos casos en que la Constitución no regule lo que el tratado, siendo que no hay parámetro de cotejo y no consideramos que siempre sea una cuestión de beneficiar los derechos de las personas, pues en muchos casos se tratará de obligaciones para el gobierno mexicano que impliquen algunas restricciones. Por ello, somos de la idea de que no se trata de limitar el contenido de los tratados al de la Constitución, siendo que por definición es más amplio el contenido de aquéllos. Aceptar lo anterior significaría que los tratados internacionales se apliquen parcialmente, contradiciendo un compromiso expreso por parte del gobierno mexicano.
>
> Que un tratado esté de acuerdo con la Constitución no debe verse como un criterio restrictivo, sino como una pretensión de que no haya disposiciones que contradigan la Constitución. Esto es lo que se quiere evitar. Por otra parte, siempre hay la posibilidad de que los órganos nacionales de recepción del derecho internacional tomen en cuenta si se trata de algo que pueda beneficiar ya no a la Constitución sino a nuestro orde-

namiento jurídico. Por ello, como estamos frente a la ausencia de una regulación, la norma internacional puede formar parte de nuestro ordenamiento jurídico, sin transgredir la Constitución.[19]

Ahora bien, además de ser acorde con la Constitución, la Ley sobre la Celebración de Tratados añade que, para ser obligatorios en territorio nacional, los tratados deben haber sido publicados previamente en el *Diario Oficial de la Federación*. Se trata del acto que les da vigencia en el ámbito nacional.

Desde luego, la disposición no es novedosa. La Ley sobre la Celebración de Tratados simplemente confirma que también se aplica a los tratados internacionales la regla sobre la publicación de leyes que ya contenía el Código Civil en materia federal, sin duda porque, como apunta López Ayllón, "los requisitos formales de aprobación y publicación eran cumplidos aleatoriamente y a veces pasaban años antes de que un tratado fuera debidamente publicado en el Diario Oficial".[20]

Satisfechos los requisitos de creación y vigencia es que puede presentarse un conflicto entre leyes. Debe precisarse que la jerarquía normativa sólo es relevante en caso de que exista contradicción de normas. El problema debe analizarse en dos planos: primero, si los tratados no están conformes con la Constitución, no quiere decir que caigan en la jerarquía de normas, sino que puede solicitarse por la vía judicial la declaratoria de inconstitucionalidad y el tratado —o la norma contraria específica del mismo— dejaría de aplicarse en términos de los artículos 105 o 107 de la Constitución y sus leyes reglamentarias.[21] Empero, si el tratado es acorde a la Constitución, el problema se torna en uno de legalidad (donde el control de legalidad constituye un medio indirecto de control de constitucionalidad).

[19] Édgar Corzo Sosa, "Comentario al amparo en revisión 1475/98 resuelto por la Suprema Corte de Justicia", *Cuestiones Constitucionales*, *op. cit.*, p. 189.

[20] López Ayllón, *op. cit.*, p. 198.

[21] Cf. Carpizo, *Estudios constitucionales*, p. 25. Carpizo comenta que "un tratado anticonstitucional no se puede aplicar en el orden interno, ya que la Constitución es la suprema y los tratados se encuentran en escaño inferior". Esta posición es inexacta porque un tratado inconstitucional, pero que ha sido celebrado por el presidente y aprobado por el Senado, es aplicable mientras no se establezca su inconstitucionalidad, lo mismo que una ley inconstitucional del Congreso de la Unión.

Para resolverlo, es necesario aplicar las reglas en materia de conflictos de leyes. Una de ellas es, justamente, la jerarquía normativa, que toma precedencia sobre las otras.

De Silva comenta: "En principio, no es posible encontrar en el derecho mexicano sustento jurídico positivo alguno de la afirmación, por ello dogmática, de que existe un sistema jerárquico definido según el cual los tratados se encuentran colocados en un rango superior al de las leyes nacionales o viceversa".[22] Sánchez Cordero reitera el comentario que hace De Silva.[23] No coincido con ellos. Es cierto que la Constitución no contiene un precepto que establezca explícitamente la jerarquía de normas en nuestro derecho, pero ello no significa que haya que fijarla de manera dogmática, ni basta analizar el artículo 133 constitucional para determinar la posición que ocupan los tratados internacionales en el orden normativo. Según lo indiqué, el análisis es más complejo: implica un ejercicio de hermenéutica jurídica que involucra otros artículos constitucionales, y es preciso realizarlo desde la perspectiva de su evolución histórica en el contexto del régimen federal mexicano.

En efecto, Carpizo señala que

> El quid para conocer la jerarquía de las normas en el orden jurídico mexicano se encuentra en: i) la expresión del artículo 133 constitucional: "las leyes del Congreso de la Unión, que emanen de ella" [de la Constitución] y ii) en una interpretación hermenéutica de la propia Ley Fundamental; al artículo 133 hay que interpretarlo en conexión con otros preceptos constitucionales.[24]
>
> (Se omite la nota al pie de página.)

Contexto histórico de la relación entre los ámbitos federal y locales

La Constitución de 1824 era clara sobre la primacía de la legislación federal sobre la local. El artículo 161 estableció la obligación de los estados de guardar y hacer guardar la Constitución y las leyes generales

[22] De Silva, *op. cit.*, p. 101.

[23] Sánchez Cordero, *op. cit.*, p. 22.

[24] Carpizo, "Los tratados internacionales...", p. 179.

de la Unión. Con toda claridad se refiere a las leyes generales de la Unión, es decir, a todas las leyes federales. El texto de la Constitución de 1824 es más preciso que el correlativo de la Constitución estadounidense que se refiere a las "Leyes de los Estados Unidos".

Estableció igualmente la primacía de los tratados internacionales sobre la legislación local; pero no es explícita en cuanto a la relación entre las leyes generales de la Unión y los tratados internacionales. Debe advertirse, no obstante, que la celebración de tratados era "por la autoridad suprema de la federación". En este sentido también, el Constituyente se inspiró en la Constitución de Estados Unidos, pero incorporó una fórmula distinta. La Constitución estadounidense confirió al presidente la facultad de celebrar tratados "por y con el Consejo y el Consentimiento del Senado".[25] La Constitución de 1824, sin embargo, distinguió entre la facultad del presidente —en quien se depositó el Supremo Poder Ejecutivo— de celebrar tratados y la del Congreso General de aprobarlos. Sólo en el caso de los concordatos con la Silla Apostólica se dio la facultad al Congreso de dar instrucciones al presidente para su celebración, además de "aprobarlos para su ratificación". Respecto de los demás tratados internacionales, la facultad del Congreso se limitó a aprobarlos.

La Constitución de 1824 no estableció una división precisa de competencias entre los estados y la Federación. Estableció las facultades de los poderes federales, y para los estados estableció ciertas obligaciones y prohibiciones. Sin embargo, no incorporó el principio de distribución de competencias contemplado en la décima enmienda de la Constitución de Estados Unidos, como lo haría el Constituyente de 1857, que la recogió casi en los mismos términos. La enmienda prevé:

[25] La Constitución de Estados Unidos dispone en el segundo párrafo de la segunda sección del artículo II:

He [the President] shall have Power, by and with the Advice and Consent of the Senate, to make Treaties, provided two thirds of the Senators present concur...

Esta disposición puede traducirse de la siguiente forma:

[El Presidente] Tendrá la Facultad, por y con el Consejo y el Consentimiento del Senado, de celebrar Tratados, siempre que dos tercios de los Senadores presentes concurran...

The powers not delegated to the United States by the Constitution, nor prohibited by it to the States, are reserved to the States respectively, or to the people.

El texto puede traducirse de la siguiente forma:

Las facultades que no han sido delegadas en los Estados Unidos por la Constitución, ni están prohibidas por ésta para los Estados, están reservadas a los Estados respectivamente, o al pueblo.

El texto del artículo 117 de la Constitución de 1857 es el siguiente:

Las facultades que no están expresamente concedidas por esta Constitución a los funcionarios federales, se entienden reservadas a los estados.

Si bien la Comisión de Constitución tuvo el cuidado de analizar la relación entre el artículo 123 y los artículos 64 y 86 de su proyecto (correspondientes a los artículos 126, 72 y 85 de la Constitución aprobada y 133, 76 y 89 de la de 1917), el Constituyente no tuvo la misma precaución de analizar la relación del artículo 126 con el 117 (que corresponde al 124 de nuestra Constitución vigente) y que estaba ausente del proyecto de la Comisión. Debe advertirse que la Constitución estadounidense de 1787 originalmente tampoco contenía la cláusula de distribución de competencias entre la Federación y los estados.[26] Ésta fue producto de la décima enmienda de 1791, de modo que la relación

[26] Estados Unidos ha tenido dos constituciones: los Artículos de Confederación, que fueron aprobados el 9 de junio de 1777 y entraron en vigor el 1 de marzo de 1781, tras haber sido ratificados por todos los estados; y la Constitución aprobada el 17 de septiembre de 1787, que entró en vigor el 21 de junio de 1788. Esta última reemplazó a los Artículos de Confederación. La Constitución de Estados Unidos no recogió el artículo II de los Artículos de Confederación que contenía la cláusula de distribución de competencias en los siguientes términos:

Each state retains its sovereignty, freedom, and independence, and every power, jurisdiction, and right, which is not by this Confederation expressly delegated to the United States, in Congress assembled.

El texto puede traducirse como sigue:

Cada estado conserva su soberanía, libertad, e independencia, y toda facultad, competencia, y derecho, que no haya sido expresamente delegada por esta Confederación a los Estados Unidos, reunidos en Congreso.

entre la jerarquía de leyes y la distribución de competencias tampoco fue analizada por los delegados de la Convención Federal de ese país.

El Constituyente de 1857 no adaptó simplemente el texto de la Constitución estadounidense. Lo incorporó con las siguientes modificaciones que deben destacarse. Primero, añadió la palabra "expresamente" (contenida en el artículo II de los Artículos de Confederación de Estados Unidos), con lo cual acotó con precisión la competencia del gobierno federal. Segundo, eliminó la reserva que la Constitución de Estados Unidos hizo al pueblo, puesto que había quedado establecido que el pueblo ejercería su soberanía por medio de los poderes de la Unión o los de los estados.[27]

La Constitución de 1917 incorporó en el artículo 124 el texto del 117 de la Constitución de 1857, sin modificaciones. No ha sido reformado.

Las modificaciones con las que el Constituyente de 1857 incorporó el texto de la enmienda décima de la Constitución estadounidense tienen implicaciones importantes y marcan una diferencia significativa en el desarrollo constitucional de México y Estados Unidos, respectivamente. Mientras que para Estados Unidos la interacción entre el artículo sexto y la décima enmienda constitucionales permite que los gobiernos federal y locales concurran respecto de ciertas materias (aquellas que no están reservadas expresamente a la Federación ni prohibidas para los estados),[28] México adoptó un sistema rígido de distribución de competencias entre los estados y la Federación, donde los ámbitos respectivos están claramente separados.[29] El artículo 124 establece un sistema de jurisdicción dual donde, si la Constitución ha atribuido una facultad a funcionarios federales, necesariamente está prohibida para los poderes locales.[30] No hay traslape entre los ámbitos

[27] José María Serna de la Garza, "Federalismo y sistemas de distribución de competencias legislativas", en Antonio María Hernández y Diego Valadés (coords.), *Estudios sobre federalismo, justicia, democracia y derechos humanos. Homenajo a Pedro J. Frías*, 1ª ed. (en línea), México, Instituto de Investigaciones Jurídicas, 2003, formato pdf, disponible en <http://www.bibliojuridica.org/libros/libro.htm?l=1088>, p. 318.

[28] Cf. Carpizo, *Estudios constitucionales*, pp. 21 y 22.

[29] Para una discusión sobre el sistema de distribución de competencias, su historia y evolución, véase Serna de la Garza, "Federalismo…".

[30] Elisur Arteaga Nava, *Tratado de derecho constitucional*, México, Oxford Univesity Press, 1999, vol. 2, p. 579.

federal y local, con excepción de aquellos casos donde la Constitución expresamente establece la concurrencia del gobierno federal y los gobiernos locales, por ejemplo, en materia de asentamientos humanos (artículo 73, fracción XXIX-C), protección al ambiente y preservación y restauración del equilibrio ecológico (artículo 73, fracción XXIX-G) o protección civil (artículo 73, fracción XXIX-I).

La supremacía de un orden sobre el otro no se plantea. Si hubiere una contradicción entre una norma federal y una local, se trata de un problema de competencia y habrá que discernir a qué autoridad le está conferida la facultad correspondiente.[31] En consecuencia, el artículo 133 de la Constitución tiene un alcance muy distinto que el párrafo segundo del artículo sexto de la Constitución estadounidense.

El Senado

1. Contexto histórico

La Constitución de 1857 inicialmente estableció un sistema unicameral. Sin embargo, en 1874 sufrió una importante reforma: restableció el sistema bicameral previsto en los anteriores textos constitucionales, pero fue más lejos que éstos al investir al Senado del importante papel que hoy desempeña en nuestro régimen federal.

Hasta antes de esa fecha, las constituciones mexicanas habían otorgado al Senado un papel menos preponderante. La Constitución de 1824 estableció dos cámaras con prácticamente las mismas atribuciones: participar en el proceso de formación de leyes y erigirse en gran jurado en el juicio de responsabilidades, la Cámara de Diputados como representante de los ciudadanos y la de Senadores, de los estados. En las Leyes Constitucionales de 1836 el papel del Senado se limitó esencialmente a ser la cámara revisora en el proceso de formación de leyes, aunque se le otorgó la facultad de aprobar los nombramientos del Ejecutivo, de los agentes diplomáticos y de los oficiales superiores del ejército, armada y milicia, y la de autorizar, en los recesos del Congreso, la entrada a territorio nacional de tropas extranjeras y la sa-

[31] Cf. Carpizo, *Estudios constitucionales*, p. 23.

lida de tropas nacionales fuera del país. Su papel en materia de juicio de responsabilidades también se limitó a las acusaciones contra los diputados.

En 1867 se presentó al Congreso una iniciativa de reformas para restablecer el Senado. En una circular dirigida a los gobernadores de los estados, Sebastián Lerdo de Tejada expuso:

> Es la opinión común que en una República Federal, sirven las dos cámaras para combinar en el poder legislativo el empleo popular y el elemento federativo. Una cámara de diputados, elegidos en número proporcional a la población, representa el elemento popular, y un senado, compuesto de igual número de senadores por cada Estado, representa el elemento federativo.

La cuestión se debatió durante casi siete años. La Comisión que dictaminó la iniciativa expresó:

> Todas las consideraciones expuestas autorizan a la comisión a pensar que los efectos de la división del poder legislativo en dos cámaras serían altamente provechosos a la República: sus relaciones exteriores tendrán más firmeza y respetabilidad, las leyes serán el fruto de las deliberaciones más reposadas y extrañas a la festinación; los funcionarios públicos se contendrán en el límite de sus deberes, porque un jurado de sentencia será más numeroso, y por consiguiente más respetable; y por último la dictadura será menos frecuente entre nosotros.

En el federalismo mexicano, el Senado se concibió como el órgano que representa equitativamente a los estados en el Congreso. Históricamente se ha integrado por el mismo número de senadores por cada entidad federativa, independientemente del número de habitantes que cada una tenga. La Constitución de 1824, inspirada en el modelo estadounidense, dispuso que el Senado se integraría por dos senadores de cada estado, elegidos por sus legislaturas por mayoría absoluta de votos (artículo 25). Las reformas de 1874 a la Constitución de 1857 restablecieron el Senado, que se componía de dos senadores por cada estado, por medio de una elección indirecta en primer grado, donde cada legislatura declaraba electo a quienes hubieran obtenido la mayoría absoluta de votos y, en caso contrario, elegiría a los senadores entre los que hubiesen obtenido una mayoría relativa (artículo 58, apartado A).

2. *La representatividad del Senado*

Burgoa opina:

> ...Dentro de un régimen democrático, el Senado sólo puede legitimarse si la forma estatal en que se estructura es la federal, en que dicho órgano se integra con representantes de las entidades federativas. Bajo esta tesitura, el Senado constituye un cuerpo de equilibrio político que asegura su igualdad en lo que atañe, sobre todo, al ejercicio del poder legislativo... Con independencia de su población, todas las entidades federativas estuviesen paritariamente representadas a efecto de contrarrestar la fuerza de la cámara colegisladora. Estimamos que ésta es la más convincente razón que justifica el sistema bicamaral [*sic*] y únicamente dentro de un régimen federal.

El proyecto de Venustiano Carranza recogió la fórmula de la Constitución de 1857, pero el Constituyente de 1917 introdujo el principio de elección por mayoría relativa. Preservó, no obstante, la facultad de las legislaturas de declarar electos a los senadores (eliminada con la reforma de 1993). La reforma de 1993 al artículo 56 constitucional incrementó el número de senadores de dos a cuatro, de los cuales tres eran elegidos por el principio de votación mayoritaria relativa y uno por el de la primera minoría. En 1996 se volvió a reformar el artículo 56 para incorporar el principio de la representación proporcional, de modo que dos senadores son elegidos por el principio de mayoría relativa, uno por el de primera minoría y uno por el de representación proporcional.

El sistema de elección directa de la Constitución vigente y particularmente la incorporación de senadores plurinominales han suscitado dudas sobre a quién representan actualmente los senadores. Corzo comenta que "frente a la comunidad internacional, quien obliga es el presidente de la República y el Senado" y agrega que "estamos en un Estado federal y en él las entidades federativas no mantienen relaciones internacionales en el sentido de firmar tratados (artículo 117 constitucional, fracciones I y VIII)".[32] Al respecto se cuestiona: "Si los Estados están obligados, ¿qué no falta su intervención, o auténtica intervención, en el Senado?". Insiste: "el problema... es saber si están bien representados los estados y la Federación ante" el Presidente y el Senado.[33]

Raigosa plantea la interrogante en los siguientes términos:

> La pregunta por la representación política del Senado tiene tras de sí un tema polémico, que quiere resolver si esta cámara sigue siendo o debería seguir siendo un órgano de representación de los estados, como presumiblemente lo fue hasta que se incorporó el sistema de representación proporcional en 1996, de manera que al Senado se le califica de órgano que cumple con una "función federalista".[34]

Algunos autores afirman que, al igual que los diputados, los senadores representan a la población al ser ésta la que los elige por sufragio directo.[35] Esta apreciación no parece correcta. La mayor democratización de la forma de integración del Senado no implica el abandono de la representación equitativa de los estados sobre la cual se le concibió como órgano federal. Es cierto que las instituciones nacionales han

[32] Corzo Sosa, *op. cit.*, pp. 190-191.

[33] *Ibid.* Corzo también se cuestiona si la Federación está bien representada, puesto que la Cámara de Diputados no interviene en el proceso de aprobación de tratados. Sin embargo, éste es un problema distinto. No es uno de representatividad, ya que ni el Senado ni la Cámara de Diputados representan a la Federación, aunque ciertamente ambos son órganos del gobierno federal.

[34] Luis Raigosa Sotelo, *Las funciones legislativas y no legislativas del Senado*, México, Senado de la República/Instituto Tecnológico Autónomo de México/Miguel Ángel Porrúa, 2003, p. 185.

[35] Cf. Cossío Díaz, *op. cit.*, pp. 37 y 38: "El Senado de la República no representa desde hace mucho tiempo a las entidades federativas, en tanto la forma de elección de los senadores, su destitución, ejercicio de facultades etc., no está ligado a los estados como tales, sino sencillamente a sus habitantes". En sentido similar, Carpizo señala: "El argumento de que el Senado representa a las entidades federativas está superado desde hace muchos decenios cuando las legislaturas locales perdieron la facultad de nombrar a los senadores, más hoy en día en que los senadores son electos a través de los principios de votación mayoritaria, primera minoría y representación proporcional". Carpizo, "Los tratados internacionales...", p. 181.

tenido que irse ajustando a las realidades de nuestra historia. En México el federalismo ha pasado por un sistema político que fue dominado durante muchos años por un presidencialismo sumamente fuerte. Serna explica que la Presidencia ejerció una influencia determinante no sólo en la política local, sino en el Congreso de la Unión y hasta en la Suprema Corte de Justicia.[36] Carpizo añade que, pese al sistema de elección, durante esta época los gobernadores eran designados por la voluntad del presidente de la República o de la oligarquía en el poder, y éstos a su vez designaban a los diputados locales a su arbitrio; no existía la autonomía de los poderes judiciales locales; y la designación de diputados y senadores al Congreso de la Unión no era diferente.[37] Sin embargo, en nuestra larga transición hacia la democracia actualmente experimentamos un reequilibrio de poderes. El sistema de representación proporcional ha desempeñado un papel importante en este contexto. Dos quintos de los diputados y un cuarto de los senadores provienen de listas que los partidos políticos han integrado de manera enteramente discrecional. En nuestra realidad actual donde no existe reelección inmediata en las cámaras, predomina un sistema de partidos y éstos pesan sobre la carrera política de quienes llegan al Congreso, ya por elección directa, ya por la vía plurinominal, es absolutamente válida la pregunta de si la ciudadanía en realidad se ve representada por sus congresistas, no obstante el sufragio directo, universal por el que se les elige.

Pero las instituciones deben resistir el paso del tiempo y la representación equitativa de los estados en el Senado ha sido el común denominador. Difícilmente puede entenderse la institución del Senado como representante de las entidades federativas, del presidente de la República, de los partidos políticos o de la ciudadanía, dependiendo del momento histórico en que se le analice. Los ajustes dictados por las realidades contemporáneas han tendido a ir consolidando la democracia y tenderán a hacerlo cada vez más. Es previsible que en el fu-

[36] José María Serna de la Garza, "Introducción al sistema federal", en *Examen Retrospectivo del Sistema Constitucional Mexicano a 180 Años de la Constitución de 1824*, 1ª ed. (en línea), México, Instituto de Investigaciones Jurídicas, 2005, formato pdf, disponible en <http://www.biblio juridica.org/libros/libro.htm?l=1671>, p. 15.

[37] Jorge Carpizo, *La constitución mexicana de 1917*, México, Porrúa, 2ª ed., 1998, p. 238.

turo cercano se acepte la reelección inmediata en las cámaras, lo cual contribuirá en forma importante a lograr una mayor representación de la ciudadanía. En el reequilibrio de poderes que vivimos, dos comienzan a ganar terreno: la ciudadanía y las entidades federativas. Serna comenta que la transición política ha generado una descompresión de fuerzas e ímpetus que durante muchos años permanecieron subordinados, lo cual ha motivado que se refuerce el reclamo por un Estado federal altamente descentralizado.[38] En este contexto, es perfectamente previsible que el fortalecimiento de las entidades federativas se reflejará también en una reafirmación de su papel a través del Senado.

Ciertamente existen tendencias que apuntan en la dirección contraria de diluir el rol del Senado para fortalecer el del Congreso. Por ejemplo, varios autores sugieren que la Cámara de Diputados debe intervenir en el proceso de aprobación de tratados.[39] Empero, el planteamiento tiene implicaciones que van más allá de los tratados internacionales, porque significa reconsiderar el papel que desempeña en nuestro sistema federal el Congreso, así como el que tienen las cámaras en lo individual. Por la naturaleza de cada Cámara, como fueron concebidas, ambas se desempeñan como colegisladoras; pero también cada una tiene ciertas atribuciones que no comparte con la otra. Por ejemplo, corresponde exclusivamente a la Cámara de Diputados expedir el Bando Solemne para dar a conocer en toda la República la declaratoria de Presidente Electo del Tribunal Electoral, aprobar el Presupuesto de Egresos de la Federación, así como coordinar y evaluar el desempeño de la Auditoría Superior de la Federación y revisar la Cuenta Pública, además de la intervención que le corresponde en materia de juicio político y desafuero (por las mismas razones, las leyes fiscales sólo pueden iniciarse ante ella). El Senado, por su parte, tiene atribuciones exclusivas en materia internacional, le corresponde ratificar diversos nombramientos del presidente y nombrar gobernador provisional en caso de desaparición de los poderes constitucionales de un Estado, entre otras.

[38] Serna de la Garza, "Introducción al sistema federal", p. 12.

[39] Véase, por ejemplo, Becerra, *op. cit.*, p. 177; Corzo Sosa, *op. cit.*, p. 194; López Ayllón, *op. cit.*, pp. 207 y 208.

Específicamente en el tema de la aprobación de tratados, Corzo afirma que "no se logra un equilibrio entre los órganos que intervienen en la elaboración de las normas en cuestión" y añade que "falta, a todas luces, más presencia de la Cámara de Diputados y de los congresos locales".[40] López Ayllón también sugiere que debe analizarse "la participación que podrían tener... las entidades subnacionales (estados y municipios, entre otros), en... [la] negociación" de los tratados, y va todavía más lejos: propone la conveniencia de un procedimiento especial la adopción de los tratados sobre derechos humanos, "que puede incluso llegar hasta el referéndum".[41]

Sin embargo, no se trata de un desequilibrio entre poderes; no es que "se impone el presidente de la República y la Cámara de Senadores, por un lado, frente a la Cámara de Diputados y la Cámara de Senadores, así como a los congresos locales, por otro", como afirma Corzo.[42] Ciertamente existe una asimetría —cosa muy distinta a un desequilibrio—, la cual tiene razones históricas y políticas de ser. No es, como señala Valadés, "la implicación política y constitucional" de las conclusiones de la Suprema Corte de Justicia que aquí se analizan,[43] sino que responde a la concepción del Estado federal que México adoptó y es, desde luego, "la implicación política y constitucional" del mismo. Flores correctamente apunta: "ya que México es un sistema federal, no hay necesidad de que ambas cámaras tengan exactamente las mismas prerrogativas solapadas o sobrepuestas", y en este contexto añade que es más que suficiente que el presidente y el Senado intervengan en la celebración y aprobación de los tratados para que éstos comprometan tanto al gobierno federal, como a los de las entidades federativas.[44]

Ahora bien, si se considera que la Cámara de Diputados debería intervenir en el proceso de aprobación de los tratados, habría que replantearse igualmente si el Senado debería también hacerlo en el de

[40] Corzo Sosa, *op. cit.*, p. 194.

[41] López Ayllón, *op. cit.*, pp. 207-208.

[42] Corzo Sosa, *loc. cit.*

[43] Diego Valadés, "Asimetrías en el Congreso", *Excélsior*, 27 de marzo de 2000, pp. 1 y 9, *cit. pos.* Corzo Sosa, p. 194, nota al pie de página núm. 18.

[44] Flores, *op. cit.*

aprobación del Presupuesto de Egresos de la Federación, en la coordinación y evaluación de la Auditoría Superior de la Federación y demás facultades exclusivas de la Cámara de Diputados. Becerra comenta que "a estas alturas del desarrollo político de México no es suficiente que el Senado apruebe los tratados internacionales, sino que ésta debe de ser una función del Congreso, así lo exige la necesidad de un mayor cuidado en la celebración de compromisos internacionales";[45] pero, ¿no lo exige también el desempeño de las atribuciones exclusivas de la Cámara de Diputados? Becerra confunde el problema. No es uno de cuidado en el ejercicio parlamentario. Es obvio que la actividad parlamentaria, como el ejercicio de cualquier función pública, exige en todos los casos el máximo de cuidado. ¿En qué se sustenta, me pregunto, la sugerencia de que se logra un mayor cuidado aumentando el número de quienes intervienen en la aprobación de tratados y por qué sería distinto en otros casos? ¿O sugiere quizá que hay que darle un voto de confianza a los diputados y uno de desconfianza a los senadores? Cualquiera que sea el caso, en la medida en que no caigan en los supuestos de juicio político o de procedencia del desafuero, el electorado es el que tiene el poder de corregir las faltas de cuidado o de otro tipo de nuestros congresistas.

El problema de la representatividad de las entidades federativas que plantean Corzo y López Ayllón de hecho evidencia el importante papel que desempeña el Senado. Según indiqué, López Ayllón señala correctamente que desde hace varios años los tratados internacionales tienen un papel central en el sistema jurídico nacional.[46] Sin embargo, después propone que hay que replantearse "la intervención que deben tener los órganos legislativos nacionales en la negociación y aprobación de los tratados". En otras palabras, parece sugerir que el Congreso General y los congresos estatales deben participar no sólo en la aprobación de tratados, sino también en su negociación, lo cual volvería absolutamente inmanejable el proceso, entorpecería el desempeño del Estado mexicano en el exterior y menoscabaría la importancia de los tratados internacionales en el orden jurídico nacional. Más aún, pro-

[45] Becerra, *loc. cit.*

[46] López Ayllón, *op. cit.*, p. 197.

pone que para ciertos tipos de tratados se considere que sea el pueblo el que los apruebe por la vía del referendo. Quizá en un ánimo democratizador, parece querer llevar el concepto a su expresión etimológica. Olvida, sin embargo, que el artículo 41 de la Constitución dispone que el pueblo ejerce su soberanía por medio de los poderes de la Unión y los de las entidades federativas.

El instrumento para dotar a las entidades federativas de una verdadera representatividad ya existe: es el Senado de la República. Por el principio de elección directa de los senadores, además, también es un órgano representativo de la población, pero, congruente con sus orígenes, en una óptica más geográfica que demográfica.

No parece, pues, que se quiera retornar al unicameralismo de 1857; pero, considerado el argumento en todas sus dimensiones, ¿significa que debemos mantener dos cámaras con las mismas atribuciones y que se desempeñen sólo como colegisladoras? Por razones históricas y políticas opino que no. En todo caso, ello requeriría reformas de mayor envergadura. Serna opina que es más realista y conveniente avanzar hacia una descentralización gradual y selectiva;[47] descentralización que repercuta en la actuación del Senado fortaleciéndolo y reafirmando su papel histórico en lugar de abandonarlo.

3. El papel del Senado como órgano del Estado

Las reformas de 1874 hicieron más que establecer un equilibrio al ejercicio del Poder Legislativo. El representar a las entidades federativas y servir de contrapeso en el proceso de formación de leyes como apunta Burgoa fue, quizá, lo que motivó el sistema bicameral de la Constitución de 1824 e, incluso, el del régimen centralista de la Constitución de 1836; pero el papel que el Constituyente de 1874 confirió al Senado, y que nuestra Constitución vigente recogió, va más lejos. El artículo 72 de la Constitución de 1857 incorporó, entre otras modificaciones, un apartado B que establece las facultades exclusivas del Senado:

[47] Serna de la Garza, "Introducción al sistema federal", *loc. cit.*

Son facultades exclusivas del Senado:

I. Aprobar los tratados y convenciones diplomáticas que celebre el Ejecutivo con las potencias extranjeras.

II. Ratificar los nombramientos que el Presidente de la República haga de ministros, agentes diplomáticos, cónsules generales, empleados superiores de Hacienda, coroneles y demás jefes superiores del ejército y armada nacional, en los términos que la ley disponga,

III. Autorizar al Ejecutivo para que pueda permitir la salida de tropas nacionales fuera de los límites de la República, el paso de tropas extranjeras por el territorio nacional y la estación de escuadras de otra potencia, por más de un mes, en las aguas de la República.

IV. Dar su consentimiento para que el Ejecutivo pueda disponer de la guardia nacional fuera de sus respectivos Estados o territorios, fijando la fuerza necesaria.

V. Declarar, cuando hayan desaparecido los Poderes constitucionales Legislativo y Ejecutivo de un Estado, que es llegado al caso de nombrarle un gobernador provisional, quien convocará a elecciones conforme a las leyes constitucionales del mismo Estado. El nombramiento del Gobernador se hará por el Ejecutivo federal con aprobación del Senado, y en sus recesos con la de la Comisión permanente. Dicho funcionario no podrá ser electo Gobernador constitucional en las elecciones que se verifiquen en virtud de la convocatoria que él expidiere.

VI. Resolver las cuestiones políticas que surjan entre los Poderes de un Estado, cuando alguno de ellos ocurra en este fin al Senado, o cuando con motivo de dichas cuestiones se haya interrumpido el orden constitucional, mediando un conflicto de armas. En este caso el Senado dictará su resolución, sujetándose a la Constitución general de la República y a la del Estado.

La ley reglamentará el ejercicio de esa facultad y el de la anterior.

VII. Erigirse en jurado de sentencia, conforme al artículo 105 de la Constitución.[48]

[48] El Constituyente omitió adecuar el resto de la Constitución, de manera que subsistieron incongruencias internas en su texto durante todo el tiempo que estuvo en vigor. En particular, la facultad original del Congreso de aprobar los tratados internacionales se mantuvo en la fracción XIII del artículo 72, al igual que se mantuvo la obligación del presidente de someter a la aprobación del Congreso los tratados internacionales, que estaba prevista en el texto original del artícu-

El artículo pasó prácticamente sin modificaciones a la Constitución de 1917. Esta reforma de 1874 debe entenderse en el contexto del artículo 39 de la Constitución de 1857, que corresponde al 40 de nuestra Constitución vigente:

> Es voluntad del pueblo mexicano constituirse en una República representativa, democrática, federal, compuesta de Estados libres y soberanos en todo lo concerniente a su régimen interior; pero unidos en una Federación establecida según los principios de esta ley fundamental.

Distingue claramente el ámbito interno y este contraste evidencia el papel que la Federación —entendida como Estado, no como el gobierno federal— desempeña hacia el exterior; aunque no es explícita sobre el papel que tiene el Estado en el interior. Éste debe desentrañarse de otros artículos constitucionales, algunos de los cuales se apuntan aquí, pero es materia de un análisis diverso.

Los estados son libres y soberanos en todo lo que concierne a su régimen interno, pero cedieron su soberanía en lo que concierne al ámbito internacional. En efecto, el artículo 117 de la Constitución vigente —cuyos antecedentes se remontan al Acta Constitutiva de la Federación Mexicana y a la Constitución, ambas de 1824— prohíbe a los estados celebrar alianza, tratado o coalición con potencias extranjeras; e incluso contraer obligaciones o empréstitos con gobiernos de otras naciones y aun con sociedades o particulares extranjeros. Es más, la prohibición se extiende también a los nacionales cuando se trate de operaciones que deban pagarse en moneda extranjera o fuera del territorio nacional. Los estados también tienen prohibido llevar a cabo procesos de extradición, de acuerdo con el artículo 119. Este mismo precepto confiere a los poderes de la Unión la defensa de la nación ante invasión o violencia del exterior. Según dispone el artículo 118,

lo 85, fracción x. Igualmente, permaneció inalterado el texto del artículo 126, que establecía que serían ley suprema de la Unión los tratados internacionales suscritos por el presidente y aprobados por el Congreso. Las reglas en materia de conflictos de leyes habrían resuelto la incongruencia interna entre disposiciones de la Constitución de 1857. Sin embargo, el error contenido en el artículo 126 pasó inadvertido a la Constitución de 1917 y no fue corregido sino hasta que fue reformado el artículo 133 en 1934. El error subsistió, no obstante, en el artículo 89, fracción x, hasta 1988, cuando fue reformado para incluir los principios que rigen la política exterior.

salvo con autorización del Congreso los estados en ningún tiempo pueden tener tropa permanente ni buques de guerra, y tampoco pueden hacer la guerra por sí a otras naciones (a menos que se trate de una invasión que implique un peligro inminente, aunque a este respecto se aprecia una distinción importante entre declarar la guerra, cosa que compete al presidente y el Congreso de la Unión, y hacer la guerra en caso de invasión).

Los estados carecen de personalidad jurídica internacional. Arteaga explica que la autonomía de la que gozan comprende exclusivamente problemas domésticos.[49]

En lo que concierne al régimen interior, la Constitución distingue el ámbito federal y el de las entidades federativas. Las materias se distribuyen entre uno y otro de acuerdo con el artículo 124. La Constitución crea los órganos del gobierno federal encargados de desempeñar las funciones legislativa, administrativa y judicial, y establece las bases que las constituciones locales deberán observar al establecer los órganos de gobierno locales. Se trata, pues, de órganos del gobierno federal o de los gobiernos locales, según sea el caso.

Sin embargo, existe un tercer ámbito: el nacional o del Estado. Las relaciones internacionales caen en éste. El Estado es el encargado de conducir las relaciones internacionales. Actúa como un todo en el exterior. Raigosa precisa: "en el caso de las normas que componen el orden internacional... en ellas participa el Estado mexicano como una totalidad frente a otras totalidades análogas, otros estados o bien organismos internacionales".[50] En el contexto de las relaciones internacionales, el Estado actúa como una totalidad también en el orden interno en virtud del sistema de recepción del derecho internacional por el orden jurídico interno.

Varios autores se refieren a este tercer ámbito. Schmill lo llama orden constitucional[51] al igual que Serna, que también lo llama orden

[49] Elisur Arteaga Nava, *Derecho constitucional*, México, Universidad Nacional Autónoma de México, 1994, t. III, p. 114.

[50] Luis Raigosa Sotelo, *op. cit.*, p. 194.

[51] Ulises Schmill Ordóñez, "Fundamentos teóricos del control de la constitucionalidad en México", en Rodolfo Vázquez (comp.), *Interpretación jurídica y decisión judicial*, México, Fontamara, 2001, pp. 272 y ss.

constitucional del Estado federal total.[52] Ortiz Ahlf, Vázquez Pando y Díaz hablan de la triplicidad de estratos del sistema jurídico mexicano e identifican el nacional, además del federal y local.[53]

Ortiz Ahlf y sus colaboradores comentan:

> Aunque la doctrina suele diferenciar entre el estrato federal y el local, no suele en cambio referirse al primero de los estratos mencionados. Sin embargo, del análisis del sistema se desprende su existencia con claridad meridiana, ya que, desde luego, la Constitución misma no puede considerarse un ordenamiento federal ni local, pues ambas competencias son creadas por la Constitución, la cual les está supraordenada.[54]

Identifican la Constitución y el Constituyente como el acto y el órgano nacionales por excelencia, y añaden que no son los únicos. Se refieren también a la suspensión de garantías por el presidente, en tanto afecta la vigencia de disposiciones constitucionales. Mientras que los ámbitos federal y local están acotados por la distribución de compe-

[52] José María Serna de la Garza, "El poder de celebrar tratados internacionales y la división de competencias del sistema federal mexicano", en *Federalismo y regionalismo. Memoria del VII Congreso Iberoamericano de Derecho Constitucional*, 1ª ed. (en línea), México, Instituto de Investigaciones Jurídicas, 2002, formato pdf, disponible en <http://www.bibliojuridica.org/libros/libro.htm?l=348, [citado 2/04/06]>, pp. 525 y ss.

[53] Loreta Ortiz Ahlf *et al.*, *Aspectos jurídicos del Tratado de Libre Comercio de América del Norte y sus acuerdos paralelos*, México, Themis, 2ª ed., 1998, pp. 23 y ss. Véase también Fernando Vázquez Pando: "Comentarios a la Convención sobre los Contratos de Compraventa Internacional de Mercaderías a la luz del derecho mexicano", *Anuario Jurídico*, núm. x, 1983, pp. 43 y 44. Carpizo acepta también la existencia de este ámbito, pero considera que las "normas constitucionales" forman parte de él:

> en un Estado federal hay tres órdenes o círculos, el más amplio es el del Estado federal que se identifica con la propia Constitución y sus disposiciones afectan a la unidad de ese Estado. Es como dicen algunos autores extranjeros: existen el orden nacional y dos órdenes subordinados a la Constitución, al Estado federal, a las normas que emanan de él que son las leyes constitucionales a las cuales se refiere nuestra ley fundamental en su artículo 133 como "las leyes del Congreso de la Unión que emanen de ella" (de la Constitución) y éstas se encuentran en el mismo nivel que los tratados internacionales que son normas que también afectan la unidad del orden jurídico, la unidad del Estado federal; por ello es que la división de competencias que el artículo 124 constitucional establece entre la Federación y las entidades federativas no es aplicable a los tratados internacionales. (Carpizo, "Los tratados internacionales…", *op. cit.*, p. 181).

[54] Ortiz Ahlf, *loc. cit.*

tencias establecida en el artículo 124 constitucional, Schmill explica que existen funciones normativas que no pueden adscribirse ni al orden federal ni a los órdenes locales y da los mismos ejemplos, entre otros, que los autores ya citados.[55] Schmill precisa:

> Cuando estos órganos llevan a cabo el procedimiento de reforma o adición a la Constitución, no están actuando en su calidad de órganos de la Federación o de los estados locales, pues no ejercitan competencia alguna de estos órdenes; por el contrario, ejercitan una competencia que sólo puede atribuirse al orden constitucional, puesto que con ella puede ser variada la decisión de competencias entre los órdenes federales o locales o ser modificadas disposiciones que sólo pueden ser adscritas al orden constitucional... Como no existen órganos especiales, aunque podrían existir, para llevar a cabo las funciones específicas que deben atribuirse al orden constitucional, las Constituciones de los Estados federales utilizan los órganos de los órdenes parciales subordinados para llevarlas a cabo, con lo cual el teórico del derecho, cuando expone el contenido de las normas constitucionales, debe tener mucho cuidado en distinguir cuales de las funciones son de los órdenes subordinados y cuales del orden constitucional.[56]

Serna añade:

> Ante la inexistencia de órganos especiales, las funciones normativas del orden constitucional... son encargadas a órganos de la Federación, es decir, a órganos de uno de los órdenes jurídicos parciales. No obstante, en el ejercicio de esa función, dichos órganos no actúan en su calidad de órganos de la Federación, sino que ejercitan una facultad que en el esquema mexicano sólo puede atribuirse al orden constitucional.[57]

La distinción que Schmill y Serna hacen entre órganos del Estado y funciones del Estado desempeñadas por órganos federales ante la inexistencia de órganos especiales parece menos relevante que el he-

[55] Schmill Ordóñez, *op. cit.*, p. 275.

[56] *Ibid.*, pp. 275 y 276.

[57] Serna de la Garza: "El poder de celebrar tratados...", p. 525.

cho de que la Constitución establece un ámbito diverso al federal y el local. En otras palabras, la cuestión central es que la Constitución crea un ámbito que envuelve al Estado como un todo, sin distingo de competencias federales y locales, ya sea que las funciones normativas que le están adscritas las desempeñe un órgano del Estado o un órgano federal ante la inexistencia de aquél.

Dicho esto, la interpretación más correcta es que la Constitución crea órganos que tienen un doble carácter: el de órganos federales y el de órganos del Estado, dependiendo de las funciones normativas que desempeñen. La doctrina y la jurisprudencia no han tenido ninguna dificultad para distinguir al Congreso Constituyente del Congreso General, aun cuando estén integrados por el mismo grupo de personas y desempeñen simultáneamente tanto la función legislativa federal como la de reformas o adiciones a la Constitución. Tampoco ha causado dificultad el doble carácter del presidente de la República como jefe de Estado y jefe de gobierno.

Tanto las funciones del Congreso General como las del Ejecutivo federal están limitadas por la distribución de competencias prevista en el artículo 124, y ni uno ni otro tienen facultades para injerir en los regímenes locales.[58] Las facultades del Congreso General esencialmente están listadas de manera expresa en el artículo 73 de la Constitución. Sin embargo, es evidente que el Constituyente no enfrenta esas limitaciones.

Por lo que al presidente de la República se refiere, la Constitución le confiere facultades como Ejecutivo federal, es decir, como jefe del gobierno federal. Así, entre otras, tiene las de promulgar y ejecutar las leyes que expida el Congreso de la Unión, proveyendo en la esfera administrativa a su exacta observancia; de nombrar y remover libremente a los secretarios del despacho y a otros empleados de la Unión; o convocar al Congreso a sesiones extraordinarias, cuando lo acuerde la Comisión Permanente.

Empero, en su carácter de jefe de Estado, el presidente actúa en nombre de la nación, y no está circunscrito al ámbito del gobierno fe-

[58] Una excepción es la facultad del Ejecutivo de informar al Congreso de la Unión sobre el ejercicio del endeudamiento del Gobierno del Distrito Federal. Éste, sin embargo, es un resabio de la época cuando el Ejecutivo federal era también el Ejecutivo del Distrito Federal.

deral.[59] Como jefe de Estado tiene las facultades de dirigir la política exterior y celebrar tratados internacionales; nombrar a los ministros, agentes diplomáticos y cónsules generales, que son los representantes del Estado en el extranjero; disponer de la totalidad de la Fuerza Armada permanente o sea del Ejército, de la Armada y de la Fuerza Aérea para la seguridad interior y defensa exterior de la Federación, ya que las Fuerzas Armadas son instituciones de la nación; y declarar la guerra en nombre de los Estados Unidos Mexicanos previa ley del Congreso de la Unión.

El Congreso General, que es el Poder Legislativo federal, también actúa como órgano del Estado al declarar la guerra y admitir nuevos estados en la Unión federal.

El Senado también tiene esa doble naturaleza. Por un lado, es un órgano del Poder Legislativo federal y, como tal, representa a las entidades federativas en el proceso de formación de leyes federales. Sin embargo, el Senado también desempeña funciones como órgano del Estado federado —más que como representante de las entidades federativas— al analizar la política exterior desarrollada por el Ejecutivo federal —en estricto sentido, por el presidente de la República— y aprobar los tratados internacionales y convenciones diplomáticas que éste celebre; al ratificar los nombramientos que haga el presidente de los ministros, agentes diplomáticos, cónsules generales; o al autorizarlo para que pueda permitir la salida de tropas nacionales fuera de los límites del país o el paso de tropas extranjeras por el territorio nacional.

Compete al presidente de la República conducir las relaciones internacionales y celebrar tratados internacionales, es decir, negociarlos y suscribirlos. Sin embargo, para que los tratados puedan obligar al Estado mexicano se requiere un acto complementario del Senado: la aprobación. Ésta, a su vez, cristaliza su incorporación al sistema jurídico interno como Ley Suprema de la Unión, siempre que estén de acuerdo con la Carta Magna. Los tratados, además de constituir normas jurídicas válidas para el Estado en el plano internacional, se con-

[59] Cf. Ortiz Ahlf, *op. cit.*, p. 27. José Ramón Cossío Díaz y Gabriela Rodríguez Huerta, *El Senado de la República y las relaciones exteriores*, México, Senado de la República/Instituto Tecnológico Autónomo de México/Miguel Ángel Porrúa, 1ª ed., 2003, p. 59.

vierten también en normas jurídicas válidas, aplicables en el ámbito nacional, que engloba los ámbitos federal y local.

Los actos del Congreso General, como los del Ejecutivo federal, comprometen al gobierno federal, pero no a los de las entidades federativas. Los actos del Congreso Constituyente, como ciertos actos del Congreso General, los del presidente de la República en su carácter de jefe de Estado y, en el caso de los tratados internacionales, los de éste y el Senado, comprometen o afectan al Estado en su conjunto.

La tesis de la Suprema Corte de Justicia de 1999 declara correctamente que el presidente suscribe los tratados internacionales como jefe de Estado. Sin embargo, en vista de los comentarios expuestos antes, no se estima correcto afirmar que el Senado interviene como representante de la voluntad de las entidades federativas y, por medio de su ratificación, obliga a sus autoridades. El Senado también interviene como representante de la voluntad de las entidades federativas en el proceso legislativo federal, pero no por ello obliga a sus autoridades.

Es el Congreso, no el Senado, el que tiene la facultad de legislar en el ámbito federal. En el proceso de celebración y aprobación de tratados, el Senado interviene, al igual que el presidente, como representante del Estado. Los tratados internacionales obligan a las autoridades federales, estatales y municipales porque el presidente de la República y el Senado comprometen al Estado, que actúa unitariamente en el exterior frente a la comunidad internacional.

Los tratados internacionales y la distribución de competencias

Algunos autores consideran que la "materia internacional" es de competencia federal, y pudiera considerarse que el Ejecutivo federal y el Senado no intervienen en el proceso sino como órganos del gobierno federal, en el desempeño de facultades específicas que la Constitución ha otorgado expresamente a la Federación. De Silva, por ejemplo, argumenta:

> De los preceptos constitucionales citados [artículos 15, 27, 73, 89, 105, 107 y 133], en relación con el 124, se llega a la conclusión de que la facultad de

emitir normas de derecho internacional es privativa de los órganos federales, ya que no puede estimarse reservada a las entidades federativas. Incluso, el artículo 117 establece prohibiciones a los Estados... Lo anterior se explica porque el Estado federal, hacia el interior, se encuentra constituido por una unión de estados, pero hacia el exterior, se manifiesta como unitario, sin que sus integrantes tengan representación alguna frente a la comunidad internacional.[60]

Hay quienes han llegado a considerar que la materia local se "federaliza" cuando es objeto de un tratado internacional.[61] Ambas posturas son claramente equivocadas. La distribución de competencias es una cuestión atinente a la organización del Estado y, por lo mismo, compete exclusivamente al Estado. Sólo puede estar determinada por la Constitución, que es la norma fundamental que establece las bases de dicha organización. Es claro que la Constitución no confiere esas facultades al presidente y el Senado de la República, y ciertamente la comunidad internacional no puede, por la vía de los tratados internacionales, afectar la organización del Estado mexicano.

Es cierto que los tratados internacionales obligan a las entidades federativas, al igual que obligan al gobierno federal —es decir, obligan a la nación en su conjunto—, pero ello no dota de competencia en el ámbito local a las autoridades federales en aquellas materias que, siendo de competencia local, son objeto de las relaciones o los tratados internacionales. Arteaga explica:

> Los estados, por virtud de los tratados, no dejan de tener competencia en relación con las materias que aquéllos regulan, no así la federación quien no adquiere para sí una competencia adicional. Es decir, no por el hecho de que una materia sea regulada en un tratado, es suficiente para considerar que es de la competencia de los poderes federales. La distribución competencial, como se ha afirmado, sólo la puede hacer la Constitución.

[60] Cf. De Silva, *op. cit.* p. 100.

[61] De Silva rechaza esta postura. Argumenta: "Lo que en realidad acontece es que la materia de las relaciones con organismos internacionales, o con otros Estados o con sus súbditos, es federal de origen, independientemente de que se hayan o no celebrado determinados tratados". *Ibid.*, p. 101.

Lo único que logra el tratado es establecer bases generales obligatorias y comunes para los efectos de incitar y conducir la actuación de los poderes locales en materias que tienen que ver con las relaciones internacionales.

Un tratado celebrado en esas condiciones no es contrario a la Constitución ni altera la distribución de competencias que ella hace.[62]

Evidentemente, el Congreso General no puede legislar y las autoridades administrativas federales no pueden intervenir en materias de competencia local que se deriven de un tratado internacional. Vázquez Pando comenta al respecto:

> Queda pues claro que, al celebrarse un tratado sobre una materia local, ésta no deviene central, y el Congreso carecerá de facultades para legislar en la materia al igual que carecía de ella con anterioridad a la celebración del tratado, salvo a través de las llamadas facultades implícitas, pero se da lugar a una ley que regula válidamente la materia y que tiene vigor en toda la República, es una ley general o nacional en la terminología que hemos adoptado.[63]

Otros autores sostienen que un tratado internacional que abarcara materias que son de la competencia de las entidades federativas sería inconstitucional. Opinan que la distribución de competencias entre Federación y estados afecta también la capacidad de celebrar tratados internacionales. Abarca, por ejemplo, señala: "Las materias civil y procesal civil, en cuanto que corresponden exclusivamente a los Estados, no pueden ser materia de tratado internacional".[64]

Trigueros adopta una postura un poco menos extrema. Reconoce la competencia del presidente y el Senado para celebrar y aprobar tratados internacionales, respectivamente, pero opina que las entidades federativas requieren incorporar las disposiciones de dichos instrumen-

[62] Elisur Arteaga Nava, "Los tratados y las convenciones en el derecho constitucional", *Revista de la Facultad de Derecho de México*, UNAM, t. XXXIX, núms. 163-164-165, p. 135.

[63] Vázquez Pando, *op. cit.*, p. 44.

[64] Ricardo Abarca L., "Facultades para celebrar tratados en materias reservadas a los estados de la Federación", *Revista de Investigaciones Jurídicas*, Escuela Libre de Derecho, año 6, núm. 6, 1982, pp. 141-150.

tos por medio de sus órganos legislativos para que puedan tener eficacia en sus territorios:

> Pretender que la convención o el tratado reformen directamente la legislación de los estados daría como resultado una invasión de competencias.
>
> Si bien es cierto que el presidente de la república tiene facultad para celebrar tratados en virtud de lo dispuesto por la fracción x del artículo 89 constitucional, y de que por la fracción II del artículo 117 a los estados les está prohibida esta actividad, también lo es que el hecho de celebrar un tratado o convención no opera la federalización de la materia sobre la que éste versa. Interpretarlo de otra manera haría nugatoria la distribución de competencias establecidas en el artículo 124 constitucional, y terminaría con el sistema federal. A través de la celebración de tratados y convenciones los poderes federales podrían acrecentar el número de facultades, en perjuicio de los estados y al margen de las disposiciones de la constitución general. Este enfoque del problema sería, además, violatorio de lo dispuesto por el artículo 15 de la constitución que señala que no se pueden celebrar tratados o convenciones que alteren las garantías y los derechos del hombre y del ciudadano otorgados por la constitución. Dado que el sistema de distribución de competencias y el sistema federal mismo son una garantía del orden jurídico, establecidos para limitar y controlar el ejercicio del poder, la adjudicación de una facultad que no le corresponde, por el ejecutivo, violaría el precepto aludido.
>
> Por estas razones, parece que la modificación directa no puede operar y que se requiere que las entidades incorporen las disposiciones de las convenciones en sus sistemas jurídicos propios, por medio de sus propios órganos legislativos.[65]

Ambas posturas son equivocadas. El análisis de los distintos artículos constitucionales que establecen facultades y prohibiciones en materia de política exterior y celebración de tratados lo corrobora.[66]

La posición de Abarca implicaría que, por la interacción del artículo 124 constitucional con la prohibición contenida en el 117 del mis-

[65] Laura Trigueros, "Las convenciones internacionales y sus problemas de aplicación interna", *Revista de la Facultad de Derecho de México*, *op. cit.*, p. 133.

[66] Cf. Serna de la Garza, "El poder de celebrar tratados...", pp. 521 y ss.

mo ordenamiento, el Estado mexicano ha limitado su propia capacidad jurídica ante la comunidad internacional, al estar imposibilitado para celebrar tratados en materias que son de la competencia de las entidades federativas. De ser correcta dicha postura, la prohibición evidentemente no se limitaría a la celebración de tratados, sino que alcanzaría a las relaciones internacionales en su conjunto, de modo que México no podría siquiera participar en foros internacionales en materia de adopción, protección de menores, etc., porque ningún funcionario mexicano, ni siquiera los embajadores que son los representantes del Estado en el exterior, tendría facultades para ello. El Estado sufriría de una autoimpuesta *capitis diminutio* internacional.

Los artículos 76, fracción I, y 89, fracción X, sin embargo, no precisan las materias específicas que pueden ser objeto de las relaciones internacionales del Estado mexicano, y ciertamente no limitan la conducción y revisión de la política exterior y la celebración y aprobación de tratados a aquellas expresamente concedidas a funcionarios federales. Solís Hernández señala que la Constitución sólo enumera las materias de legislación federal, pero no las que pueden ser objeto de tratados internacionales. Añade que tal enumeración sería deficiente e incompatible con la suficiencia estatal de México en el exterior.[67] Serna explica que el concepto de "política exterior" es de suyo impreciso y ambiguo, lo cual no quiere decir que no tenga contenido, sino que éste es determinable precisamente mediante decisiones de política, que competen al presidente.[68]

En el análisis de la capacidad internacional del Estado mexicano debe considerarse también que la Constitución prohíbe a los estados de la República celebrar tratado, alianza o coalición, y contraer cualquier tipo de obligaciones con otras naciones. Según se señaló, los estados carecen de personalidad internacional y, por lo tanto, de capacidad para obligarse internacionalmente.

Las facultades del presidente y del Senado previstas en los artículos 76 y 89 en relación con el 133, aunado a la incapacidad internacional de las entidades federativas no significa que la Constitución haya res-

[67] Miguel Solís Hernández, *Los tratados y la Constitución*, *cit. pos.* Ortiz Ahlf, *op. cit.*, p. 19. Arteaga Nava, *Derecho constitucional*, p. 121.

[68] Cf. Serna de la Garza, "El poder de celebrar tratados…", p. 524.

tringido la suficiencia estatal de México en el exterior, para usar los términos de Solís Hernández o, dicho en una palabra, su soberanía. Ciertamente, el Estado puede autolimitarse; pero en nuestro caso tales limitaciones están expresas en la Constitución. Así, el artículo 15 prevé:

> No se autoriza la celebración de tratados para la extradición de reos políticos, ni para la de aquellos delincuentes del orden común que hayan tenido en el país donde cometieron el delito, la condición de esclavos; ni de convenios o tratados en virtud de los que se alteren las garantías y derechos establecidos por esta Constitución para el hombre y el ciudadano.

El artículo 18, por su parte, dispone que, para la inclusión en un tratado internacional del traslado de reos extranjeros sentenciados por delitos del orden común, el Ejecutivo deberá contar con la solicitud previa de los gobernadores de los estados. La Constitución no establece otras limitaciones a la capacidad internacional del Estado.

La postura que Trigueros adopta salva la incapacidad jurídica, internacional del Estado que deriva de la que sostiene Abarca; pero implica limitaciones de orden práctico que igualmente se traducirían en una insuficiencia del Estado en el exterior, ya porque el Estado sería incapaz de obligarse internacionalmente si no cuenta con la anuencia del conjunto de los gobierno internos, ya porque el cumplimiento de México con sus obligaciones internacionales en materias del ámbito local estaría sujeto a la expresión de la voluntad de cada uno de ellos. La postura es claramente incongruente con el texto del artículo 133 constitucional porque implica que, en materias de la competencia de las entidades federativas, los tratados internacionales celebrados por el presidente y aprobados por el Senado no son Ley Suprema de la Unión, a menos que cada una de las legislaturas estatales incorpore sus disposiciones en sus propios sistemas jurídicos. Trigueros, pues, priva de significado al término "Unión" contenido en dicho artículo. Interpreta la expresión del precepto constitucional que se comenta simplemente como "Ley Federal Suprema", que tiene un significado muy distinto. Desde el punto de vista semántico e histórico, la posición es insostenible.

La postura además presenta incongruencias internas insuperables. Haciendo una lectura laxa del artículo 124, admite que el presidente de la República tiene la facultad de celebrar tratados aun en materia local en virtud de lo dispuesto en el artículo 89, fracción x, y la prohibición a las entidades federativas contenida en el artículo 117, fracción II; pero luego interpreta rígidamente el propio artículo 124 y opina que tales tratados carecen de efectos a menos que las legislaturas estatales incorporen sus preceptos por medio de un acto legislativo. En otras palabras, como parte del supuesto de que el presidente y el Senado son órganos federales, admite la "federalización" de la materia local por lo que se refiere a la facultad del primero para celebrar tratados, pero la niega en lo que se refiere a su implementación en el orden jurídico interno. La postura que adopta Abarca, aunque incorrecta, por lo menos guarda congruencia interna al negar que el presidente tenga facultades para celebrar tratados en materia local.

Partiendo de la base de que los gobiernos estatales y el federal están en un plano de igualdad, pero se desenvuelven en ámbitos competenciales distintos, Trigueros no explica cómo es que los tratados internacionales requieren un acto legislativo ulterior para tener eficacia en el ámbito local, pero no lo requieren en el ámbito federal. Niega que los tratados puedan ser autoaplicativos en el ámbito local, pero parece admitir que sí lo son en el federal. Trigueros distingue donde el Constituyente no lo hizo respecto del mismo texto constitucional y un acto —el tratado— formal y materialmente idéntico. Ciertamente el presidente y el Senado no son un órgano legislativo local, pero tampoco son el legislador federal. Para ser congruente, tendría que concluirse que, en adición a la aprobación del Senado, también en el orden federal el Congreso General requiere incorporar las disposiciones de los tratados en el orden jurídico para que tuvieran eficacia. Ello, sin embargo, privaría de cualquier significado a la expresión "Ley Suprema de la Unión" respecto de los tratados porque, en ausencia de 32 actos legislativos individuales en el caso de las entidades federativas y uno en el del gobierno federal, complementarios a la labor del presidente y el Senado, los tratados no serían ley, no serían supremos y no tendrían aplicación en la Unión. La postura es claramente contraria al texto constitucional que sólo requiere la aprobación por el Senado de los tratados celebrados por el presidente.

Las consecuencias de orden práctico de dicha postura son que, o bien el Estado mexicano no podría asumir compromisos internacionales mientras no se legisle internamente para incorporar las disposiciones de los tratados con posterioridad a la adopción de éstos por el Senado, o bien el cumplimiento de los compromisos internacionales estaría sujeto a la voluntad individual de los poderes legislativos federal y estatales. Cualquiera que sea el caso, implica desconocer nuestro régimen federal.

No puede sostenerse que el Estado mexicano tiene una expresión hacia el exterior, que carece de significado en el régimen interno. Es incorrecto que el que los tratados internacionales puedan comprender cualquier materia terminaría con el sistema federal, según sugiere Trigueros. Por el contrario, las facultades conferidas al presidente y al Senado de la República como órganos del Estado, y el sistema de recepción del derecho internacional por el orden jurídico interno en el plano nacional, en suma, el que el orden jurídico interno recoja la expresión del Estado hacia el exterior, son justamente una expresión del sistema federal mexicano.

La jerarquía de los tratados en el orden normativo mexicano

De Silva parte de la premisa de que, por lo menos en materia internacional, el derecho federal priva sobre el local, por lo que debe aplicarse a los tratados preferentemente:

> Una vez que se ha llegado a la conclusión de que la facultad de emitir normas jurídicas generales en materia de derecho internacional o de celebrar tratados es exclusiva de las autoridades federales, debe aceptarse que en cualquier caso en que se produzca una contradicción entre normas de derecho internacional aceptadas por el Estado mexicano con otras del Distrito Federal, estatales o municipales, el conflicto debe resolverse en favor de las primeras, las cuales habrán de aplicarse preferentemente...
>
> En los procedimientos de que conozcan autoridades del Distrito Federal, estatales o municipales, en los que se encuentren involucrados temas de derecho internacional, deberán aplicar los principios de éste, siempre y

> cuando estén reconocidos por la Constitución o por los órganos federales competentes, aun cuando exista contradicción con sus propias normas, pues, se repite, al no ser posible aplicar simultáneamente dos normas contradictorias, debe aplicarse la de derecho internacional en los términos indicados.[69]

Por cuanto toca a las leyes federales, sin embargo, comenta que "se está en presencia de un problema complejo que no admite una solución general aplicable por igual a todos y cada uno de los casos que puedan presentarse". Propone, entonces, lo que él mismo denomina relativismo, conforme al cual el orden internacional carece de la posibilidad de afectar al orden federal de modo absoluto, igual que el orden federal carece de la posibilidad de afectar de manera absoluta el orden internacional; pero cada uno puede afectar al otro en ciertas circunstancias que, no obstante, no explica cuáles son. Así, señala que el intérprete deberá buscar una solución "adecuada" a cada caso, cuidando de no anular los efectos de cualquiera de las normas, sino sólo definiendo su aplicabilidad o inaplicabilidad en casos concretos.[70]

Sánchez Cordero retoma las ideas de De Silva. Explica que ni la jurisprudencia ni la doctrina proporcionan elementos que conduzcan a una solución unánime e inequívoca. "La Constitución no establece un sistema de fuentes que revele el lugar jerárquico que ocupa cada uno de los ordenamientos jurídicos que lo componen" y "será función del intérprete atribuirle [a cada uno] el lugar que ocupa o bien negarle lugar alguno". Añade que también "será función del intérprete, previo a la resolución del caso concreto, buscar que tanto el orden internacional como el nacional coexistan armónicamente y puedan tener aplicación de manera simultánea, pues no se trata de anular a una de las dos normas en conflicto, privando totalmente de sus efectos a una de ellas; sino de definir su aplicabilidad a un caso concreto".[71] Para tal efecto, De Silva sugiere que el intérprete de la norma considere la siguiente lista ilustrativa de criterios:

- la trascendencia jurídica de la solución, buscando que ésta sea la

[69] De Silva, *op. cit.*, p. 100.

[70] *Ibid.*, pp. 104-105.

[71] Sánchez Cordero, *op. cit.*, pp. 15 y 16.

más acorde con los principios contenidos en la Constitución en atención a su supremacía;

- la naturaleza de la norma internacional de que se trate, es decir, si es de creación o de adaptación;
- si se trata de actos de creación o de ejecución;
- los aspectos de reciprocidad internacional y, en general, los principios y normas de derecho internacional aceptados que estén en armonía con la Constitución;
- la esfera competencial en que la norma deba ser aplicada;
- la naturaleza y alcance de las normas en conflicto;
- evitar que sin causa suficientemente justificada el Estado se vea en la imperiosa necesidad de incumplir sus compromisos internacionales por decisiones de sus órganos internos; y
- la posibilidad jurídica de que el o los interesados puedan optar por la aplicación de una u otra norma.[72]

La postura, sin embargo, no ofrece una solución, sino que, por el contrario, presenta numerosos problemas. Más que un relativismo, se torna en un subjetivismo extremo que atenta contra el principio de certeza jurídica. Las soluciones serán al gusto del intérprete de la norma, que bien puede ser una autoridad administrativa, como judicial. Basten algunos ejemplos para demostrarlo:

- La trascendencia jurídica de la solución a juicio del intérprete —digamos, la autoridad aduanera— puede ser muy distinta al entrar en funciones una nueva administración. Podría suceder incluso si en una misma administración se produce un cambio de secretario y éste reorienta las políticas de su antecesor. De Silva añade que debe buscarse que la solución sea la más acorde con los principios contenidos en la Constitución, como si cupiera la posibilidad de optar por la menos acorde.
- Señala también que el intérprete debe estar atento a los aspectos de reciprocidad internacional, pero no considera que hay numerosas obligaciones internacionales que no se basan en ella. Piénsese simplemente en los tratados que ponen fin a una guerra. En los tratados comerciales es frecuente encontrar obligaciones de trato nacional, que

[72] De Silva, *op. cit.*, pp. 104-105.

se basan en un principio relativo de trato que compara el que un Estado otorga a una persona o un bien extranjero con el que le da a los nacionales. No depende de la reciprocidad internacional; el trato que otro Estado otorga a las personas o los bienes mexicanos es irrelevante. Conforme a los criterios que De Silva propone, esta situación, perfectamente válida y natural en el derecho internacional, podría conducir al intérprete de la norma a un resultado incorrecto.

• Propone asimismo que debe evitarse sin causa suficientemente justificada que el Estado se vea en la imperiosa necesidad de incumplir sus compromisos internacionales por decisiones de sus órganos internos, como si el cumplimiento de los tratados fuera optativo. Un Estado tiene la posibilidad de dar por terminados los tratados que suscribe o suspenderlos en determinadas circunstancias (por ejemplo ante una violación grave cometida por otro Estado)[73] y existen circunstancias como la legítima defensa, las causas de fuerza mayor, el uso de contramedidas o el estado de necesidad que excluyen la responsabilidad,[74] además de que los tratados mismos frecuentemente prevén excepciones o los estados hacen reservas; pero el cumplimiento o incumplimiento de las obligaciones internacionales no debe quedar a juicio del intérprete de la norma en una evaluación caso por caso.

Rosales, por su parte, concluye que los tratados internacionales y las leyes del Congreso son normas de la misma jerarquía, de modo que para resolver los conflictos entre unas y otros deben aplicarse las reglas generales en la materia, específicamente las que requieren la aplicación de la norma especial sobre la general y de la norma posterior sobre la anterior.[75] Su razonamiento retoma los de la Suprema Corte de Justicia en la jurisprudencia que fue abandonada con el criterio de 1999 —y por la que manifiesta su preferencia. Se sustentan en un análisis que se limita al artículo 133, el cual resulta incompleto. Carpizo comenta al respecto que:

[73] Cf. el artículo 60 de la Convención de Viena sobre el Derecho de los Tratados.

[74] Cf. los artículos sobre la responsabilidad de los estados por hechos internacionalmente ilícitos, aprobados por la Comisión de Derecho Internacional de la Organización de las Naciones Unidas en su 53° periodo de sesiones.

[75] Cf. Rosales Guerrero, *op. cit.*, pp. 1, 28 y 29.

> ...nuestro máximo tribunal no realizaba al respecto una interpretación hermenéutica de la Constitución sino que se limitaba a expresar lo que parece que gramaticalmente dice el artículo 133 de la ley fundamental, descuidando otros preceptos constitucionales que es necesario armonizar con aquél [*sic*] para llegar a conclusiones certeras.[76]

Afirma que "esta tesis [la tesis P. C/92 de junio de 1992 que estableció que las leyes federales y tratados internacionales tienen la misma jerarquía normativa], como la mayoría de sus antecesoras, constituía una mala lectura del artículo 133 constitucional, así como el desconocimiento de principios básicos de la interpretación constitucional".[77] Aunque Rosales revisa parcialmente la evolución del artículo 133, la única conclusión clara que se desprende de su análisis es que la reforma de 1934 estableció en definitiva la supremacía de la Constitución. El análisis no arroja más luz sobre el significado de la primera oración de dicho artículo.

Aborda el nuevo criterio de la Corte, pero no explica por qué el razonamiento de ésta es incorrecto. Se limita a decir que no es un criterio definitivo ni obligatorio, ya que "no fue un punto decisorio del juicio (*ratio decidendi*)", toda vez que su conclusión de que el artículo 68 de la Ley Federal de los Trabajadores al Servicio del Estado contravenía el apartado B del artículo 123 de la Constitución era suficiente para conceder el amparo, por lo que:

> ...habría que considerarlo entonces como un pronunciamiento realizado "a mayor abundamiento" o como se denomina en la doctrina de análisis de precedentes, "*orbiter dictum*", es decir, como un pronunciamiento que circunda fuera de los aspectos relevantes de la decisión y, por lo mismo, se trata de una decisión desdibujada, sin peso específico que, por esa razón, no puede ser considerada como el criterio definitivo del Alto Tribunal, además que por tratarse de una tesis aislada, carece de fuerza vinculante, la cual es propia y exclusiva de la jurisprudencia.[78]

[76] Carpizo, "Los tratados internacionales...", p. 178.
[77] *Ibid.*
[78] Rosales Guerrero, *op. cit.*, p. 31.

Añade que después de confrontar las razones de los precedentes judiciales que ubican a las leyes y los tratados en una misma jerarquía con las que sustentan el criterio más reciente de la Corte, "resulta incontrovertible", a su parecer, "que debe preferirse a la tesis que ubica a tratados internacionales y leyes del Congreso en un plano igualitario, sin distinción de rangos".[79] Empero, la Corte evidentemente no lo consideró así.

Es cierto que el nuevo criterio de la Corte constituye sólo una tesis aislada, por lo que obviamente carece de la fuerza de la jurisprudencia; pero no puede decirse que el razonamiento es simplemente *obiter dictum*. La Corte entró al análisis de la jerarquía de los tratados internacionales porque las partes la plantearon en sus agravios. Concluyó que en la jerarquía normativa los tratados se ubican en un segundo plano, inmediatamente por debajo de la Constitución, que el Convenio 87 de la OIT satisface los requisitos del artículo 133 constitucional para ser considerado Ley Suprema de la Unión y que el artículo 68 de la Ley Federal de los Trabajadores al Servicio del Estado transgrede las disposiciones de dicho tratado. Esta conclusión fue un motivo adicional para considerar la inconstitucionalidad del artículo referido de la ley laboral. No sólo eso, sino que la Corte consideró oportuno abandonar el criterio que sostiene que las leyes del Congreso y los tratados están en el mismo plano jerárquico —y que Rosales considera preferible—, asumiendo el que considera la jerarquía superior de los tratados incluso frente al derecho federal, integrándolo en una tesis aislada.[80]

La Suprema Corte de Justicia adoptó un enfoque correcto en su ejecutoria de 1999. La Constitución coloca a los órganos del Estado en un plano superior a aquél en el que se ubican los órganos federales

[79] *Ibid.*, p. 36.

[80] Un ejemplo de *obiter dictum* (literalmente, algo que se dice de manera incidental) es el comentario que sigue el análisis que la Corte hace en su ejecutoria relativo al artículo 68 de la ley laboral a la luz del Convenio 87 de la OIT:

> *A mayor abundamiento y de manera ilustrativa* el artículo 6o. de la Ley Federal del Trabajo establece:
>
> "Las leyes respectivas y los tratados celebrados y aprobados en los términos del artículo 133 de la Constitución serán aplicables a las relaciones de trabajo en todo lo que beneficien al trabajador, a partir de la fecha de la vigencia".
>
> (Énfasis propio.)

y locales. Se aprecia con claridad en el caso del Constituyente, y no es distinto en los demás. Si el presidente de la República suspende garantías conforme al artículo 29 constitucional, las autoridades federales y locales no podrían dejar de observar la disposición y un juez federal estaría impedido para conceder el amparo y protección de la justicia federal a las personas afectadas. Puede argumentarse que ello se debe a que, si se han suspendido garantías válidamente, éstas no pueden ser violadas; pero es claro que ese acto del presidente vincula a las autoridades federales y estatales. Desde luego, ni el Congreso de la Unión ni las legislaturas estatales podrían restablecerlas por ley y si lo intentaren, un juez federal estaría igualmente impedido para conceder el amparo a los particulares afectados. De forma similar, si el presidente y el Congreso General han declarado la guerra a otra nación, los gobernadores y las legislaturas estatales no podrían decretar la exclusión de sus entidades respectivas de ese estado de guerra.

Serna, siguiendo la opinión de Schmill, explica que la función de crear normas internacionales mediante la celebración y aprobación de tratados es una función normativa del orden constitucional del Estado federal total. Añade que la Constitución encarga tales funciones a la Federación y precisa que "en el ejercicio de esa función, dichos órganos no actúan como órganos de la Federación, sino que ejercitan una facultad que en el esquema mexicano sólo puede atribuirse al orden constitucional".[81] Más propiamente, la función de crear normas internacionales es una del orden nacional que la Constitución encarga a dos órganos del Estado: el presidente y el Senado de la República. Existen otras funciones del orden nacional —por ejemplo, la suspensión de garantías o la declaración de guerra— que la Constitución encarga a otros órganos.

El ámbito nacional está fuera de la competencia de los gobiernos federal y estatales, como el federal está fuera de la competencia de los gobiernos estatales y viceversa; pero en virtud de la distribución de competencias prevista en la Constitución —no exclusivamente en el artículo 124, según se explicó— los ámbitos de competencia federal y estatales no están fuera del alcance del ámbito nacional. Dicho en tér-

[81] Serna de la Garza, "El poder de celebrar tratados...", pp. 526 y 527.

minos simples, los ámbitos federal y estatales están subordinados al nacional.

Carpizo así lo admite, pero introduce una diferencia:

> En México no existe supremacía de la ley federal sobre la local; en consecuencia, el artículo 133 constitucional se está refiriendo a las leyes constitucionales al expresar las leyes que emanen de ella.
>
> Las leyes constitucionales y los tratados internacionales tienen la misma jerarquía normativa —y de acuerdo con el multicitado artículo 133— se encuentran en un nivel superior a las leyes federales y locales que se ubican en uno inferior sin que, entre ellas, una prive sobre la otra.
>
> Cuando existe una aparente contradicción entre una ley federal y una local, el problema no es de jerarquía sino de competencia. Esa aparente contradicción se resuelve preguntándose cuál es la autoridad competente para expedir esa ley de acuerdo con las disposiciones de la Constitución.[82]

De manera similar, Flores señala "al considerar 'en un tercer lugar al derecho federal y al local en una misma jerarquía', la corte se equivoca al no dejar espacio para niveles intermedios" y añade que "no está claro dónde quedarían las leyes constitucionales, es decir las leyes que son reglamentarias de algún artículo o institución contenida en la Constitución, como por ejemplo la Ley de Amparo".[83] Sin embargo, debe precisarse que los tratados internacionales tienen una jerarquía superior al conjunto de las leyes del Congreso de la Unión. En la discusión sobre leyes constitucionales y leyes federales ordinarias no hay diferencia. Las leyes del Congreso de la Unión, ya sea que se distinga o no entre leyes constitucionales y leyes ordinarias —que no es objeto de este análisis—, tienen una jerarquía inferior a los tratados internacionales, puesto que éstos son actos del Estado, mientras que aquéllas son actos del Legislativo federal. Como tales, están sujetos a las limitaciones competenciales del artículo 124 y escapan del ámbito nacional.

[82] Carpizo, "Los tratados internacionales…", p. 180.

[83] Flores, *op. cit.*

¿Jerarquía de las normas internacionales entre sí?

1. El derecho internacional

Algunos autores sugieren que existe, por lo menos en el orden normativo mexicano, una jerarquía de tratados internacionales entre sí. No es el propósito entrar aquí al estudio de las fuentes del derecho internacional, pero merece tocarse brevemente porque el tema de la jerarquía entre normas internacionales, desde luego, uno del derecho internacional, y es útil para ubicar en su debido contexto la discusión sobre la jerarquía de los tratados internacionales entre sí.

En general, hay coincidencia en que el artículo 38 del Estatuto de la Corte Internacional de Justicia lista las fuentes del derecho internacional:[84]

> 1. La Corte, cuya función es decidir conforme al derecho internacional las controversias que le sean sometidas, deberá aplicar:
>
> a] las convenciones internacionales, sean generales o particulares, que establecen reglas expresamente reconocidas por los Estados litigantes;
>
> b] la costumbre internacional como prueba de una práctica generalmente aceptada como derecho;
>
> c] los principios generales de derecho reconocidos por las naciones civilizadas;
>
> d] las decisiones judiciales y las doctrinas de los publicistas de mayor competencia de las distintas naciones, como medio auxiliar para la determinación de las reglas de derecho, sin perjuicio de lo dispuesto en el artículo 59.

[84] Véase en general sobre el tema de fuentes del derecho internacional: César Sepúlveda, *Derecho internacional,* México, Porrúa, 15ª ed. (reimpresión), 1988, pp. 89 y ss; Modesto Seara Vázquez, *Derecho internacional público*, México, Porrúa, 12ª ed., 1988, pp. 61 y ss; Michael Akehurst, *Introducción al derecho internacional,* Madrid, Alianza, 2ª ed. (en español), 3ª reimpresión, 1988, pp. 31 y ss; Michel Virally, "Fuentes del derecho internacional", en Max Sorensen (ed.), *Manual de derecho internacional público*, México, Fondo de Cultura Económica, 1ª ed. (en español), 1985, pp. 149 y ss; Ian Brownlie, *Principles of Public International Law*, Oxford, Oxford University Press, 5ª ed. 1998, pp. 1 y ss; Robert Jennings y Arthur Watts (eds.), *Oppenheim's International Law*, Londres y Nueva York, Longman, 9ª ed., 1996, pp. 22 y ss; Peter Malanczuk, *Akehurst's Modern Introduction to International Law*, Londres y Nueva York, Routledge, 7ª ed. (reimpresión), 1998, pp. 35 y ss.

También hay un reconocimiento generalizado de que existe una cierta prelación entre ellas —más que una jerarquía— en el orden en el que están listadas, aunque no puede establecerse de manera rígida.

De tal manera, en principio las normas convencionales prevalecen sobre el derecho internacional consuetudinario. Es ampliamente aceptado que los estados pueden convenir en un tratado normas que se aparten del derecho internacional consuetudinario, de modo que en caso de conflicto entre unas y otras normas obviamente prevalecerían las convencionales; aunque también es posible que una costumbre posterior prevalezca sobre un tratado anterior. En este caso, sin embargo, será necesario demostrar que, con posterioridad al tratado respectivo, los estados en cuestión han aceptado dicha costumbre como una norma obligatoria; es decir que, entre tales estados están presentes la costumbre y la necesaria *opinio iuris*.

Por lo regular se reconoce que los principios generales de derecho son una fuente subsidiaria, puesto que, siendo los tratados y la costumbre las fuentes primarias del derecho internacional, su propósito es permitir resolver situaciones en las que éstos no son suficientes, es decir, en general, permitir llenar lagunas. No obstante, a la vez constituyen una fuente de derecho en sí mismos y, como tales, dan lugar a normas con fuerza jurídica independiente.

Por último, el artículo 38 del Estatuto alude a las decisiones de los tribunales internacionales y a la doctrina. El propio artículo las califica como un medio auxiliar para la determinación de las reglas de derecho. Claramente son, pues, una fuente subsidiaria.

En la prelación de normas internacionales, quizá la única jerarquía que puede divisarse con claridad es la que tienen las normas del *ius cogens* frente a las demás. El artículo 53 de la Convención de Viena dispone que "es nulo todo tratado que, en el momento de su celebración, esté en oposición con una norma imperativa de derecho internacional general". Define estas normas como aquellas aceptadas y reconocidas por la comunidad internacional de estados en su conjunto, como normas que no admiten acuerdo en contrario y que sólo pueden ser modificadas por normas ulteriores de derecho internacional general que tengan el mismo carácter. El artículo 64 de la Convención añade que, si surge una nueva norma del *ius cogens*, todo tratado existente que esté en oposición a ella será nulo y terminará (puesto que la Convención regula la materia de tratados, no se refiere al derecho internacional consuetudinario; pero, pese a que el artículo 53 ya comentado cautelosamente define norma imperativa de derecho internacional general "para los efectos de la presente Convención", la definición parece válida en cualquier contexto).[85] No cualquier norma puede devenir una norma imperativa de derecho internacional general; se requiere que sea aceptada y reconocida como tal *por la comunidad de estados en su conjunto*, independientemente de diferencias culturales o ideológicas,[86] por lo que De Visscher advierte de manera atinada que el proponente de una regla del *ius cogens* tiene una carga considerable de la prueba.[87]

Del *ius cogens* se ha escrito más sobre la categoría de las normas que sobre su contenido,[88] en torno del cual existe todavía un fuerte debate. Se han propuesto varias normas como normas del *ius cogens*, por el ejemplo, la prohibición del uso de la fuerza, del genocidio, de la esclavitud, de la discriminación racial o el derecho a la autodeterminación, pero no existe un claro consenso más que, quizá, sobre la prohibición del uso de la fuerza. En todo caso, si se trata o no de una norma imperativa de derecho internacional general, es una cuestión de prueba.

Ahora bien, por lo que se refiere a los tratados en particular, la Convención de Viena no establece una jerarquía entre ellos, y no puede desprenderse una de otras fuentes. Hay que aclarar, sin embargo, que los tratados pueden codificar normas del *ius cogens*, pero no es el tratado en sí mismo el que, en tal caso, tendría una mayor jerarquía que otras normas internacionales, sino que la tendría en virtud de su contenido. Por lo demás, el artículo 30 de la Convención establece la regla para resolver conflictos entre tratados:

- Cuando un tratado especifique que está subordinado a un tratado anterior o posterior, o que no debe ser considerado incompatible con ese otro tratado, prevalecerán las disposiciones de este último.

85 Cf. Malanczuk, *op. cit.*, pp. 57 y 58.
86 *Ibid.*
87 Charles de Visscher, *Théories et réalités en droit international*, *cit. pos.* Brownlie, *op. cit.*, p. 516.
88 Brownlie, *op. cit.*, pp. 516 y 517.

• Adopta también la regla *lex posteriori derogat legi priori* en los siguientes términos: cuando todas las partes en el tratado anterior sean también partes en el tratado posterior, pero el tratado anterior no quede terminado ni su aplicación suspendida, el tratado anterior se aplicará únicamente en la medida en que sus disposiciones sean compatibles con las del tratado posterior.

Algunos tratadistas señalan que también deben observarse las reglas *lex posterior generalis non derogat priori speciali* y *lex specialis deragat legi generali.*[89]

1. El orden normativo interno

Algunos autores sugieren que dentro de nuestro orden normativo los tratados en materia de derechos humanos tienen una jerarquía superior a la de otros, incluso que tienen la jerarquía de las normas internacionales de orden constitucional. Becerra, por ejemplo, comenta en relación con el criterio de la Corte sobre la constitucionalidad de los tratados que amplían la esfera de derechos de los gobernados:[90]

> Esta postura de la SCJ es sumamente trascendente, ya que significa que a través de los tratados internacionales en materia de derechos humanos es posible ampliar la esfera de derechos de los gobernados. Es comprensible que en esta hipótesis, la incorporación de tales normas a la Constitución sea automática, sin que medie una disposición legislativa.[91]

[89] Malanczuk, *op. cit.*, p. 56.

[90] Recuérdese que, en respuesta a la postura de que sólo pueden ser aceptadas como normas del derecho internacional vigentes en México aquellas que se encuentren dentro de los límites expresos de la Constitución, la Corte expresó que deben analizarse las características de la norma internacional que se pretende aplicar y en función de ella atender a la finalidad de las disposiciones constitucionales de que se trata para determinar si son acordes o no con la Constitución. Ilustró el punto con un caso hipotético de tratados que amplíen la esfera de libertades de los gobernados y señaló: "*En el ejemplo*, es evidente que si el tratado obliga a ampliar la esfera de libertades de los gobernados o compromete al Estado a realizar determinadas acciones en beneficio de grupos humanos tradicionalmente débiles, *deben considerarse como constitucionales*" (énfasis propio). Véase la página 140 de este libro.

[91] Becerra Ramírez, *op. cit.*, p. 175.

A partir de ese criterio de la Corte, Becerra entiende que los tratados en materia de derechos humanos se incorporan directamente a la Constitución y adquieren su misma jerarquía. Agrega que "la inserción en el sistema jurídico interno del derecho internacional de los tratados en materia de derechos humanos es directa y contundente". Pero éste no fue el sentido en el que la Suprema Corte se pronunció. En el contexto de una discusión distinta consideró, a manera de ejemplo, que si los tratados amplían los derechos de los gobernados más allá de las garantías que otorga la Constitución, pero son congruentes con las finalidades de éstas, entonces "deben considerarse como constitucionales", es decir, debe considerarse que "están de acuerdo" con la Constitución. La Corte no se pronunció sobre si se incorporan a la Carta Magna ni sobre si tienen una jerarquía distinta a la de otros tratados.

López Ayllón también sugiere que no todos los tratados se encuentran en el mismo nivel. Sobre la tesis de la Suprema Corte de Justicia de 1999 comenta:

> La tesis, al no diferenciar, pone al mismo nivel los tratados de derechos humanos que los tratados comerciales, los acuerdos técnicos (por ejemplo en materia de telecomunicaciones) o los simples acuerdos de cooperación, y todos por encima de la legislación expedida por los órganos legislativos internos.[92]

Flores propone una jerarquía de los tratados internacionales a partir de distintas categorías que define, pero lo hace de manera arbitraria a partir de una serie de criterios que carecen de sustento en nuestro orden jurídico:

- *Tratados sobre derechos humanos.* Sugiere que los tratados sobre derechos humanos están en el nivel más alto de la jerarquía de tratados. La explicación que ofrece es que la Ley sobre la Aprobación de Tratados Internacionales en Materia Económica requiere que los tratados de comercio respeten los derechos humanos, de modo que están subordinados a ellos, y también argumenta que los tratados de derechos humanos

[92] López Aylón, *op. cit.*, p. 207.

son autoaplicativos, por lo que se incorporan directamente a la Constitución (aunque sobre esto último no ofrece explicación alguna).

- *Tratados de comercio y "meros acuerdos"*. Afirma que, por ejemplo en Estados Unidos, "los tratados de comercio pueden ser aprobados como meros acuerdos... por el presidente y por mayorías simples en ambas cámaras del Congreso, en lugar de por el voto de las dos terceras partes del Senado, requerida para tener el estatus de tratado".
- *Tratados bilaterales o regionales y tratados multilaterales o internacionales*. Propone que los primeros son superiores a los segundos porque implican un compromiso mayor ante la comunidad internacional.
- *Tratados autoaplicativos y heteroaplicativos*. Finalmente, sugiere los autoaplicativos están por encima de los heteroaplicativos porque no requieren ningún procedimiento legislativo posterior.[93]

Flores confunde una serie de conceptos distintos y se enreda al tratar de desentrañar la jerarquía de los tratados internacionales entre sí, lo cual lo lleva finalmente a proponer una teoría que carece de sentido. En primer lugar, debe subrayarse que nuestra Constitución no hace diferencia alguna entre los distintos tipos de tratados. Dispone que "*todos* los Tratados que estén de acuerdo con la... [Constitución], celebrados y que se celebren por el Presidente de la República, con aprobación del Senado, serán la Ley Suprema de toda la Unión" (énfasis propio). Según se comentó en el apartado anterior, el derecho internacional tampoco establece una jerarquía de los tratados entre sí y, aunque ésta sí puede apreciarse entre las normas del *ius cogens* y el resto de las normas internacionales, la prelación —con las salvedades ya expuestas— se da entre las distintas fuentes del derecho internacional, pero no entre las distintas categorías de normas que proceden de una misma fuente. Específicamente, los conflictos entre tratados se resuelven con base en el artículo 30 de la Convención de Viena.

La jerarquía superior de los tratados de derechos humanos, pues, no tiene sustento ni en la Constitución ni en el derecho internacional. Flores sugiere que la la Ley sobre la Aprobación de Tratados Internacionales en Materia Económica refuerza su tesis porque, afirma, exige que los tratados comerciales respeten los derechos humanos. Sin em-

[93] Flores, *op. cit.*

bargo, esta proposición tiene varios problemas. La ley que se comenta no dispone que los tratados comerciales deben respetar los derechos humanos. De hecho, no utiliza los términos "derechos humanos". Lo que su artículo 2 dispone es que los tratados "estarán de acuerdo con la Constitución General de la República respetando: I. Las garantías individuales, y II. La división de poderes, la distribución de facultades y las potestades de los órganos representantes del pueblo". Ello no es sino otra forma de expresar el mandamiento del artículo 133 de la Constitución de que los tratados "estarán de acuerdo con la misma". Aun cuando el objeto de la ley está limitado a los tratados comerciales y de doble tributación, lo cierto es que todos los tratados, cualquiera que sea la materia que regulen, deben respetar las garantías individuales, la división de poderes y demás disposiciones de la Constitución. Del artículo 2 de la ley no se desprende la jerarquía de ningún tratado respecto de otros.

La comparación que hace con el derecho estadounidense tampoco es útil para vislumbrar la jerarquía entre tratados. Primero, a diferencia del artículo VI de la Constitución de Estados Unidos, que es un claro antecedente de nuestro artículo 133 constitucional, la distinción del derecho estadounidense entre los que llama tratados y otro tipo de acuerdos internacionales, por ejemplo, los acuerdos ejecutivos —que son a los que Flores se refiere— no encuentra un equivalente en los tratados celebrados conforme a los artículos 76, 89 y 133 de la Constitución mexicana. De tal manera, el estrato que las distintas normas internacionales puedan ocupar en el orden jurídico de otros países no es útil para establecer el que les corresponde en el mexicano. Segundo, la tesis de Flores se sustenta en una apreciación incorrecta del derecho estadounidense. Según se explicó, los tratados celebrados por el presidente de Estados Unidos y aprobados por una mayoría calificada del Senado de ese país, son el Derecho Supremo de esa nación. Los acuerdos ejecutivos por otro lado, no obstante ser tratados conforme a la Convención de Viena al igual que aquéllos, no se someten a la aprobación del Senado y, por lo tanto, no tienen la categoría de derecho supremo. Sin embargo, debe precisarse que tampoco son aprobados por una mayoría simple en ambas cámaras del Congreso, como afirma Flores. Lo que se presenta al Congreso es una iniciativa de ley que implementa las disposiciones del tratado, y esto es lo que el Congreso aprueba. El acuerdo ejecutivo no tiene aplicación en Estados Unidos; lo que se aplica es la ley que lo implementa. Por lo mismo, una ley interna no puede entrar en conflicto con un acuerdo ejecutivo. Lo que se da es, en todo caso, un conflicto entre dos leyes emanadas del Congreso. Puesto que el acuerdo ejecutivo no tiene vigencia como norma de derecho interno, no está en una relación de jerarquía frente a otras normas del derecho interno; se queda, por decirlo así, en una especie de limbo jurídico.

La tercera categoría tampoco tiene sustento alguno. Flores argumenta que los tratados multilaterales implican "un compromiso mayor ante la comunidad internacional", pero la apreciación de qué compromisos son mayores y cuáles menores es enteramente subjetiva. La discusión sobre si los compromisos del Tratado de Marrakech por el que se establece la Organización Mundial del Comercio —un tratado multilateral— son mayores que los del tratado entre México y Estados Unidos para el aprovechamiento de las aguas de los ríos Colorado, Tijuana y Bravo, puede ser interminable y seguramente no llevaría a ninguna conclusión que pueda ser útil para estos propósitos. La sugerencia de que el Tratado de Libre Comercio entre México y Chile, un tratado bilateral, tiene menor jerarquía que el Tratado de Libre Comercio de América del Norte, un tratado trilateral, el cual tiene, a su vez, una jerarquía menor que el Tratado de Libre Comercio entre México, Guatemala, Nicaragua y El Salvador, y que todos ellos están jerárquicamente debajo del Tratado de la OMC; que el Acuerdo de Asociación Económica, Concertación Política y Cooperación entre México y la Unión Europea aumentó su jerarquía cuando el número de miembros incrementó de 15 a 25, etc. es, para usar las palabras del propio Flores, un sinsentido.

Finalmente, Flores también confunde la naturaleza de los tratados autoaplicativos y heteroaplicativos con la naturaleza de las obligaciones que contienen. En primer término, debe decirse que, por el sistema de recepción del derecho internacional por el derecho mexicano, todos los tratados son autoaplicativos, porque la Constitución dispone que todos los tratados que cumplan con los requisitos que establece son Ley Suprema de la Unión. No se requiere acto ulterior alguno para convertirse en Ley Suprema. La diferencia entre los tratados autoaplicativos y los heteroaplicativos puede apreciarse mejor en el caso de Estados Unidos, que tiene tratados internacionales, celebrados por el presidente y aprobados por el Senado y son el Derecho Supremo de la nación, sin que para ello requieran un acto ulterior legislativo o de otro tipo; pero también tiene acuerdos ejecutivos que requieren un acto legislativo que los implemente para poder aplicarse en el ámbito nacional. Los primeros son autoaplicativos (*self-executing*) y los segundos, heteroaplicativos (*non self-executing*).

Sin embargo, ello no debe confundirse con la naturaleza de las obligaciones que incluyen. Por ejemplo, el Tratado de Libre Comercio de América del Norte contiene obligaciones, como la de otorgar trato nacional, que no requieren un procedimiento legislativo posterior. El artículo 1102 de dicho tratado dispone: "Cada una de las Partes otorgará a los inversionistas de otra Parte un trato no menos favorable que el que otorgue, en circunstancias similares, a sus propios inversionistas en lo referente al establecimiento, adquisición, expansión, administración, conducción, operación, venta u otra disposición de las inversiones". Para ello no se requiere ningún acto legislativo posterior. En contraste, el párrafo 15 del artículo 1904 del mismo tratado prevé que "para alcanzar los objetivos de este artículo, las Partes reformarán sus leyes y reglamentos en materia de cuotas *antidumping* y compensatorias, así como las que se refieran al funcionamiento de aquéllas, en relación a las mercancías de las otras Partes" y en el anexo 1904.15 describe qué modificaciones específicas requiere hacer cada país. Se trata, pues, de un tratado que, en la concepción de Flores, es autoaplicativo y heteroaplicativo a la vez. Lo cierto es que el tratado es autoaplicativo, porque ninguna de sus obligaciones requiere un acto legislativo posterior para ser eficaz. En el caso del artículo 1102 la obligación recae en todas las autoridades mexicanas —independientemente de que sean administrativas, legislativas o judiciales—, mientras que en el caso del artículo 1904.15 y su anexo se trata de una obligación de legislar, que recae sobre el Legislativo, y una de reglamentar, que es del Ejecutivo; pero en ninguno de los dos casos media un acto legislativo para darles eficacia. La eficacia de la norma, sin embargo, no debe confundirse con su cumplimiento. La inobservancia del artículo 1102 por el Poder

Judicial (por ejemplo, si se le negara el derecho de apelación a los inversionistas extranjeros) genera la responsabilidad internacional del Estado, lo mismo que la inobservancia del artículo 1904.15, si se negara el Legislativo a efectuar las reformas. En el caso de Estados Unidos, el TLCAN es un acuerdo ejecutivo. Conforme a sus procedimientos internos, el Congreso puede aprobar o rechazar la ley de implementación, pero no puede hacerle modificaciones. Si la rechaza, el tratado no cobra vigencia en el ámbito interno.

En síntesis, conforme al derecho mexicano, todos los tratados tienen una misma jerarquía, excepto aquellos que contienen normas internacionales de orden constitucional, las cuales adquieren la misma jerarquía que la Constitución.

Los acuerdos interinstitucionales

Es preciso aludir a los acuerdos interinstitucionales regulados en la Ley sobre la Celebración de Tratados. Su inclusión en la misma ha dado lugar a muchos debates, y merecen ser discutidos con mayor amplitud, pero no aquí. Para los propósitos de este estudio, baste decir que no son Ley Suprema de la Unión (lo cual no los hace inconstitucionales *per se*; simplemente no tienen la categoría de tratados en el sistema jurídico mexicano). No es necesario desentrañar aquí cuál es el estrato preciso que ocupan en la jerarquía de normas, pero, puesto que la Ley de Tratados dispone que el ámbito material de dichos acuerdos se circunscribe exclusivamente a las atribuciones propias de las dependencias y organismos descentralizados que los suscriben (y, por lo mismo, no obligan a otras), su jerarquía será la que tengan los actos administrativos de tales dependencias u organismos.

V. CONCLUSIÓN

En la jerarquía de leyes, pues, está la Constitución, los tratados en un segundo plano, como actos del Estado, y las leyes federales y estatales en un tercer nivel, como leyes aplicables en sus ámbitos respectivos.

Esta jerarquía normativa es consecuencia del sistema federal por el que México optó hace más de 130 años.

En la interpretación anterior de la Corte, que fue abandonada al adoptar ésta el nuevo criterio en 1999, una ley del Congreso de la Unión podría haber colocado al Estado en una situación de ilicitud internacional. Conforme a dicha interpretación, una ley posterior del Congreso podía haber derogado un tratado internacional o algunas de sus disposiciones, no obstante estar éste en pleno vigor en el plano internacional. Ello habría significado el incumplimiento por el Estado de sus compromisos internacionales, el cual, por supuesto, tiene consecuencias. Puede motivar represalias o actos de retorsión por parte de los demás estados afectados, los cuales pueden consistir en la adopción de contramedidas, la obligación de pagar daños y perjuicios, la suspensión de concesiones u otras obligaciones contenidas en tratados, etc. Tales medidas —al igual que los tratados— afectan al Estado en su conjunto; no se limitarían al órgano gubernamental responsable de haber colocado al Estado en esa posición. Becerra comenta:

> En virtud de su capacidad soberana, los Estados contraen obligaciones por medio de los tratados mediante los cuales se autolimitan. Después, no pueden desconocer esas obligaciones, insistimos, libremente contraídas. De acuerdo con lo anterior, es comprensible que al Estado, dentro de su interior, le toque elegir los medios para satisfacer sus obligaciones.[94]

Nuestro sistema contiene los medios para satisfacer esas obligaciones de una forma que mantiene la congruencia interna y fortalece al Estado mexicano. El Estado, desde luego, es libre de celebrar y aprobar los tratados internacionales que le convengan, incorporándolos así al régimen jurídico nacional. Obviamente, ningún Estado puede desconocer o modificar sus obligaciones internacionales unilateralmente, aunque todo Estado en principio es libre de denunciar tratados; pero en México ningún órgano de gobierno puede contravenir las políticas del Estado —fijadas por los órganos competentes *del Estado*— en el plano internacional. Por razón del sistema de incorpora-

[94] Becerra Ramírez, *op. cit.*, p. 171.

ción de los tratados internacionales en el orden jurídico interno, las autoridades nacionales están obligadas a cumplirlos, observando la jerarquía superior de éstos sobre las leyes federales y locales en caso de conflicto.

Carpizo comenta que después de tantos tropiezos que tuvo la Suprema Corte de Justicia en la interpretación del artículo 133 constitucional, ahora presenta una tesis que es armónica con diversos preceptos constitucionales y con la naturaleza que la propia ley fundamental señala a nuestro Estado federal.[95] En efecto, el nuevo criterio de la Corte refleja debidamente nuestro sistema federal y preserva la integridad de nuestro sistema jurídico en sus ámbitos respectivos.

[95] Carpizo, "Los tratados internacionales...", p. 182.

TERCERA PARTE

BERNARDO SEPÚLVEDA, EL CANCILLER

BERNARDO SEPÚLVEDA: CREADOR DE UNA POLÍTICA EXTERIOR IMAGINATIVA Y DIVERSIFICADA, 1982-1988

Jorge Montaño

Como ha sido analizada por varios colegas en otras secciones de este libro, la gestión de la política exterior durante el periodo en cuestión tuvo capítulos que sentaron jurisprudencia en la diplomacia, es decir, que hoy constituyen modelos a seguir. El quehacer internacional de un país debe analizarse en el contexto en que tiene lugar. El escenario mundial, regional y nacional que prevalecía en esos días era el menos propicio para disponer del espacio político adecuado para un desempeño cómodo. El análisis en retrospectiva es pertinente para señalar algunas similitudes y coincidencias con acontecimientos recientes que no han sido resueltos precisamente por la falta de creatividad y de atención mínima a los principios rectores de la política exterior.

Veamos algunos hechos puntuales en los que estuvo inmersa la diplomacia mexicana que encabezó Bernardo Sepúlveda del 10 de diciembre de 1982 al 30 de noviembre de 1988, mismos que permiten constatar el desempeño creativo y versátil que le dio a la política exterior de México, en circunstancias por demás hostiles tanto interna como externamente. Desde el inicio de los ochenta, se reinstaló el clima de tensión entre las superpotencias, posiblemente el más agudo en más de cuatro décadas de guerra fría. En efecto, la transición abrupta en el equilibrio generado en los setenta se convirtió en un clima de inminente enfrentamiento, resultado de las diferencias en perspectivas entre la Unión Soviética y Estados Unidos en relación con una serie de acontecimientos en el sistema internacional, así como de la percepción propia de sus necesidades en materia de seguridad. El resultado fue que el mundo pasó de la estabilidad de la distensión, a la inseguridad con riesgos nucleares generada por este diferendo.

Ronald Reagan derrotó a Carter con una retórica que repudiaba el clima de distensión aduciendo complejos de culpa del presidente en funciones, argumento que tuvo un impacto en el electorado, cansado de una conducción errática y titubeante. El mensaje convocaba a la recuperación del orgullo, fortaleza y sobre todo supremacía de Estados Unidos. Semejante al famoso mantra económico de Clinton, es posible seguir a lo largo de su campaña ese mensaje repetido en forma reiterada: "Somos la fuerza más poderosa que existe sobre la Tierra para garantizar la paz mundial. La Unión Soviética es un imperio del mal orientado a mentir, engañar y cometer crímenes aberrantes. La libertad no es compatible con la tiranía comunista. No debemos perder nuestra fe en todos aquellos que están hoy poniendo en peligro sus vidas en todos los continentes desde Afganistán hasta Nicaragua con el objetivo de liberarse de la opresión soviética, es nuestra obligación apoyar a estos combatientes por la libertad".[1]

Al asumir la presidencia Miguel de la Madrid, la doctrina Reagan había dejado de ser discurso de campaña. Tenía 23 meses consolidándose como una política de Estado, obstinada mesiánicamente en destruir la estructura bipolar. Los contras, los mujaidines y Jonas Savimbi eran los nuevos héroes, y quienes se habían atrevido a desafiar este juicio absoluto figuraban en su lista de enemigos: México en forma destacada por sus actuaciones en Centroamérica y por su crisis económica, que afectó en forma directa a su voraz banca. Es interesante destacar que ese expansionismo de terror, a diferencia del actual, era más eficaz, ya que tenía pocas implicaciones financieras y prácticamente no suponía el involucramiento de tropas propias. Los soviéticos, por el contrario, en plena decadencia económica, invertían recursos para adquirir y conservar lealtades; todo a cuenta de una deuda impagable y de un empobrecimiento creciente de su población.

Los aberrantes acontecimientos del 11 de septiembre han borrado de nuestra memoria la tensión que generó la era reaganiana en su cruzada contra el fallido socialismo soviético. Es interesante recordar algunos rasgos del perfil político presidencial, relevante para el análisis que nos ocupa. La tardía incursión de Reagan en la política, prove-

[1] Henry Kissinger, *Diplomacy*, Nueva York, Simon & Schuster, 1994, p. 763.

niente de una gris carrera en Hollywood, lo llevó, como al segundo Bush, un empresario mediano, a gobernar durante dos periodos un estado fronterizo con México, a usar botas vaqueras como símbolo de afirmación y a repudiar el *establishment* de Washington. Como Bush, fue un convencido fundamentalista que atrajo a la derecha neoconservadora; su anticomunismo furibundo se compara con el credo antiterrorista de su sucesor en la Casa Blanca, quien construyó su propio imperio del mal repitiendo las palabras mesiánicas de "estás conmigo o contra mí". Kissinger incluye en su libro una autocita de sus palabras en un congreso: "Cuando se habla con Reagan uno se pregunta cómo llegó a ser presidente e incluso gobernador. Les corresponde a los historiadores explicar cómo un antiintelectual, con antecedentes académicos superficiales, pudo dominar la escena californiana por ocho años y Washington por otros tantos, desarrollando una política exterior de extraordinaria consistencia".[2] En ese análisis quizá nostálgico, creo que al segundo Bush no se le podría aplicar esta reflexión.

A la mitad de su primer periodo, Reagan había logrado una acumulación de crisis hábilmente administradas con bajos costos y un desempeño mediático ejemplar que permitía erradicar los fantasmas de su electorado respecto a Vietnam. Los sucesivos reemplazos en el mando soviético retrasaron aún más la búsqueda de soluciones reales. Su obsesión principal estaba geográficamente ubicada en América Central, donde las simpatías mexicanas hacia el triunfo sandinista y la declaración franco-mexicana sobre El Salvador lo incomodaban de manera especial. Concebía esa región como el punto neurálgico de su ofensiva contra la Unión Soviética y como la piedra angular de la contención del avance socialista.

En los inicios de 1983, América Latina estaba marcada irreversiblemente por la crisis económica, una deuda astronómica, golpes de Estado y violaciones masivas de los derechos humanos. El menú potencial de aliados para el nuevo gobierno mexicano era por demás reducido y la posibilidad de acercarse a la ONU o a la OEA, inexistente. Los dos organismos atravesaban por su peor crisis desde su fundación. La diplomacia mexicana respondió con imaginación, en un escenario por demás estrecho. Lo que menos esperaban los estrategas del Departamento

[2] *Ibid.*, p. 765.

de Estado era el surgimiento del proceso de Contadora, examinado en otras partes de este libro. Su titular recién nombrado, George Shultz, da amplia cuenta en sus memorias, en las que consigna con toda honestidad los encuentros y desencuentros con su contraparte mexicana. "El 18 de abril de 1983 me reuní en la ciudad de México con el canciller Bernardo Sepúlveda, mercurial e irascible, era sin embargo un muy inteligente operador político, no precisamente 'amigo' de Estados Unidos".[3] Consigna con detalle los puntos acordados en ese encuentro, en el que Sepúlveda lo convenció sobre los argumentos básicos para encontrar una solución al conflicto. Según Shultz, habían ideado entre los dos las coordenadas básicas para negociar. Nunca he conversado sobre el tema con Sepúlveda, pero asumo que en su infinita discreción, nunca aceptará que tenía los puntos preparados y que solamente los indujo en la mente de su interlocutor, quien en sus memorias se declara ignorante de los problemas de la región. Shultz relata que abandonó la reunión con una serie de puntos de acuerdo, mismos que, según su testimonio, le fueron rechazados por la línea dura cercana al presidente Reagan.

Bernardo Sepúlveda describe también en forma peculiar y gráfica a su contraparte estadounidense: "hombre decente, bondadoso y bien intencionado, pero divorciado del talento político, débil de carácter frente a las intrigas de la Casa Blanca, carente de poder real y sin el temple o el genio para conducir con éxito una estrategia estadounidense hacia Centroamérica alejada del uso de la fuerza".[4] A pesar de sus respectivas reflexiones, ambos navegaron con un entendimiento razonable, el cual era indispensable para hacer frente a las trapacerías de algunos funcionarios cercanos a Reagan, que años más tarde terminarían involucrados en procesos criminales. Elliot Abrams, Constantine Menges, Oliver North, John Poindexter y Bud McFarlane eran los miembros más destacados de esta galería de notables, a quienes se deben actividades de sabotaje diplomático como la suspensión de las pláticas de Manzanillo, el minado de los puertos nicaragüenses y el

[3] George Shultz, *Turmoil and Triumph*, Nueva York, Scribner's and Sons, 1993, p. 301.

[4] Bernardo Sepúlveda, "Los intereses de la política exterior", en César Sepúlveda (comp.), *La política internacional de México en el decenio de los ochenta*, México, Fondo de Cultura Económica, 1994, p. 42.

surgimiento de los contras. Algunos se han reciclado, como era de esperarse, en la segunda presidencia de Bush.

Sin duda, estos personajes, todos de inteligencia reconocida por su perversidad, fueron determinantes para introducir un factor de recelo en la mente presidencial sobre los propósitos mexicanos en su involucramiento en América Central. No tengo duda de que su actuación inclinó los dados a favor de una solución, en la que se escatimó el mérito y reconocimiento final a Contadora y específicamente al gobierno mexicano. La mezquindad sólo se explica por una obsesiva convicción, siempre presente en los circuitos neoconservadores estadounidenses, de que los mexicanos no merecemos ser tratados en pie de igualdad. En todo caso, la historia ha juzgado, con veracidad, la actuación del Grupo Contadora y sus derivaciones e influencia por medio del Grupo de Río, que logró institucionalizarse como un efectivo mecanismo de consulta y concertación.

La designación de John Gavin como embajador en México constituyó otra contribución de ese grupo para elevar el grado de dificultad de la relación bilateral. El actor convertido en diplomático se volvió el peor enemigo del diálogo entre los dos gobiernos. Sepúlveda lo define en pocas palabras: "Probablemente el embajador estadounidense que más daño ha causado a la relación entre México y Estados Unidos, junto con Joel Poinsett y Henry Lane Wilson".[5] De manera consistente, su misión fue entorpecer y, lo que es peor, enrarecer la frágil atmósfera del difícil diálogo entre los dos gobiernos, lo cual no es privativo de lo que estamos analizando, sino que constituye una constante inevitable con los vecinos del Norte. La perversidad de Gavin lo convirtió en un obsesivo militante del enfrentamiento, utilizando sus canales y contactos californianos en la Casa Blanca para distorsionar los acontecimientos mexicanos. Pretendió asumir la posición de un procónsul, pretensión que con firmeza impidió el canciller Sepúlveda, hasta que se le relevó de sus tareas, después de haber hecho un daño mayor a la relación. El propio Shultz se refiere con desdén a la gestión de Gavin, recordando sus vínculos y deslealtades con los enemigos del secretario de Estado, mismos que en nada contribuían a sanear la relación con el gobierno mexicano.

[5] *Ibid.*, p. 65.

Otra tarea que se propuso Gavin fue usar la denuncia para amedrentar la actuación mexicana en los foros multilaterales. Su propósito era descalificar las actuaciones de los delegados, como si éstos actuaran por cuenta propia. El método consistía en obtener minuciosos memoranda de las contrapartes estadounidenses sobre los desencuentros de los delegados de ambos países. Inevitablemente, éramos acusados de crímenes inexistentes. Lo que desconocían Gavin y sus asesores era que el secretario de Relaciones autorizaba con su firma, después de leerlos con detalle, los pliegos de instrucciones, a los que en ocasiones agregaba algún comentario final en letra pequeñísima. Conservo, por alguna veta masoquista, los intercambios anuales de notas entre Gavin y Sepúlveda, aludiendo a mi desempeño en la Comisión de Derechos Humanos. La pobreza de los argumentos transcritos por Gavin, contrasta con la argumentación precisa de corte legal, de quien inconscientemente se preparaba desde entonces para su tarea en La Haya.

En otro tema, debe recordarse el ejercicio de concertación que encabezó el canciller Sepúlveda que fue el Consenso de Cartagena que hoy sigue siendo un ejemplo a seguir. El origen fue una declaración de los presidentes de México, Argentina, Brasil y Colombia emitida en mayo de 1984 en ese puerto del Caribe. La iniciativa fue apoyada por 11 gobiernos latinoamericanos encabezados por sus cancilleres y secretarios de Finanzas. Esta convocatoria no tenía el propósito de crear un club de deudores para hacer frente a los acreedores. Por el contrario, se trataba de conseguir, y se logró, el objetivo de crear conciencia sobre los efectos letales que tendría la insolvencia inevitable y el interrumpido estancamiento económico de la mayoría de los países latinoamericanos. Un año y medio más tarde decía Sepúlveda: "un primer efecto del Consenso de Cartagena fue despejar el camino para un diálogo político entre gobiernos en torno al problema de la deuda. A partir de entonces se fue aceptando que bancos acreedores y organismos financieros internacionales eran una parte esencial en la solución de la crisis, pero insuficiente para resolverla en su integridad. Ese reconocimiento tuvo su primera expresión en el plan Baker y posteriormente en el plan Brady".[6]

[6] *Política exterior de México. Discursos y documentos*, México, Secretaría de Relaciones Exteriores, 1985, pp. 581-583.

Una política exterior eficaz había logrado sin estridencias ni enfrentamientos el avance indispensable para asegurar el renacimiento de la democracia latinoamericana, que buscaba aliento para regresar a los militares a las tareas propias de su oficio.

En los primeros meses del nuevo gobierno, Sepúlveda reforzó la posición mexicana en la Reunión Cumbre de Jefes de Estado y de Gobierno del Movimiento de Países No Alineados (NOAL) celebrada en Nueva Delhi bajo la presidencia de Indira Gandhi. Este foro, hoy pieza de museo para la nueva realidad internacional, cumplía una función político-económica interesante, sobre todo como un espacio de concurrencia donde se discutían mecanismos de concertación que resultaban útiles dentro de los organismos multilaterales. Era claro para el canciller que las condiciones mundiales y regionales requerían una actuación versátil. No obstante la condición mexicana de observador en el movimiento de los NOAL, su presencia y contribución siempre fueron muy apreciadas por los miembros de pleno derecho. Tres años más tarde asistió a la siguiente cumbre celebrada en Harare, siendo el último canciller mexicano que atendió estos foros vinculados muy cercanamente a los quehaceres del Grupo de los 77. En el ámbito multilateral, esta presencia fue muy rentable tanto para crear espacios y hacer conciencia sobre la situación en Centroamérica, como para promover proyectos mexicanos en el Consejo Económico y Social (ECOSOC) y en organismos especializados de la ONU. Recuerdo con claridad conversaciones de Sepúlveda con personajes legendarios como Indira Gandhi, Fidel Castro, Julius Nyerere o Yasser Arafat. Lo que parecía una excentricidad, rendía beneficios considerables al orden político. Ahí se albergaba una fuente consistente de apoyos de gran valor estratégico.

La invasión estadounidense a Granada en octubre de 1983 fue un mensaje inequívoco de la decisión del primer gobierno de Reagan de actuar con rudeza, así fuera ésta totalmente innecesaria como en este caso. La condena mexicana no se hizo esperar, a pesar de insinuaciones sobre la angustiosa situación económica de México, que evidentemente requería apoyo de los vecinos. En ninguna forma era aceptable considerar una fórmula distinta, en especial dentro del contexto centroamericano, donde las voces de los "rudos del Potomac" se hacían escuchar en la oficina presidencial. La reacción del grupo latinoamericano y del Caribe fue correcta, regresando con la misma intensidad el recado de que por ese camino no habría entendimiento posible y, mucho menos, simpatía de ningún orden.

La tensión en Naciones Unidas reflejaba con precisión el estado lamentable de la correlación de fuerzas internacionales. El derribamiento soviético de un avión de pasajeros coreano había sido el detonador de una nueva descarga sobre la ineficiencia e incompetencia de la ONU. La embajadora Kirkpatrick, digna antecesora del ahora representante Bolton, se empeñaba con la ayuda soviética en cimbrar los débiles equilibrios dentro del organismo. La ONU se acercaba a su cuadragésimo aniversario convertida en ruinas. Los remanentes de la bipolaridad se utilizaban para paralizar la institución. El ambiente de enfrentamiento por resoluciones sin ningún peso ni efectividad generaba mayor desaliento entre las delegaciones que integraban la mayoría de la membresía. El foro, sin embargo, seguía teniendo su función política para un país como el nuestro. La experiencia de Sepúlveda en los avatares multilaterales le permitió aprovechar los mecanismos de comunicación que ofrece anualmente el inicio de la Asamblea General cuando, en unos cuantos días, es posible conversar formal e informalmente con cancilleres de los países con los cuales México tiene necesidad de diálogo. La situación en América Central, muy a pesar de la delegación estadounidense, era un tema que se aprovechaba para darle una dimensión multilateral, involucrando países de alta respetabilidad por su compromiso con la construcción de la paz que de pronto, merced a estas gestiones, se solidarizaban con los planteamientos mexicanos. Tal fue el caso, entre otros, de Suecia, Noruega, Francia y España.

Esa comunicación con aliados reales y potenciales fue determinante en momentos críticos. En abril de 1984, un grupo de fuerzas especiales del ejército guatemalteco irrumpió en Chiapas con el propósito de ajusticiar a supuestos guerrilleros mezclados entre los miles de refugiados que la dictadura había expulsado a nuestro país. La masacre fue denunciada y hubo necesidad de tomar medidas drásticas con los refugiados *de facto*, en su mayoría indígenas monolingües.

Dentro del gobierno, donde había las naturales diferencias de criterio, y en la opinión pública nacional, especialmente en los sectores conservadores, había voces que aconsejaban que se repatriara de forma obligada a quienes huían del terror, por considerarlos un peligro para la seguridad interna. De manera firme, el secretario de Relaciones Exteriores obtuvo el apoyo presidencial para honrar los compromisos mexicanos con el derecho internacional. Se procedió, con apoyo de la Marina, a reubicar a algunos de los refugiados en Chiapas, mientras los demás eran transportados por lancha, ferrocarril y autobuses a Campeche y Quintana Roo. Para evitar las suspicacias y críticas, siempre útiles de la opinión pública, se encomendó la tarea de coordinación al Alto Comisionado para los Refugiados (ACNUR). Ése fue el inicio de una estrecha colaboración con el ACNUR que perdura hasta nuestros días. El grueso de los transterrados guatemaltecos se quedó en México. Aún recuerdo vívidamente una escena impresionante que le relaté al secretario Sepúlveda. Al acercarnos a la orilla del río Lacantún no acertábamos a creer lo que veíamos a distancia: una familia completa discutía con los marinos sobre el destino de un refrigerador, única pertenencia que habían cargado en su travesía por la selva del Petén; después de nuestra mediación, aceptaron generosamente que lo subieran a un lanchón de la Marina. El aparato acompañó a sus propietarios hasta un caserío cerca de Edzná, en Campeche, y fue la simiente de una miscelánea y de la sobrevivencia de una familia tojolabal.

1985 fue un *annus horribilis* para el país. El asesinato del agente Camarena significó el principio de una pesadilla que despertó a la opinión pública a la terrible realidad que suponía la penetración del narcotráfico en la entraña misma del tejido social del país. En paralelo, significó el inicio de hostilidades entre los dos países que, con distintos ritmos, continúa hasta la fecha. La cooperación que ciertamente existe para llevar adelante esta lucha desigual, es aprovechada en ambos lados de la frontera para provocar distanciamientos y recriminaciones mutuas. A pesar de este clima, en otra muestra imaginativa en el proceso de decisión, Sepúlveda apoyó la celebración en Viena en 1987 de una conferencia de Naciones Unidas, preparatoria de la que elaboró un año más tarde la Convención que rige en la materia. Como gesto de respeto a la reunión, el procurador general de la República encabezó la delegación, formalismo que en política exterior tiene un valor esencial. Fue un momento de acercamiento entre países productores y consumidores que sirvió para distender los efectos nocivos de lo que Sergio García Ramírez, en el discurso de apertura, denominó con fortuna la geografía de las culpas, fórmula inequívoca de enfrentamiento que afortunadamente está en relativo desuso.

En aquel entonces, la respuesta fácil de Estados Unidos fue crear el mecanismo de la certificación anual, fórmula que estuvo vigente para México hasta 2002, año en el que se suspendió su aplicación, lo cual significa que en cualquier momento puede reinstalarse. Esta práctica que significaba un informe del Departamento de Justicia al Congreso sobre el nivel de cooperación de los países en la lucha contra el narcotráfico, suponía un desgastante debate en ambos lados de la frontera. En el Capitolio, un grupo de congresistas y senadores usaba la tribuna para hacer acusaciones demagógicas e irresponsables, a pesar de lo cual había que seguir trabajando en las áreas donde se podía operar. La administración Reagan, con el apoyo de legisladores leales a las causas de la Fundación Heritage, hostilizaban a México por su política en Centroamérica, haciendo extensivo su disgusto a nuestro manejo de la economía, al diferendo del atún y a nuestra vocación inventada por aniquilar delfines. La crítica a los esfuerzos mexicanos en el combate al narcotráfico fue la culminación de una campaña constante que se desbordó por el asesinato de Camarena. Mantener el equilibrio entre las voces airadas en ambos lados de la frontera fue una tarea que realizó con efectividad Sepúlveda, creando espacios diferentes para mitigar la tempestad. Lamentablemente, el avance negativo desde ese odioso crimen ha sido considerable. México ha pasado de ser productor y país de tránsito a ser gran consumidor de drogas. El crimen organizado ha penetrado y corrompido estructuras de gobierno y de seguridad en los dos países, sin que se hayan encontrado fórmulas eficaces para controlar el avance de este flagelo.

La reunión del grupo de los seis jefes de Estado o de gobierno sobre paz y desarme (Argentina, Grecia, India, México, Suecia y Tanzania) en Ixtapa fue otro momento estelar del sexenio que igualmente dio brillo a la capacidad de concertación mexicana, aunque también tuvo costos en la difícil relación bilateral. Como parte importante se invitó a un distinguido grupo de intelectuales, muchos de ellos estadounidenses críticos de la intolerancia reaganiana y de su arrogancia frente al resto del mundo. Singulares por su impacto en los medios estadounidenses fueron las intervenciones de Carl Sagan y de John Kenneth Galbraith quienes, junto con Gabriel García Márquez, redondearon la declaración de los seis mandatarios con juicios bien adjetivados que calaron hondo en la Casa Blanca, al punto de que el presidente Reagan se sintió obligado a enviar una carta a los mandatarios. Nuevamente, México aparecía asociado a una causa noble y justa que, como muchas otras, nunca debimos haber abandonado. Esa agilidad de reflejos ayudaba a mitigar la pesadez de los críticos en Washington, obligándolos a replegarse, al menos temporalmente.

Las reverberancias reaganianas en el Congreso no podían dejar el tema migratorio fuera de la agenda de crisis. El discurso irritado y en ocasiones de odio llevó a la aprobación de la IRCA, legislación promovida por el senador Simpson y el congresista Rodino que, sin haber sido la panacea, alivió temporalmente las presiones que, como bien lo sabemos, han sido recurrentes al grado de que en la actualidad la intolerancia ha llevado a la Casa de Representantes a aprobar la construcción de un muro de California a Texas. Sobre el tema migratorio escribió Sepúlveda una reflexión por demás vigente: "No importa si existe controversia sobre el número exacto de indocumentados mexicanos que residen temporal o definitivamente en Estados Unidos... lo que importa para efectos políticos es que existe un fenómeno de migración entre los dos países que no se suspenderá por la acción gubernamental, por funcionar en forma óptima la magia del mercado y, por último, que ambos gobiernos tendrán que alcanzar entendimientos políticos que sirvan para mitigar la fricción que el asunto puede ocasionar en su trato y la irritación que, por causas diversas, despierta el fenómeno en las dos sociedades".[7] La vigencia de esta reflexión es cíclicamente válida. En momentos críticos surge el tema migratorio en diversas formas: desde la proposición 187 de Wilson en California en 1994 hasta la legislación aprobada en Arizona hace unas semanas, pasando por el ofensivo proyecto aprobado por la cámara baja conocido como ley Sensenbrenner.

Concluyo recordando dos aportaciones de Bernardo Sepúlveda que, como las otras, tienen plena actualidad. La primera, la consolida-

[7] Comparecencia del secretario de Relaciones Exteriores ante el Senado de la República, 24 de noviembre de 1986, México, Senado de la República, 1986, pp. 24-25.

ción de lo que posteriormente sería el Grupo de Río que fue convocado en Acapulco en noviembre de 1987 con la participación de los jefes de gobierno de Argentina, Brasil, Colombia, Panamá, Perú, Uruguay y Venezuela. Nuevamente se hacía un esfuerzo especial por darle contenido real y práctico a la relación con América Latina. Era claro que el esfuerzo mexicano buscaba consolidar mecanismos de consulta efectivos, capaces de tender puentes para actuar en negociaciones internacionales en temas de interés común. Esta iniciativa se consolidó con la creación del Grupo de Río, el cual requiere un sacudimiento, mismo que por la vía de los hechos están realizando los gobiernos sudamericanos, sin la presencia mexicana.

En efecto, el dinamismo regional generado por Contadora y el Consenso de Cartagena se fue diluyendo en la década siguiente generando un marasmo burocrático tanto en las instituciones como la OEA, el BID y el SELA como en los mecanismos gubernamentales de concertación. El agotamiento del Grupo de Río, de la Cumbre Iberoamericana y de otros, provoca tedio en los jefes de Estado que asisten por inercia. Es evidente que no es la ausencia de motivos urgentes para reunirse lo que explica este desencanto, sino la falta de liderazgo para encontrar propuestas realistas y efectivas. Ése era el liderazgo que ejercía México. En estos días, Brasil, Argentina y Venezuela están en una gran actividad, en la cual no participa México desde hace cinco años; este proceso bien puede recuperar la fuerza política que se reunió en Acapulco hace dos décadas.

Como resultado de este turbulento recorrido sexenal de la política exterior, el secretario de Relaciones Exteriores impulsó una reforma legal que permitió en 1988 elevar los principios rectores de la política exterior a rango constitucional. La aprobación unánime significó el reconocimiento de las fuerzas políticas de que el comportamiento externo del Estado mexicano debía ser regulado en la Carta Magna, así como la incorporación de normas imperativas de derecho internacional que no admiten ser violentadas. La visión de largo plazo es encomiable ya que con esta decisión del constituyente permanente se eliminaba la posibilidad de que el marco de referencia que son esos principios pudiera etiquetarse o atribuirse a la conveniencia de determinado partido en el poder.

Al inicio del actual gobierno se intentó utilizar este argumento con el propósito de demeritar su presencia en la Constitución, justificando su remoción con la tesis de que eran obsoletos y representaban un obstáculo incómodo para las nuevas realidades nacionales. En su momento, Sepúlveda aseveró que "una virtud característica del conjunto de principios de la política exterior mexicana es la garantía de su continuidad aun ante circunstancias diversas, su consistencia frente a situaciones distintas y su congruencia ante realidades cambiantes". No son camisa de fuerza ni acotamientos inamovibles, son puntos de referencia para normar criterios con los que se elaboran políticas de Estado. Ante la evidencia de estas reflexiones, el gobierno del presidente Fox reconoció muy pronto la vigencia de los principios y su innegable utilidad en el quehacer internacional del país.

Esta reflexión sobre las aportaciones puntuales de Bernardo Sepúlveda puede ser un referente importante para aceptar que no hay situaciones inéditas y que México cuenta con la experiencia y los precedentes para normar su proceso de decisión en el ámbito internacional. La confusión generada por los supuestos incumplimientos de Bush y aun el periodo negro posterior al 11 de septiembre, pueden iluminarse con un repaso de lo que hizo México en circunstancias semejantes. Lo cierto es que este periodo mostró que la peor política exterior es la que abreva en la confusión, que conduce inevitablemente a la parálisis y al desprestigio del país. Eso fue lo que nunca hizo el canciller Sepúlveda.

LA PARTICIPACIÓN MEXICANA EN ESFUERZOS DE CONCERTACIÓN POLÍTICA Y ECONÓMICA

Blanca Torres Ramírez

El inicio del sexenio 1982-1988 es un momento caracterizado por una situación internacional e interna muy desfavorable para México. A las restricciones que impuso a este país su situación geopolítica desde la segunda guerra mundial, se sumaron el reavivamiento de la guerra fría y, más importante aún, la llegada de ésta una vez más al continente americano. Se entró también a uno de los periodos de mayor vulnerabilidad de México, en gran medida ligada con la denominada "crisis de la deuda externa", que lo obligaba a delicadas negociaciones con el exterior.

Si se hubiese tratado del reavivamiento de la guerra fría en otros continentes, México tal vez hubiera tenido la opción de retraerse. Sin embargo, en el conflicto estaban inmersos, de una manera u otra, algunos de sus vecinos centroamericanos. La estabilidad política y económica en esta región estaba en juego y representaba para México retos y riesgos considerables para su seguridad nacional.

Vale la pena subrayar antes que nada el esfuerzo del gobierno mexicano y el papel que en el mismo desempeñó el entonces canciller Bernardo Sepúlveda, para evitar la parálisis del Estado mexicano ante una situación tan complicada. Se intentaron distintas formas de acción. Una de ellas fue la acción concertada con otros países, al margen de los organismos multilaterales tradicionales. México fue promotor de algunos de estos mecanismos; en otros fue participante activo.

También hay que resaltar que el recurso a algunos de estos mecanismos trascendió el sexenio, facilitando a México el acercamiento a América Latina. Con ello se suavizó de alguna manera un comportamiento hacia la región que hay que calificar, como mínimo, de inconstante. Si quisiéramos ser más críticos, lo podríamos llamar espasmódico.

Si bien la mayoría de estos esfuerzos de concertación se dio con países latinoamericanos, hubo algunos que trascendieron la región. Su temporalidad y el grado de éxito obtenido también mostraron variaciones importantes. El mecanismo de Contadora, objeto del análisis del capítulo de Mario Ojeda en este mismo libro, tuvo ramificaciones que se extendieron más allá del sexenio 1982-88. Éste es el caso de la creación del Grupo de los Ocho, del Grupo de los Tres y del denominado Mecanismo de Tuxtla.[1]

Tratar de identificar las razones de la variación temporal y de la obtención de los objetivos de cada uno de ellos es útil para determinar el alcance de ese tipo de mecanismos y la conveniencia de su uso para otras situaciones y momentos. Puede servir como experiencia en la búsqueda de caminos alternativos en momentos difíciles en los cuales México recurrió al "poder suave" antes de que este concepto se pusiera de moda.

Se ha atribuido la opción por este tipo de mecanismos de concertación *ad hoc* a lo que se denominó en aquel momento "crisis del multilateralismo" o "parálisis de las organizaciones internacionales relevantes", en parte derivadas de acciones estadounidenses.[2] Ésta fue la respuesta a lo que la administración del presidente Ronald Reagan percibía como la prevalencia de la "tiranía de las mayorías" y el peso excesivo de la Unión Soviética y sus aliados en las mismas.

De una manera un tanto laxa se puede atribuir la creación del Grupo de los Seis a la "crisis del multilateralismo", ya que el objetivo último de éste era que las dos potencias reanudaran sus negociaciones de desarme. Se puede cuestionar aún con mayor base la afirmación de que esa misma crisis llevó a México a recurrir a mecanismos *ad hoc* para hacer frente a ciertos acontecimientos en América Latina. Aquí

[1] Esta idea es compartida por algunos funcionarios y diplomáticos. Hace un par de años, por ejemplo, el entonces ministro de Relaciones Exteriores de Uruguay, en una conferencia afirmó explícitamente que el "...Grupo de Apoyo a Contadora, que más tarde será la génesis del Grupo de los Ocho y posteriormente la antesala final del Grupo de Río". Didier Opertti, "La política exterior de Uruguay en el actual contexto internacional", *Revista Mexicana de Política Exterior*, núm. 67-68, febrero de 2003, p. 143.

[2] Entre éstas podemos mencionar el incremento de presiones sobre varios países para que adoptaran ciertas posiciones en las principales organizaciones internacionales y la reducción o suspensión del pago de las cuotas a algunas de ellas.

preferimos atribuir ese recurso sobre todo a la tradicional desconfianza de México hacia el organismo regional por excelencia, la Organización de Estados Americanos, actitud que se observa de manera clara prácticamente desde el momento de la creación de ese foro interamericano.

Hasta bien avanzados los años ochenta, México participó activamente en la OEA, en momentos específicos, porque ahí fue donde se debatieron y se trató de dar respuesta a los acontecimientos en distintos lugares de la región que podían tener un impacto negativo en su relación con Estados Unidos o afectar directamente a México en el ámbito interno.[3] Tales son los casos de Guatemala (1954), Cuba (1959-64) y República Dominicana (1965).[4] En otras palabras, la actividad de México en el foro interamericano, en esas décadas, fue de clara índole reactiva y buscaba generar equilibrios externos e internos.[5]

Esta búsqueda de equilibrios en los niveles interno y externo la encontramos también en el recurso a los mecanismos de concertación *ad hoc* en el sexenio de Miguel de la Madrid, en el que la intensa actividad mexicana en la región fue estimulada por la percepción de amenazas a la seguridad del país originadas por el conflicto centroamericano, que también influían en su relación con Estados Unidos y en la vida política interna del país.

LA INICIATIVA DE PAZ Y DESARME O GRUPO DE LOS SEIS

Hay que subrayar que las tres iniciativas de concertación iniciales en las que participa México en los tiempos del canciller Bernardo Sepúl-

[3] Esa desconfianza se manifiesta desde el mismo momento de creación de la OEA. Véase Blanca Torres, *Hacia la utopía industrial*, tomo 21 de *Historia de la Revolución Mexicana*, México, El Colegio de México, 1984.

[4] Podrían incluirse también los esfuerzos mexicanos por garantizar la no proliferación de armas nucleares en América Latina (Tratado de Tlatelolco), que estuvieron sin duda ligados a la crisis de los cohetes de 1962. Sin embargo, este asunto se manejó en otros foros.

[5] La búsqueda de equilibrios en nuestra relación con Estados Unidos en ciertos temas, o si se prefiere, la distancia en ciertos asuntos respecto a las posiciones de su vecino del Norte y su contribución a la estabilidad y legitimidad política en el nivel interno, son algunas de las razones que una y otra vez han llevado al Estado mexicano a la búsqueda de la diversificación y a la respuesta a ciertos acontecimientos en América Latina.

veda —Contadora, Consenso de Cartagena y Grupo de los Seis— no estaban desvinculadas entre sí.

Comencemos con el esfuerzo de vida más breve, y que parece desligarse de los otros dos porque supera los linderos de América Latina: la Iniciativa de la Paz y Desarme o Grupo de los Seis, el cual se insertaba en la tradición de México de participar activamente en un tema de "alta política": el desarme.[6]

El Grupo se constituye en 1984, inmediatamente después de los que fueron los dos años de mayor tensión entre las dos superpotencias en el decenio de los ochentas. Hoy sabemos, no estaba claro entonces, que éstas entraban en la fase final de la guerra fría, que habría de decidirse a favor de la potencia vecina.

Anuncio de la nueva escalada militar había sido la presentación del proyecto estadounidense de Defensa Estratégica o Guerra de las Galaxias. A éste se sumaba la proliferación, profundización o internacionalización de conflictos regionales en todo el globo (rehenes estadounidenses en Teherán, invasión soviética a Afganistán, entre otros).[7]

No sólo fue su tradicional posición pacifista lo que llevó a México a participar en el Grupo de los Seis, y que vinculó esta iniciativa con los otros esfuerzos de concertación latinoamericanos y con otros de los asuntos prioritarios de México en el sexenio (la búsqueda de soluciones tanto al problema la deuda externa como a las difíciles condiciones económicas del país), también, el gobierno temía que la escalada militar pudiera introducir distorsiones en la economía internacional que podrían hacer aún más difícil la recuperación de la economía mexicana.[8]

Este Grupo enfocó sus demandas en cuestiones centrales del debate estratégico de esos momentos: la supresión de ensayos nucleares y

[6] Carlos Rico, "Hacia la globalización", en Blanca Torres (coord.), *México y el mundo, Historia de sus relaciones exteriores*, tomo VII, México, Senado de la Republica, 1ª. reimp., 2000.

[7] La Conferencia de Desarme no conseguía avanzar; ni siquiera había sido posible crear grupos de trabajo para discutir la prohibición de ensayos nucleares y la prevención de la carrera armamentista en el espacio ultraterrestre. A fines de 1983, la Unión Soviética se retiró de la mesa de negociaciones en Ginebra debido al establecimiento de misiles norteamericanos en Europa. Federico Salas L., "La política exterior de México en tiempos de la crisis del multilateralismo: la búsqueda de la paz, el desarme y el desarrollo", *Foro Internacional*, vol. XXX, enero-marzo de 1990, p. 469.

[8] El Grupo fue integrado por seis mandatarios: Raúl Alfonsín (de Argentina), Olof Palme (Suecia), Andreas Papandreu (Grecia), Indira Gandhi (India) y Julius Nyerere (Tanzania).

de la carrera armamentista en el espacio ultraterreste. Ambas estaban ligadas a los dos temas centrales del desarme: la modernización de los arsenales y el emplazamiento de sistemas desestabilizadores.[9]

Con habilidad, los seis mandatarios impusieron, por lo menos, el diálogo con las dos superpotencias. Al aceptarlo, ambas implícitamente admitieron el reclamo del Grupo de los Seis de que todos los países, como víctimas potenciales de un enfrentamiento nuclear, tenían el derecho a manifestarse contra la proliferación de armas de ese tipo.[10]

También pudo expresarse claramente la posición de los países en desarrollo en el sentido de que existían vínculos cruciales entre desarme, desarrollo y seguridad internacional.[11] Se resaltó el abismo entre los fondos destinados al gasto bélico y los orientados al apoyo al desarrollo que en última instancia, como lo subrayaba México, era una importante fuente de garantía para la paz y la estabilidad mundial, posición tradicional de nuestro país. Las superpotencias pronto reiniciaron por su cuenta el diálogo, pero también utilizaron una que otra vez al Grupo para sondear a la contraparte.[12]

CONSENSO DE CARTAGENA

El mecanismo denominado Consenso de Cartagena tuvo, desde el principio, pocas posibilidades de éxito. Se vinculó con el enorme esfuerzo mexicano de negociación de la deuda. Si bien logró cristalizar las demandas latinoamericanas de trato más justo para los países deudores, provocó entre algunos de los países acreedores el temor a la posible creación de un cártel por parte de aquéllos. La reiterada aclaración de que sólo se trataba de establecer algunos puntos en común para la negociación, no calmó los temores. Las instancias acreedoras con dili-

[9] Salas, *op. cit.*, p. 473.

[10] Claude Heller, "Tendencias generales de la política exterior del gobierno de Miguel de la Madrid", *Foro Internacional*, vol. XXX, enero-marzo de 1990, p. 392.

[11] Véase Ricardo Macouzet N., "La diplomacia multilateral de México en el gobierno de Miguel de la Madrid. Contadora, Grupo de los Ocho y Grupo de los Seis", *Foro Internacional*, vol. XXX, enero-marzo de 1990.

[12] Salas, *op. cit.*, p. 474.

gencia trataron de evitar que esto sucediera ofreciendo incentivos diferenciados.[13] Las profundas diferencias en el tamaño de los países y en los niveles de endeudamiento les facilitó la tarea.

La gran mayoría de los países, no sólo México, prefirió la negociación individual de su deuda externa. No puede hablarse de una concertación de acciones en este aspecto. Muy pronto, el tema se transfirió al Grupo de los Ocho o Grupo de Río (1986), el cual siguió insistiendo en la corresponsabilidad de deudores y acreedores, la equidad en la distribución de los costos del reordenamiento económico, y la vinculación existente entre deuda financiamiento y comercio.[14]

LAS RAMIFICACIONES DEL MECANISMO DE CONTADORA

Contadora, dijimos, dio paso en 1986 a un mecanismo de diálogo y concertación política y económica que incluyó a varios de los países más grandes de América del Sur y a México: el Mecanismo Permanente de Consulta y Concertación Política o Grupo de Río.[15] Igualmente, abrió camino tanto para el Mecanismo de Tuxtla, que incorporó a los países centroamericanos y a México, como para el Grupo de los Tres, integrado por nuestro país, Venezuela y Colombia.

¿Qué importancia han tenido estos mecanismos para México? Al principio de este texto se subrayó que, desde nuestro punto de vista, su mayor utilidad ha sido que a lo largo de casi veinte años fueron una puerta para nuestro país en sus esfuerzos inconstantes de acercamiento a América Latina.

[13] Véase Rosario Green, "La concertación en la política exterior del presidente Miguel de la Madrid: ¿hacia una nueva diplomacia multilateral?", *Foro Internacional*, vol. XXX, enero-marzo de 1990, pp. 427-434.

[14] *Ibid.*, p. 429.

[15] Aunque no lo ven explícitamente como una ramificación, también algunos analistas latinoamericanos de alguna manera relacionan este Grupo con Contadora. Por ejemplo, Luis Maira afirma que "la creación del Grupo de Río, en 1986, como un mecanismo estable de colaboración y consulta, tras la valiosa experiencia del Grupo de Contadora y el Grupo de Apoyo, ha constituido un primer engranaje para acercar las estrategias internacionales en nuestros países. Maira, "América Latina en el último tercio del siglo XX: proyectos políticos e inserción internacional", en Francisco Rojas Aravena (ed.), *Multilateralismo. Perspectivas latinoamericanas*, Santiago de Chile, Flacso/Nueva Sociedad, 2000, p. 110.

No está de más resaltar aquí el desigual interés de México en América Latina. Coincido con aquellos analistas que si bien advierten una presencia de México relativamente importante en esta región, subrayan que el grado de atención y la actividad de los gobiernos mexicanos en la misma han mostrado inconstancia o variabilidad temporal, y selectividad en cuanto a los países latinoamericanos.[16]

Habría que añadir que en los veinticinco años posteriores a la segunda guerra mundial, el acercamiento de México a América Latina, o a grupos específicos de países, según el momento, se encuadró dentro de esfuerzos más amplios de diversificación económica y política. Estos intentos, se sabe bien, correspondieron a problemas graves en la relación con Estados Unidos, aunque también podrían sumarse, en cada caso, algunas variables internas.

Esta inserción en esfuerzos más amplios de diversificación fue patente durante el sexenio del presidente Adolfo López Mateos (1958-1964), y aún más evidente en el de Luis Echeverría (1970-1976).[17] Lo mismo puede tal vez decirse del periodo de José López Portillo (1976-1982) cuando, se alega, México trató de desempeñar el papel de potencia regional. Si bien hubo este esfuerzo en la región, y México buscó también ser puente entre el Norte y el Sur, al mismo tiempo se procuró intensificar las relaciones con un puñado de países desarrollados.[18] El auge petrolero, con sus promesas de abundancia, alentaba este comportamiento mexicano y lo hacía posible.[19] Es en esta línea de acción en donde podríamos encontrar la explicación de la declaración franco-mexicana en relación con el conflicto en El Salvador.

Muy posiblemente debido a los efectos negativos de esta declaración sobre la relación de México con varios países de América Latina,

[16] Véase, por ejemplo, Guadalupe González, "México ante América Latina: mirando de Reojo a Estados Unidos", mimeo., p. 6.

[17] El único esfuerzo que sí se concentró en América Latina, específicamente en Centroamérica, fue el realizado por el gobierno de Gustavo Díaz Ordaz (1964-1970).

[18] Acercamientos a España, Francia y otros países europeos y Japón, presentación del Plan Global de Energía en la Asamblea de la ONU (1979), y copatrocinio con Austria de la convocatoria para celebrar la Reunión Internacional sobre Cooperación y Desarrollo, la denominada Cumbre de Cancún, a fin de reanudar el diálogo Norte-Sur. Véase Rico, *op. cit.*, p. 101.

[19] Esto le permitió también la utilización de instrumentos económicos en su relación con Centroamérica, entre los que resaltan el Acuerdo de San José y los apoyos económicos a Nicaragua.

fue que se procedió a la inversa bajo el canciller Sepúlveda.[20] Se procuró promover o participar en mecanismos de concertación latinoamericanos y por medio de ellos se intentó, y se logró, que países europeos se comprometieran en la búsqueda de soluciones a los conflictos de la región que, luego, permitieran el establecimiento de un diálogo con una agenda más amplia y de largo plazo.

MECANISMO PERMANENTE DE CONSULTA Y CONCERTACIÓN POLÍTICA (GRUPO DE RÍO)

El Grupo de Río, una de las ramificaciones de Contadora, fue constituido por los cuatro países miembros de este último mecanismo (Mé xico, Panamá, Colombia y Venezuela) y aquellos que habían integrado el Grupo de Apoyo (Argentina, Brasil, Perú y Uruguay).[21] Muchos analistas coinciden en considerar que contribuyó, de inicio, a que los países de América Latina recuperaran su conciencia de ser región y de las posibilidades de actuar como tal.[22] Se planteaba la conveniencia de "encontrar soluciones latinoamericanas a los problemas latinoamericanos". Rescataba su experiencia en la concertación política y económica que un tanto esporádicamente se había dado en el pasado.[23]

Este nuevo "espacio de aproximación de posiciones", como lo descri-

[20] Como respuesta, Venezuela y Colombia emitieron la Declaración de Caracas, en apoyo al gobierno de José Napoleón Duarte, y a ella se adhirieron Argentina, Bolivia, Chile, Guatemala, Honduras, Paraguay y la República Dominicana.

[21] Aun cuando este mecanismo surgió en momentos de reavivación de la guerra fría, se siguió considerando vigente al fin de ésta. Véase Francisco Rojas Aravena, "El Grupo de Río y la seguridad regional en América Latina", en Olga Pellicer (comp.), *La seguridad internacional en América Latina y el Caribe*, México, Instituto Matías Romero de Estudios Diplomáticos/Universidad de las Naciones Unidas, 1995, p. 174.

[22] No falta quien sugiera que la guerra de las Malvinas, entre otros asuntos, propició que algunos países latinoamericanos quisieran adoptar posiciones comunes que se diferenciaban de las adoptadas por Estados Unidos.

[23] Se ha señalado que fue un "reaprendizaje", y se mencionan como antecedentes la Comisión Especial Latinoamericana (CECLA), de 1964, que culminó con el Consenso de Viña del Mar de 1969. Alicia Frohmann, "Sentando las bases políticas para la integración económica: el Grupo de Río y la concertación regional", en Rolando Franco y Armando di Filippo (comps.), *Las dimensiones sociales de la integración regional en América Latina*, Santiago de Chile, CEPAL, 1999, p. 22.

bía acertadamente la Cancillería brasileña,[24] se veía especialmente útil porque no ignoraba las discrepancias profundas que dividían, y dividen, a los países latinoamericanos. Las enormes diferencias en desarrollo económico, tamaño territorial, ubicación geográfica, población y capacidad militar han impuesto distintas estrategias y prioridades.[25] La influencia estadounidense en la dinámica regional no ha sido, por supuesto, desdeñable. Se habla de "la tensión bilateral-multilateral" en la relación hemisférica para referirse a la tendencia de los países latinoamericanos a propugnar por el multilateralismo, al mismo tiempo que "buscan obtener un mayor peso y proyección sobre la base del afianzamiento de una política bilateral con relación a Estados Unidos".[26]

En materia de seguridad había diferencias y fueron surgiendo nuevas en cuanto a desarme convencional, facultades a otorgar a la Junta Interamericana de Defensa, guerra del golfo Pérsico y sobre la participación de los distintos países en operaciones de mantenimiento de la paz.[27] No menos profundas han sido aquéllas en relación con la reforma de la OEA y de la ONU, tanto en el tema de sus atribuciones en relación con la democracia como en materia de la reconfiguración del Consejo de Seguridad. Igualmente importante ha sido la falta de coincidencia en cuanto a la reestructuración de las economías de la zona y sus inserciones en bloques regionales y subregionales.[28]

Con todo, en este nuevo foro habrían de examinarse en los siguientes dos decenios cuestiones internacionales de especial interés para los gobiernos de los países miembros. También se darían a conocer anticipadamente posiciones que los estados tomarían en los foros multilaterales; se propondrían formas de solucionar problemas y conflictos que afectan a la región; y se impulsarían los procesos de integración y cooperación en América Latina.[29]

[24] Hasta los primeros meses de 2006, ésta era la descripción de este mecanismo que aparecía en la página de internet de la Cancillería brasileña.

[25] Olga Pellicer, "El multilateralismo en América Latina: retos y posibilidades", en Rojas Aravena (ed.), *Multilateralismo...*, *op. cit.*, p. 118.

[26] Rojas Aravena, "El Grupo de Río...", *op.cit.*, p. 197.

[27] *Ibid.*, p. 179, y Pellicer, *op. cit.*, p. 124.

[28] Pellicer, *op. cit.*, p. 124.

[29] Rojas Aravena, "Rol y evaluación de la diplomacia de cumbres. Construyendo el multilateralismo participativo", en Rojas Aravena (ed.), *op. cit.*, p. 40.

Los países miembros decidieron desde un principio que este mecanismo tuviera una baja institucionalización. Descansaría en reuniones periódicas entre jefes de Estado y encuentros de cancilleres y funcionarios especializados en las más diversas materias. Se reinauguraba, así, la diplomacia de cumbres, con sus indudables y bien conocidas ventajas. Se reconoce que este tipo de diplomacia favorece la creación de un clima de confianza entre mandatarios, permite establecer prioridades para las organizaciones internacionales, estimula la concentración del interés y la atención de muchos actores, y tiene fuertes impactos mediáticos.[30]

El Grupo de Río ha trabajado con altibajos a lo largo de sus casi dos decenios de existencia. Han tenido su peso en estas variaciones los cambios de gobiernos y la llegada de nuevos presidentes y cancilleres con nuevos estilos y prioridades.[31] Estas últimas reflejan también las circunstancias, retos y problemas que la región ha ido enfrentando.

Inicialmente, el asunto de interés prioritario fue la seguridad.[32] Muy pronto, el tema de la democracia y su consolidación se volvió centro de sus esfuerzos. Para el puñado de países sudamericanos que en los años ochenta iniciaron o retomaron el sendero de la democracia, el Grupo de Río fue un importante instrumento de defensa y promoción de ese modelo político. Los acontecimientos en Panamá, en 1988, y en El Salvador, en 1989, alentaron esa prioridad, lo mismo que las crisis posteriores en Venezuela, Guatemala y Paraguay.[33]

Hay que admitir que la inserción y permanencia de México en un grupo de países cuyos gobiernos sentían la urgencia de defender y promover la democracia no fue fácil, y provocó algunos momentos de roces o tensión.[34] Su tamaño y el reconocimiento a su labor diplomática

[30] *Ibid.*, p. 28.

[31] Boris Yopo, "The Río Group: Decline or Consolidation of the Latin American Concertation Policy", *Journal of Inter-american Studies and World Affaires*, vol. 33, núm. 4, invierno de 1991, p. 32.

[32] Promoción de iniciativas a favor del desarme, generación de confianza entre los miembros y búsqueda de soluciones propias a los conflictos de la región, entre otras.

[33] En 1988 se decidió que no participara Panamá, a raíz de las reclamaciones de fraude electoral. Lo mismo se decidió en el caso de Perú, a partir del denominado "autogolpe" del presidente Alberto Fujimori. Verónica Milet, "El Grupo de Río en el nuevo escenario internacional" (en internet).

[34] Al inicio de los noventa, Argentina planteó infructuosamente, en relación con el posible ingreso de nuevos miembros, que el Grupo debía caminar hacia "una asociación de países democráticos". Yopo, *op. cit.*, p. 28.

hicieron posible que se pasaran por alto las deficiencias democráticas de su sistema político.[35] Muy posiblemente, también ayudó el énfasis tradicional de México en el segundo bloque de objetivos del Grupo de Río: la promoción de acciones a favor del desarrollo económico y de una mayor equidad social, que para muchas naciones, entre ellas el propio México, no sólo son necesarias, sino indispensables, para la consolidación de un régimen democrático.

A partir de 2001, México se convirtió en uno de los más fuertes defensores de la preservación y fortalecimiento de la democracia representativa, tema que el Grupo retomó sobre todo en vista de los acontecimientos en países como Nicaragua (2004), Ecuador y Haití.[36]

Otros asuntos importantes en la agenda de este Grupo desde sus primeros años fueron la deuda, el comercio, la integración y el narcotráfico. A éstos se fueron añadiendo la batalla contra la pobreza y la corrupción, la protección del medio ambiente, los derechos de los indígenas, la lucha contra el racismo, el problema de los desastres naturales y el terrorismo internacional, entre otros. Algunos de estos temas, iniciales o recientes, no sólo se incorporaron a la agenda a instancias de México, sino que el Grupo recogió la visión de nuestro país sobre algunos de esos problemas y sobre la forma de enfrentarlos.

México llevó a ese foro preocupaciones tales como la tendencia estadounidense a la aplicación de medidas unilaterales y con efecto extraterritorial. El Grupo rechazó esas prácticas en sus declaraciones y en algunas de éstas, como en la de 1996, calificaría la Ley Helms-Burton de violatoria de los principios y normas del derecho internacional.[37]

La respuesta del Grupo no se limitó a esas declaraciones. Fueron varios los casos en los que presentó estas preocupaciones ante organismos internacionales. Así, a iniciativa del Grupo de Río y de Canadá,

[35] Esta situación ya había producido algunos roces dentro del Grupo Contadora.

[36] Es de subrayarse la actividad del Grupo de Río en la ONU en relación con este último caso, en particular en lo que se refiere al seguimiento de la Misión de Estabilización de Naciones Unidas en Haití y la entrega de los fondos ofrecidos en la Conferencia de Donantes destinados a la reconstrucción económica y a la reconciliación política en ese país.

[37] Véase, por ejemplo, la Declaración de Quito de septiembre de 1995 y la Declaración de Cochabamba de 1996. Patricia Espinosa Cantellano, "Dos mecanismos de consulta y concertación: el Grupo de Río y la Conferencia Iberoamericana", *Revista Mexicana de Política Exterior*, núm. 61, octubre de 2000, pp. 100-101.

el asunto de la Ley Helms-Burton se llevó a consulta al Comité Jurídico Interamericano. Éste aprobó por unanimidad una opinión según la cual los fundamentos y la aplicación de esta ley "no guardan conformidad con el derecho internacional".[38]

El Grupo de Río también recogió la visión mexicana de la necesidad de adoptar un enfoque integral en el caso del narcotráfico, esto es, considerar las dimensiones política, económica y social, lo mismo que la corresponsabilidad de países consumidores, productores y de tránsito.[39] México también obtuvo el apoyo del Grupo para un primer proyecto de acuerdo sobre tráfico ilícito de armas ligeras y pequeñas —con obvias ligas tanto con el narcotráfico como con el terrorismo— que, transmitido a la OEA en marzo de 1997, fue la base de la Convención Interamericana aprobada en noviembre de ese mismo año.[40]

Más aún, México contó asimismo con el apoyo del Grupo de Río para hacer avanzar en la ONU la propuesta de la Cumbre de las Drogas (Asamblea Extraordinaria de la ONU de junio de 1998).[41] El Comité Preparatorio de la misma no sólo recogió formato, temas y objetivos sugeridos por el Grupo; sino que, más importante aún, hizo suyo el enfoque integral propuesto por México.[42] En esa denominada Cumbre Mundial, a la que asistieron más de cuarenta jefes de Estado y de gobierno, se examinó el régimen internacional imperante en la materia y se aprobaron nuevos instrumentos que procuraban un mayor equilibrio entre las medidas dirigidas a reducir la oferta y las destinadas a eliminar la demanda de drogas ilícitas.[43] En fechas más cercanas, podemos mencionar la coordinación de actividades y acciones del Grupo en la Conferencia Mundial contra el Racismo y su apoyo para la realización de la Conferencia Internacional sobre Financiamiento

[38] *Ibid.*, p. 100.

[39] Para enfrentar el problema, se afirmó, debería participar la comunidad internacional en su conjunto, al requerirse acciones que también abarcaran, junto al tráfico de armas, el lavado de dinero y la venta ilegal de insumos químicos.

[40] Pellicer, *op. cit.*, p. 123.

[41] Previamente con su apoyo había logrado "el endoso formal de la primera Cumbre de las Américas y de la quinta Cumbre Iberoamericana". Miguel Ruiz-Cabañas Izquierdo, "El combate contra el narcotráfico", *Revista Mexicana de Política Exterior*, núm. 61, octubre de 2000, p. 240.

[42] Espinosa Castellano, *op. cit.*, p. 102.

[43] Ruiz-Cabañas Izquierdo, *op. cit.*, p. 240.

del Desarrollo de Monterrey y su seguimiento de los compromisos adquiridos en esta última.[44]

En materia de desarme y de seguridad internacional, es de subrayar la posición concertada del Grupo, manifestada en relación con la preparación de "Un Programa de Paz" por parte del secretario general de las Naciones Unidas.[45] En ella se recoge la tradicional posición mexicana sobre la importancia del desarrollo económico y social para el proceso de consolidación de la paz y la seguridad internacionales. La vinculación entre el gasto en armamentos y la paz y el desarrollo había sido ya recogida en la Declaración de Santiago de 1993. En ella se insta al cese de los ensayos nucleares —por medio de un tratado multilateral que estableciera la prohibición total— y a la reorientación de los cuantiosos fondos destinados al armamentismo hacia esfuerzos para la paz y el desarrollo.[46]

Esfuerzos como ésos son ejemplo del buen grado de concertación que el Grupo de Río alcanzó en algunos momentos en la ONU.[47] Se dice que en la primera fase de su existencia era común la práctica de consulta y coordinación entre los delegados de los ocho países en esa organización, a veces sin esperar las instrucciones específicas de sus ministerios.[48] Desde hace un buen tiempo, es en este grupo donde los países de América Latina discuten las posiciones a tomar como región en las distintas comisiones de la ONU.[49] En esta organización, el Grupo de Río se convirtió en el principal interlocutor latinoamericano.

[44] Ha hecho también propuestas sobre mecanismos financieros innovadores.

[45] Esta posición se expresó en carta al secretario general de los representantes del Grupo de Río, del 26 de mayo de 1992. Véase Margarita Diéguez, "Los mecanismos regionales para el mantenimiento de la paz y la seguridad hemisférica", en Olga Pellicer (comp.), *La seguridad internacional en América Latina y el Caribe*, *op. cit.*, p. 170.

[46] Rojas Aravena, "El Grupo de Río...", *op. cit.*, p. 195.

[47] Como un ejemplo adicional de concertación, podemos mencionar el que se dio alrededor de la Cumbre Mundial sobre Desarrollo Social, que condujo a la creación del Grupo de Expertos sobre pobreza, desempleo y marginalidad. Este proceso de consulta culminó con la Declaración de Buenos Aires sobre el cumplimiento de los compromisos de la Cumbre de Copenhague, que hicieron los ministros encargados de desarrollo social de los países del Grupo de Río. Pellicer, *op. cit.*, p. 123.

[48] Yopo, *op. cit.*, p. 31.

[49] Se afirma, incluso, que en el Grupo Regional para América Latina y el Caribe (GRULAC) de hecho se discuten ya pocos temas, siendo el más destacado, el de las candidaturas comunes.

En poco más de un decenio, el Grupo de Río se convirtió también en el principal interlocutor de América Latina y el Caribe con otras regiones y países".[50] No sólo es la contraparte de la Unión Europea (UE) en la Cumbre Euro-latinoamericana y del Caribe (ALC-UE), también ha establecido diálogos con Rusia, India, China y con el Consejo de Países del Golfo, entre otros.[51]

La práctica de buscar la comunicación y el apoyo de otros bloques regionales o países específicos, a los que se llega con posiciones concertadas, ha tenido logros tangibles. Se habla de que la acción concertada ante la CEE-UE favoreció la equiparación de América Latina con Asia en la distribución del presupuesto de la Comunidad para países no asociados.[52] A mitad de los noventa, la UE se convirtió en el primer donante de ayuda al desarrollo de América Latina. En los mismos años, el diálogo entre ambas regiones estimuló el establecimiento de programas plurianuales para la promoción de inversiones europeas directas, para la formación técnica y para intercambios académicos y científicos, entre otros. Además, hizo posible la inclusión de América Latina en los financiamientos del Banco Europeo de Inversiones (BEI).[53] Ese diálogo político también condujo a la creación de grupos de trabajo para discutir temas de interés económico para la región latinoamericana, como el acceso de bienes al mercado comunitario.[54]

Funcionarios mexicanos ven también como uno de los ejemplos exitosos de la capacidad de concertación del Grupo de Río, la adop-

[50] En palabras de Rojas Aravena: "Los jefes de Estado y de Gobierno de los más variados sistemas políticos de la región le han asignado un rol primordial", en "Rol y evaluación de la diplomacia de cumbres…, *op. cit.*, p. 40.

[51] Eso llevó a que a fines de los años noventa a un investigador asociado de Flacso y que fuera subsecretario de Defensa chileno, lo considerara ya "el principal interlocutor de la región con otras regiones". Véase Gabriel Gaspar, "El multilateralismo latinoamericano de la posguerra fría", en Rojas Aravena (ed.), *Multilateralismo…*, *op. cit.*

[52] A finales de 1995 se logró que la proporción asignada por la CEE para América Latina pasara de 35 a 50%. Judith Arrieta Munguía, "El diálogo político entre América Latina y el Caribe y la Unión Europea", *Revista Mexicana de Política Exterior*, núm. 58, octubre de 1999, p. 22.

[53] Véase la mención de estos y otros logros, en Arrieta Munguía, *op. cit.*, pp. 22-25.

[54] Aunque se precisa que fue la liberalización económica, los ajustes de políticas macroeconómicas y el dinamismo de las economías latinoamericanas lo que favoreció la buena disposición comunitaria para comenzar a negociar acuerdos de asociación económica o de libre comercio con países y subloques de la región. Arrieta Munguía, *op. cit.*, p. 44.

ción de una posición regional común en la primera Cumbre (ALC-UE) "para impulsar un proceso de liberalización comercial y una negociación integral tanto en la OMC como a nivel birregional".[55] Igualmente, mencionan el plan de acción global contra las drogas acordado en la Cumbre de 1999.[56]

En lo que se refiere a seguridad en este diálogo político, la Unión Europea Occidental (UEO) incorporó como temas prioritarios varios de los que interesan a los países latinoamericanos: el reforzamiento de la democracia, la protección de los derechos humanos, los procesos de integración y el problema del narcotráfico.[57] La cuestión del desarme que por largo tiempo ha interesado a México también fue en los noventa tema frecuente en la agenda de estas reuniones.[58]

En cuanto a los retos que el Grupo de Río ha enfrentado, podemos mencionar sus dos ampliaciones: la de 1990, cuando se incorporaron Chile, Ecuador, Bolivia y Paraguay, por un lado, y Centroamérica y el Caribe, por el otro; la segunda, diez años después, cuando se integraron individualmente, a instancias de México, los países centroamericanos y la República Dominicana.[59] Esta ampliación implicaba, por supuesto, ventajas en términos de representatividad, pero también planteó retos importantes en cuanto a agenda y posiciones.[60]

La "maleabilidad de procedimientos y grado mínimo de institucionalización", que han sido vistos como elementos que favorecen el funcionamiento del Grupo de Río, no dejan de tener desventajas. Como otros mecanismos de este tipo, su problema es el seguimiento de las acciones concertadas, esto es, su puesta en práctica. Este problema pareciera acentuarse en el caso del Grupo de Río por la adopción de la fi-

[55] Carlos A. de Icaza, "La identidad latinoamericana de la política exterior de México", *Revista Mexicana de Política Exterior*, núm. 61, octubre de 2000, p. 76.

[56] El cual recogía los principios de responsabilidad compartida, enfoque equilibrado y participativo, desarrollo sostenible y respeto a la soberanía de los estados, que emanaron de la Cumbre Mundial. Ruiz-Cabañas Izquierdo, *op. cit.*, pp. 243-244.

[57] Pellicer, *op. cit.*, p. 122.

[58] Arrieta Munguía, *op. cit.*, p. 25.

[59] El último país en adherirse fue Belice, en 2005.

[60] El argumento de México para apoyar esa inclusión fue precisamente el fortalecimiento de la representatividad. Véase De Icaza, *op. cit.*, p. 74.

gura de un secretariado rotatorio.[61] Sin embargo, esto se atenúa un poco gracias a la presencia de latinoamericanistas en las cancillerías, que mencionamos.[62]

Este mecanismo, como toda diplomacia de cumbres, comparte con las instituciones multilaterales tradicionales problemas de articulación, de agregación, de socialización y de transacción.[63] Igualmente, los compromisos que se adquieren no tienen carácter vinculante, sino que su cumplimiento depende de la voluntad política de los miembros.

En fechas más recientes, el Grupo ha enfrentado un reto muy significativo: la proliferación de nuevos mecanismos de este y otros tipos en los niveles regional, continental o intercontinental, que llevan a la sobreposición de agendas. La participación en tantos foros representa un peso excesivo para las cancillerías, sobre todo las de los países pequeños.[64]

Reto igualmente importante para la relevancia y cohesión del Grupo de Río parece ser el de la conversión de algunos de estos espacios de diálogo, como aquel que se tiene con la UE, en mecanismos más permanentes. Lo mismo sucede con mecanismos de origen distinto, como la Conferencia Iberoamericana (que no sólo incluye a España y Portugal, sino a Cuba) y la Cumbre de las Américas. Éstos cuentan no sólo con mayores recursos económicos, sino que han avanzado un poco más en la institucionalización.[65]

Otro reto, sin duda también significativo, ha sido el avance de los procesos de integración económica subregionales en el continente, siguiendo el patrón aceptado de "regionalismo abierto". Desde un principio se impuso la definición del papel del Grupo de Río frente a ellos. En 1990 se había llegado a una solución de compromiso. Se acordó

[61] La sede del Secretariado Pro Témpore es el país anfitrión de la reunión. Se forma una "troika" integrada por este último, por el país que organizó la reunión anterior y por el que lo hará en la siguiente.

[62] Pellicer, *op. cit.*, p. 121.

[63] Francisco Rojas Aravena, "Rol y evaluación de la diplomacia de cumbres...", *op. cit.*, p. 26.

[64] Se habla de cerca de doscientos mecanismos de muy variado tipo en América Latina.

[65] El primer mecanismo fue establecido en 1991, en ocasión del quinto centenario del descubrimiento de América o "Encuentro de dos culturas". Contó, a partir de 1999, con el Secretariado de Cooperación Internacional Iberoamericana, sustituido en 2005 por la Secretaría General Iberoamericana. Ésta es ahora la responsable de organizar la cumbre anual junto con el Secretariado Pro Témpore. La Cumbre de las Américas tiene a la OEA como mandatario.

que el Grupo de Río quedaría como foro de discusión y marco general para la acción conjunta en la esfera económica; las políticas específicas se reservarían a países individuales o acuerdos subregionales.

Dada la vinculación de los asuntos económicos con algunos de otro tipo, ese compromiso representaba, por supuesto, el riesgo de que el Grupo de Río llegara a ser irrelevante y, en momentos, ése pareció ser el caso. Por añadidura, la creación de otras agrupaciones, como la Comunidad Sudamericana de Naciones, ambicioso proyecto de largo plazo, generó nuevos retos, por lo menos de articulación.[66]

Sin embargo, funcionarios de distintos países, entre ellos varios diplomáticos mexicanos, han insistido en mantener al Grupo de Río como instancia de negociación o, al menos, como "reserva estratégica", como "espacio para eventuales concertaciones".[67] Con la intención de preservarlo, se han hecho esfuerzos para revisar procedimientos y temas.[68] El último intento se hizo con la creación de un Grupo de Alto Nivel que en marzo de 2005 presentó sus conclusiones que parecen razonables.

En aspectos operativos se sugirió el acotamiento de la agenda de los presidentes a temas puntales; la agilización de la actividad de la "troika" —en la que el Grupo descansa entre reuniones— a fin de lograr consensos rápidos y eficaces ante crisis coyunturales, y no reducir la concertación al espacio de Naciones Unidas. Importante es el señalamiento de que, dados los múltiples procesos de integración en que sus miembros están trabajando, el Grupo de Río debe encontrar su "propia especificidad sin pretender asumir tareas que corresponden a otros

[66] Expresión de los ambiciosos fines de largo plazo de esta Comunidad, en la que México y Panamá participan como observadores, es la frase del entonces presidente del Perú: "Estamos aquí para volver realidad el sueño de Simón Bolívar...Pronto tendremos una sola moneda, un solo pasaporte, tendremos un parlamento con representantes directamente elegidos por esta nueva nación que estamos creando hoy (Alejandro Toledo, 8 de diciembre de 2004).

[67] Adrián Bonilla, "Difíciles afectos: multilateralismo e interdependencia en la región andina", en Rojas Aravena (ed.), *Multilateralismo...*, *op. cit.*, p. 152.

[68] En 1999 se adoptó el Acta de Veracruz en la que se aceptaban una serie de medidas para agilizar el funcionamiento del Grupo y para fortalecerlo, que incluían el espaciamiento de las reuniones de mandatarios y una mayor frecuencia de las de cancilleres. Se insistió, eso sí, en mantener "su naturaleza flexible e informal, así como el principio de adopción de decisiones por consenso. En esta acta se incluyen también las principales posiciones de consenso a las que los miembros habían llegado en los primeros quince años del Grupo. *Acta de Veracruz*, XIII Reunión del Grupo de Río, 1999.

foros". Pero sí debe mantenerse como espacio de debate de las consecuencias políticas de la integración regional y de la eventual interconexión entre diferentes esquemas.

Sin embargo, 2005 cerró con augurios poco favorables para el Grupo de Río. La Cumbre de presidentes de ese año no se llevó a cabo. Se habla de "cansancio de cumbres", al que se habrían sumado las dificultades de Argentina para manejar dos cumbres (ésta y la de las Américas) en un periodo corto. Sin embargo, las dificultades que enfrentó la reunión de presidentes celebrada en Guyana en 2006 sugieren no sólo problemas de logística sino desacuerdos más profundos. El pesimismo de algunos observadores sobre su sobrevivencia tiene buen sustento.

MECANISMO DE DIÁLOGO Y CONCERTACIÓN DE TUXTLA

El Mecanismo de Diálogo y Concertación de Tuxtla, dijimos antes, puede verse como una segunda ramificación de Contadora, como su heredero natural. Los países miembros de esta última dejaron en las manos apropiadas, las centroamericanas, encontrar la salida última al conflicto regional.

Los nuevos caminos que comenzaron a recorrer los países centroamericanos no eliminaron el convencimiento del Estado mexicano de que una presencia constante en la zona, tal vez más discreta, era conveniente. Con su posición de que la cooperación para el desarrollo era la mejor forma de apoyar a Centroamérica en su lucha por consolidar la paz en la región, México optó por el reforzamiento de sus canales de colaboración con esos países. Esto se sumaría a su participación en esfuerzos multilaterales con el mismo propósito: Pacto de San José y Comité de Apoyo al Desarrollo Económico y Social de Centroamérica.[69]

Para dar coherencia a los variados, pero dispersos, esfuerzos que se hicieron en la segunda parte del decenio de los ochenta, se llegó en 1990 a la creación de la Comisión Mexicana para la Cooperación con

[69] Este último, dentro del marco del Sistema Económico Latinoamericano. De acuerdo con el primero, México y Venezuela estaban proveyendo a la región de petróleo a precios preferenciales. Marco A. Alcázar y Laura Mora Barreto, "El Mecanismo de Tuxtla y Centroamérica en la política exterior de México", *Revista Mexicana de Política Exterior*, núm. 61, octubre de 2000, p. 270.

Centroamérica.[70] Se intentaría coordinar así las acciones de dos docenas de dependencias federales mexicanas. Éstas quedarían a cargo de medio millar de proyectos o acciones de cooperación de diversa envergadura en los sectores de infraestructura, desarrollo agropecuario, comunicaciones y transportes, medio ambiente, gestión pública, educación y ciencia y tecnología.[71]

Bien recibida en Centroamérica esa iniciativa mexicana, según expresaron cinco mandatarios de la región en la declaración de Puntarenas, se dio paso a la Reunión Cumbre México-Centroamérica, de enero de 1991. En esta denominada Cumbre de Tuxtla I, habría de firmarse el Acuerdo General de Cooperación y asumirse el compromiso de establecer comisiones binacionales entre México y cada uno de los países asistentes: Costa Rica, El Salvador, Guatemala, Honduras y Nicaragua.[72] Igualmente, se aceptó la propuesta de negociar un Acuerdo de Complementación Económica, a fin de crear una zona de libre comercio entre los seis países centroamericanos y México.[73]

La siguiente Cumbre tardaría otros cinco años en llevarse a cabo. Sin embargo, a partir de ella las reuniones se realizarían de manera más sistemática. Una rápida ojeada a las mismas nos permite observar la recomposición de las relaciones de los países del istmo y de México con la región.

En la segunda Cumbre no sólo participaron Belice y Panamá, ausentes en la primera, sino que la Cumbre de Tuxtla II se planteó como reunión entre México y Centroamérica. Los países del istmo daban así muestras de su compromiso de avanzar en la integración.[74] La res-

[70] Tendría a su cargo la promoción, coordinación y evaluación de los proyectos de dependencias federales y la coordinación con los esfuerzos de gobiernos estatales y municipales y organizaciones sociales que llevan a cabo acciones en la región.

[71] De Icaza, *op. cit.*, p. 81.

[72] A partir de ella se elaboró el Programa Mexicano de Cooperación con Centroamérica (económica, técnico-científica y educativa-cultural).

[73] Una serie de circunstancias llevaron al abandono de esta idea y a la firma de acuerdos comerciales bilaterales de México con Costa Rica y Nicaragua y, años más tarde, en 2000, a otro firmado entre México, El Salvador, Guatemala y Honduras. Aldo Flores Quiroga, "El Tratado de Libre Comercio Triángulo del Norte-Mexico", *Revista Mexicana de Política Exterior*, núm. 62-63, junio de 2001, p. 85.

[74] En 1993, se había constituido el Sistema de la Integración Centroamericana (SICA) y en 1994 se firmó la Alianza para el Desarrollo Sostenible. Alcázar y Mora Barreto, *op. cit.*, p. 272.

puesta fue la adopción de un enfoque integral y regional de esa cooperación.[75]

En la reunión se decidió crear el Mecanismo de Diálogo y Concertación, que se adecuaba bien al objetivo último de México de impulsar la construcción de una asociación privilegiada con los vecinos del sur. Esa asociación se planteaba como objetivos el análisis conjunto, de forma periódica, de los asuntos regionales y mundiales, el logro de consensos regionales sobre temas de interés común, el fortalecimiento de las relaciones económicas y el impulso a proyectos de dimensión regional. Una Comisión de Alto Nivel quedó encargada de dar seguimiento a los compromisos asumidos por los mandatarios.[76]

Para asegurar ese seguimiento, evitar la dispersión de esfuerzos y favorecer una perspectiva regional, en la siguiente Cumbre se designó a la Secretaría General del Sistema de Integración de Centroamérica (SICA) como la contraparte de la Secretaría Técnica de la Comisión Mexicana para la Cooperación con Centroamérica.[77]

La relación con Centroamérica descansaría desde entonces en tres pilares: el Mecanismo de Tuxtla, el Acuerdo de San José de 1985, con sus compromisos en materia de energía (el de México y Venezuela de proporcionar petróleo a los países de Centroamérica y el Caribe en condiciones ventajosas y con la posibilidad de canalizar parte de la factura petrolera a proyectos de desarrollo), y los acuerdos comerciales, ya fueran bilaterales o con un grupo de países, que se firmaron en los siguientes años.[78]

La tercera Cumbre adoptó una agenda amplia, pero con compromisos concretos de cooperación sobre comercio, inversiones, turismo sustentable, protección del medio ambiente, agricultura, ganadería, asuntos migratorios y combate al narcotráfico, entre otros.

[75] De Icaza, *op. cit.*, p. 74.

[76] Alcázar y Mora Barreto, *op. cit.*, p. 273.

[77] *Ibid.*, p. 275.

[78] De esta forma, al finalizar los años noventa el monto de los recursos mexicanos de cooperación para la región ocupaban el tercer lugar, después de los de Taiwán y Estados Unidos. Enrique Berruga Filloy, "La política mexicana de cooperación internacional", *Revista Mexicana de Política Exterior*, núm. 61, octubre de 2000, p. 261.

Estos dos últimos, junto con el de las respuestas a los desastres naturales, se convirtieron muy pronto en vertientes destacadas de la cooperación. La promoción de proyectos de desarrollo en zonas expulsoras de migrantes y un memorando de entendimiento entre México y los siete países centroamericanos y el Programa de las Naciones Unidas para la Fiscalización Internacional, se encuentran entre las acciones tendientes a enfrentar dos de esos problemas prioritarios.[79] También destacan los programas relativos a la educación, a las formas de enfrentar problemas urbanos y aquellos relativos a la protección del medio ambiente.[80]

El gobierno de la alternancia del presidente Vicente Fox encontró en el Mecanismo de Tuxtla una vía para su acercamiento a la región. Este mecanismo se convirtió en el marco en el que se planteó el Plan Puebla-Panamá, en junio de 2001, cuyo objetivo era profundizar en los esfuerzos previos, impulsando el desarrollo a partir de una serie de proyectos de infraestructura.[81] Como el propio primer canciller del sexenio expresaría, el gobierno buscaba con el mismo "consolidar un sentido de comunidad" con América Central, "región prioritaria para la política exterior del presidente Fox", y confirmar "el liderazgo regional de México... y su compromiso con el desarrollo de las naciones" de la zona.[82] Pronto se plantearon distintas iniciativas y comenzó a hablarse de una "asociación privilegiada mesoamericana".[83] Entre

[79] Alcázar y Mora Barreto, *op. cit.*, p. 278.

[80] En materia de educación vale la pena mencionar la capacitación de profesionales en distintas áreas y un proyecto de telesecundaria que para el año 2000 beneficiaba a cerca de 24 000 alumnos. En el aspecto ambiental hay que resaltar el proyecto Corredor Biológico Centroamericano, que comprende una red de áreas protegidas y zonas de amortiguamiento, y que ha recibido financiamiento del Global Environmental Fund, el Banco Mundial y el Programa de Naciones Unidas para el Desarrollo, etc. Berruga Filloy, *op. cit.*, p. 261, y Alcázar y Barreto, *op. cit.*, pp. 279-280.

[81] El Plan Puebla-Panamá se planteó como capítulo del Mecanismo de Tuxtla. Flores Quiroga, *op. cit.*, p. 89.

[82] "Palabras del secretario de Relaciones Exteriores, Jorge G. Castañeda, durante su comparecencia ante Comisiones de la Cámara de Senadores con motivo del análisis del Segundo Informe de Gobierno del presidente Vicente Fox Quesada", *Revista Mexicana de Política Exterior*, núm. 67-68, febrero de 2003, p. 184.

[83] Entre ellas, las de desarrollo sustentable, desarrollo humano, prevención y mitigación de desastres naturales, de facilitación del intercambio comercial, de integración vial, de interconexión energética y de integración de los servicios de telecomunicaciones. Una medida más que refleja el interés de México en la región es su ingreso al Sistema de Integración Centroamericana, en calidad de observador regional, en noviembre de 2004.

los proyectos más ambiciosos recientemente incluidos en ese esquema hay que destacar aquel que se centra en la integración energética de la región, en el que se planteó inicialmente no sólo la participación de México, sino también de la Colombia y Venezuela. Otros proyectos importantes se refieren a integración en transportes y comunicaciones.[84] El avance socioeconómico de la región vecina, íntimamente ligado a la seguridad de la misma, siguen siendo, como era de esperarse, el objetivo de las acciones mexicanas.

Hay que precisar, sin embargo, que en los últimos años surgieron incentivos para ampliar este mecanismo y así poder incluir, en una u otra forma, a otros países más o menos cercanos: la República Dominicana, Ecuador y Colombia. Antes de seguir adelante, habría que hacer una evaluación más minuciosa que la que aquí se intenta, no sólo del funcionamiento del mecanismo, sino de las posibles alternativas.[85]

GRUPO DE LOS TRES

Esta urgencia de evaluación a profundidad también se impone en el caso del Grupo de los Tres. Este Grupo, integrado por tres de los ex miembros de Contadora, Colombia, México y Venezuela, fue establecido en 1989.[86] Dos eran sus objetivos, de acuerdo con su Plan de Acción inicial: el primero, avanzar hacia la integración económica entre sus miembros, por ramas de actividades específicas, en particular en el nivel bilateral y en lo posible en el trilateral; el segundo, la consolidación de la cooperación económica, cultural, científica y técnica de los tres países hacia Centroamérica y el Caribe.[87] Apenas un año después, el Grupo adoptó un nuevo objetivo: fomentar el diálogo, la consulta y

[84] El futuro de este esquema dependerá de lo que suceda en el caso del Grupo de los Tres, del cual acaba de separarse Venezuela, como mencionaremos posteriormente.

[85] Se habla, entre otras, de un mecanismo, sin precisar de qué índole, que incluya a los países latinoamericanos con litoral al Océano Pacífico.

[86] Los tres países anunciaron su creación en la V Conferencia Ministerial de los países de Centroamérica, los estados miembros de la CEE y los países del Grupo Contadora.

[87] <http://www.sre.gob.mx/dgomra/gtres/g3_1.htm>

la concertación política entre sus miembros para buscar soluciones a problemas comunes.

Pronto se fueron precisando objetivos específicos, que en materia económica se orientaron a la elaboración de un amplio acuerdo de liberalización comercial trilateral. En este renglón es donde se observan los avances más considerables de este Grupo, ya que en junio de 1994 se llegó a la firma de un tratado. Éste, en cierto grado, va más allá del libre comercio.

Entre 1995, cuando el tratado entró en vigor, y el año 2000 se registró un crecimiento de alrededor de 47% en el comercio entre los tres países. También hubo un aumento importante de las inversiones mexicanas en los dos países. Igualmente, se observaron algunos avances en el segundo objetivo del Grupo, esto es, en la adopción de proyectos relevantes de cooperación trilateral en beneficio de los países de Centroamérica y del Caribe.[88]

A pesar de ello, la percepción recurrente de que este Mecanismo estaba siendo desaprovechado llevó a los tres países en ciertos momentos a realizar evaluaciones de su funcionamiento —por ejemplo, en 1997-1998 y en junio de 2000.[89] En este último año se instaló el Comité Trilateral de Reflexión Siglo XXI que, a partir de esa evaluación, debía proponer recomendaciones para un mejor aprovechamiento del potencial de cooperación, integración económica y concertación política en todos los ámbitos.[90]

En 2001, el recién llegado canciller Castañeda planteó también "sacar de su letargo" al Grupo y reactivarlo como foro privilegiado de in-

[88] Se establecieron trece grupos de alto nivel, contándose entre los más activos en fechas recientes los de Energía, Medio Ambiente, Educación, Cultura, y Prevención y Atención de Desastres y Calamidades. Finanzas, Comercio, Ciencia y Tecnología, Pesca y Acuicultura, Transporte y Turismo son otros de ellos. En fechas recientes no estaban operando los de Comercio, Cooperación con Centroamérica y el Caribe y Telecomunicaciones y Programa de Intercambio de Residencias Artísticas, etc. De Icaza, *op. cit.*, p. 75, y< http://www.-sre-gob.mx/dgomra/gtresg3_2.htm>

[89] A partir del primero, México presentó una evaluación y propuesta para el fortalecimiento político del Mecanismo que llevaron a la suscripción, por parte de los tres países, del Comunicado de la Isla Margarita, con recomendaciones para el fortalecimiento del Grupo. <http:www.sre.gob.mx/dgomra/gtes/g3_.htm>

[90] Esto, a pesar de que hasta 2005 se habían llevado a cabo cerca de una veintena de reuniones de nivel presidencial, medio centenar de nivel de cancilleres y frecuentes reuniones de nivel viceministerial y de coordinadores nacionales.

terlocución y concertación política y de cooperación de México con los otros dos países.[91] Los esfuerzos de renovación y actualización de este Grupo, se afirmaba, habría que orientarlos hacia la incorporación de "nuevos y más ricos matices de cooperación política".[92]

Este planteamiento fue recogido en la declaración de los presidentes de abril de 2001.[93] En ella se habla también de impulsar el intercambio comercial y los flujos de inversión, y de incorporar mejor en el proceso a la pequeña y mediana industria; esfuerzo, este último, que bien convendría a México.

Sin embargo, los acontecimientos políticos en los tres países, los distintos caminos por los que transitan, han constituido un freno a esas pretensiones. Mientras que en 2004,[94] Panamá iniciaba un proceso de integración al Grupo de los Tres, en mayo de 2006, el gobierno venezolano optaba por denunciar el Tratado de Libre Comercio que los une, denuncia enmarcada en su intento de reorientar su estrategia de integración regional, aunque también con claros visos simbólicos.[95] De hecho, Venezuela ya había enviado un claro mensaje al no asumir la presidencia del Grupo que le correspondía desde el otoño de 2005.

COMENTARIOS FINALES

Dada su permanencia por un lapso considerable, vale la pena subrayar las ventajas y desventajas de los tres mecanismos relacionados con América Latina. Han permitido el diálogo directo y exclusivo, a inter-

[91] Jorge G. Castañeda, "Política exterior de México: principales ejes de acción", *Revista Mexicana de Política Exterior*, núm. 62-63, p. 143.

[92] Gustavo Iruegas, "Las relaciones de México con América Latina y el Caribe, *Revista Mexicana de Política Exterior*, núm. 61-63, p. 19.

[93] Véase <http://www.sre.gob.mx/dgomra/gtres/Documentos/01-caracas.htm>

[94] Se adhirió a las áreas de diálogo político y cooperación, quedando pendiente su adhesión al TLC.

[95] No hay acuerdo sobre si la denuncia, que debía surtir efecto en noviembre de 2006, era necesaria por incompatibilidad entre el mismo y la integración de ese país como miembro de pleno derecho al Mercosur o se trató de un gesto sobre todo simbólico. Lo mismo sucede con el retiro venezolano, casi simultáneo, de la Comunidad Andina de Naciones.

valos más o menos regulares, entre los mandatarios de la región y de algunas subregiones. Los presidentes han podido conocer de manera anticipada las posiciones de cada gobierno, lo mismo que las presiones y dificultades que pudiera enfrentar en un determinado momento alguno de los mandatarios. En ciertos asuntos importantes se ha podido llegar a la elaboración conjunta de iniciativas a presentar en organismos internacionales, regionales y aun mundiales. También se han adoptado posiciones comunes ante otros mecanismos de diálogo con países fuera de la región.

Mayores obstáculos ha enfrentado la adopción de una estrategia similar en el caso de la relación con Estados Unidos. Sin embargo, el Grupo ha impulsado algunas iniciativas y adoptado algunas posiciones en organismos internacionales que, de hecho, han tenido como principal destinatario a esa gran potencia. Algunas de ellas fueron impulsadas por México, país que de esa forma buscaba la concertación de esfuerzos multilaterales a fin de hacer frente a problemas que han afectado de manera negativa su relación con Estados Unidos y que se considera no pueden enfrentarse adecuadamente sólo de manera bilateral. México no sólo logró que el Grupo promoviera iniciativas que le interesaban en el nivel de América Latina, en algunos casos logró impulsar una respuesta en un nivel más amplio. Estas ventajas para México se unen a aquella que, dijimos, es tal vez la más importante para este país: permiten suavizar, hasta cierto punto, el desigual interés de México en la región.

Los tres mecanismos comparten con otras instituciones internacionales el problema de la generación de un número excesivo de iniciativas que a veces se superponen. También propician la saturación de las agendas presidenciales, sobre todo por la proliferación de mecanismos parecidos que han surgido en los últimos diez años. El tipo de secretariado rotatorio da lugar a los usuales problemas de seguimiento, lo que sólo se aminora, hasta cierto punto, por el impulso que los mismos mecanismos han dado a la generación de funcionarios con conocimientos e interés en América Latina o en sus subregiones, en las distintas cancillerías del área.

Los nuevos caminos que los países de las distintas subregiones latinoamericanas recorren desde hace algún tiempo en materia de integración económica, que conlleva un buen grado de concertación política, sin duda son los retos más fuertes para la sobrevivencia que hoy día enfrentan tanto el Grupo de Río como el Grupo de los Tres.

Sin embargo, todavía hay quienes defienden la permanencia del Grupo de Río, sobre todo como espacio de concertación política. Podríamos decir que esto se debe a simple inercia. Sin embargo, en el fondo también revela el sentimiento de funcionarios y analistas de países de la región de que ésta necesita equilibrios; que la balcanización o fragmentación subregional tiene sus riesgos.

Esto lleva a una pregunta de respuesta nada fácil, que demanda una discusión a fondo que no debe ser pospuesta: ¿cuál debe ser el papel de México en la región en momentos en que, se alega, se han reducido los espacios de convergencia entre nuestro país y los de Sudamérica, y más aún los del Cono Sur?

No sólo hay que plantear esta pregunta desde el punto de vista de México. A principios de 2006, un ex presidente sudamericano subrayaba que México, por su peso, tiene que desempeñar un papel de equilibrio dentro del espacio latinoamericano. Demandas similares, veladas o abiertas, procedentes de la región se han escuchado a lo largo del tiempo.

Es más claro el interés que México tiene en América Central, lo mismo que el papel que requiere desempeñar en esta región. De ahí que, aunque con ciertos momentos de aletargamiento, se observa un esfuerzo más o menos constante por tener presencia en la zona y en buscar los canales más adecuados para ello.

El Mecanismo de Tuxtla no sólo le facilita su acción en una región en la que el interés es, o era, compartido por nuestro poderoso vecino, Estados Unidos. Haber surgido como una iniciativa de y para los mandatarios centroamericanos y su énfasis en la coordinación de los esfuerzos de cooperación, también ayuda a suavizar la suspicacia sobre la presencia mexicana en la zona que, si bien se ha ido aminorando, no se ha desvanecido por completo. Le permite acompañar un proceso de integración centroamericano, que a fin de cuentas puede serle benéfico en tanto contribuya a garantizar la estabilidad económica y política de sus vecinos inmediatos. Seguirlo haciendo dentro del Mecanismo de Tuxtla o transformando éste para incorporar a otros países de las zonas vecinas al istmo, requiere una reflexión un poco más profunda que incorpore la evolución de los acontecimientos en América Latina en su conjunto.

De los casos aquí mencionados, la experiencia indica que han sido o fueron, en su momento, útiles. Sin embargo, el hecho de que existan en la actualidad prácticamente dos centenares de organismos y mecanismos en el ámbito regional, con agendas traslapadas, sugiere tanto la idea de las dificultades para eliminarlos, como la necesidad imperiosa de una revisión a fondo de todos ellos y la selección de los que habría que ir suprimiendo, aunque fuese paulatinamente.

BERNARDO SEPÚLVEDA Y EL GRUPO CONTADORA

Mario Ojeda Gómez

Bernardo Sepúlveda se ha destacado en la vida, profesionalmente, en muy diversos campos. Ha practicado, con mucho éxito, la docencia universitaria, la investigación académica, el arbitraje nacional e internacional, así como la diplomacia. A partir del presente año, Sepúlveda añadirá un nuevo campo a su ya rica carrera profesional: la judicatura internacional. Le deseo mucho éxito en el desempeño de esta nueva empresa, que conlleva una alta responsabilidad.

Para rendirle justo reconocimiento por su brillante carrera profesional, he decidido participar en este homenaje recordando un hecho destacado de su actuación como diplomático: la creación del Grupo Contadora. Sepúlveda fue uno de los arquitectos de este grupo fundado en enero de 1983, en la isla panameña de Contadora, por Colombia, Panamá, Venezuela y México. El fin del grupo era coadyuvar a la distensión y pacificación de Centroamérica en momentos de una grave crisis regional.

Empezaré por recordar que hacia principios de los años ochenta los conflictos en Centroamérica habían creado un foco de tensión internacional que amenazaba con el estallido de una conflagración generalizada. El apoyo concedido por el gobierno revolucionario de Nicaragua, desde sus inicios, a los grupos guerrilleros en El Salvador; la presencia en territorio de Honduras, con la connivencia de su gobierno, de los restos de la Guardia Nacional del gobierno de Somoza, que habían logrado reagruparse tras su derrota en 1979 y que empezaron a incursionar en Nicaragua a partir de 1981; la apertura en 1983 de un segundo frente en contra del gobierno revolucionario de Nicaragua en la frontera con Costa Rica, que contaba con la tolerancia del gobierno de ese país; y la escalada de la guerra interna en Guatemala desde 1982, constituyen los principales elementos que se conjugaron para crear el peligro de una guerra generalizada en Centroamérica.

A esto se añade el hecho de que Cuba y otros países del bloque socialista habían decidido otorgar su apoyo al gobierno revolucionario de Nicaragua en forma de asesores militares y de transferencia de armas y en consecuencia, indirectamente, a los revolucionarios de El Salvador. Por su parte, Estados Unidos brindaba apoyo financiero y en armas, tanto a los elementos contrarios al gobierno revolucionario de Nicaragua como a los gobiernos de Honduras y El Salvador. Por otra parte, Estados Unidos habría de emprender un amplio despliegue militar en la región, mediante la presencia de contingentes de sus fuerzas armadas y la apertura de bases militares en territorio hondureño; con la presencia continua de barcos de su flota de guerra en aguas adyacentes a las costas de Centroamérica; y con el envío de asesores militares a Honduras y El Salvador.

Esta situación conflictiva amenazaba no solamente la paz entre países centroamericanos, sino que amenazaba también la paz de toda la región. En última instancia podía convertirse en parte importante de la confrontación Este-Oeste y en tal medida conllevaba el peligro de alterar, incluso, la paz internacional. Por otra parte, los conflictos centroamericanos tenían repercusiones negativas en los países vecinos: en México, por ejemplo, en forma de migraciones masivas de personas desplazadas por la violencia y de incidentes de sangre en sus fronteras. Por todo ello era de prever que el estallido de una guerra generalizada tuviera consecuencias aún más graves, como la polarización interna de sus sociedades y la expulsión masiva de refugiados.

Ante esta situación, el gobierno de México decidió involucrarse activamente en la política de la región, en forma diplomática, como gestor de una paz negociada. En un principio, las gestiones de México fueron aisladas y más bien casuísticas. Más tarde, a principios de 1982, México presentó, en forma unilateral, una propuesta que ya era en cierta forma un plan general de distensión. Hacia finales de 1982 insistiría nuevamente en sus propuestas de distensión, esta vez con el gobierno de Venezuela. Sin embargo, todo resultó inútil. Las partes interesadas continuaron desoyendo los llamados de paz.

Con estos antecedentes, al acceder a la Presidencia de la República Miguel de la Madrid, en diciembre de 1982, decidió iniciar un gran esfuerzo para la paz en Centroamérica. Este esfuerzo habría de tener cuatro características básicas: ser sistemático y permanente; involucrar por igual en los esfuerzos de paz a todas las partes implicadas en los conflictos de manera directa o indirecta; tener un marco estrictamente latinoamericano; y llevarse a cabo junto con varios países de América Latina. La consecuencia de esta decisión fue el surgimiento del Grupo Contadora, la asociación de Colombia, Panamá, Venezuela y México, para llevar a cabo una acción concertada hacia la paz en Centroamérica. En el caso de México, tal acción constituyó un grado de compromiso internacional sin precedente en su política exterior y su brazo ejecutor fue Bernardo Sepúlveda.

El 9 de enero de 1983 los cancilleres de los cuatro países involucrados sellaron el compromiso de actuar conjuntamente en busca de la pacificación de la región, después de considerar otras iniciativas de paz como poco viables debido a su carácter excluyente, que no tomaba en cuenta a todas las partes involucradas en los conflictos. Además, emitieron un comunicado mediante el cual hacían un llamado urgente a los países centroamericanos a reducir tensiones por medio del diálogo; expresaban preocupación por la injerencia foránea en el conflicto en forma directa e indirecta; y advertían sobre lo indeseable que resultaría inscribir los conflictos centroamericanos en la confrontación Este-Oeste.

La paz en Centroamérica se firmó después de que llegaran a su término el gobierno de Miguel de la Madrid y la gestión de Bernardo Sepúlveda como canciller de México. Sin embargo, su esfuerzo no fue inútil.

Si bien Contadora fue acusada en su momento de muchos defectos y debilidades, su participación fue de gran utilidad para la distensión. Por ejemplo se dijo, con mucha frecuencia, que Contadora había llegado a los límites de su propia acción; que no tendría éxito mientras Estados Unidos y Cuba no lo quisieran; que los documentos de paz propuestos, mientras más detallados, más inviables serían de ser firmados. Por otra parte se dijo también que, al carecer de poder real, la acción diplomática de Contadora tendería a agotarse en su propia retórica.

Es posible que hubiera algo de verdad en todas estas aseveraciones. Sin embargo, también es verdad que Contadora, con sus esfuerzos, obtuvo logros concretos de importancia. Desde sus inicios, Contadora contribuyó a poner orden en medio de la anarquía provocada por la excesiva injerencia política de actores externos a la región. Hasta entonces, Centroamérica se había visto plagada de acciones partidarias encontradas, de parte de una multiplicidad de actores ajenos a la región, tales como gobiernos, partidos políticos, confesiones religiosas y aun instituciones y grupos de poder privados.

Por otra parte, Contadora pudo unificar las diversas iniciativas de paz que hasta entonces habían presentado, en forma aislada o conjunta, varios países latinoamericanos. Pero más notable aún es que haya logrado unificar las iniciativas de otros actores, formales e informales, de distintas latitudes.

Lo más importante, sin embargo, es que Contadora logró, desde el principio, persuadir a los cinco gobiernos centroamericanos de sentarse a la mesa de negociaciones para dialogar acerca de sus diferencias. De aquí que Contadora, desde sus inicios mismos, haya ayudado a fomentar la distensión, al generar un clima propicio y mantener vivo el diálogo.

Por otra parte, Contadora fue un factor importante para evitar una conflagración generalizada y también es verdad que coadyuvó a inhibir una invasión abierta de Estados Unidos. Adicionalmente, puede decirse que fue un factor de moderación en el caso de Cuba, de los sandinistas y de los otros gobiernos de la región, en particular el de Guatemala. Pero fundamentalmente, Contadora constituyó una opción —quizá la única— al vacío diplomático en la región. Por todo ello, Contadora se ganó el apoyo y solidaridad casi total de la comunidad internacional.

Aparte de todos estos éxitos, que se anotan en el haber de su labor pacificadora, Contadora debe verse como algo más que una iniciativa de paz. Contadora significó, para sus cuatro miembros, un proceso de aprendizaje y maduración en cuanto a los procedimientos de la acción diplomática concertada. Desde este punto de vista, no se puede desdeñar la utilidad de Contadora como vía de aprendizaje para ganar la autoconfianza y la solidaridad entre países latinoamericanos. Contadora pudo demostrar que es posible actuar conjuntamente superando los diferentes puntos de vista. Así, por ejemplo, dado que México contaba con la confianza de los sandinistas al momento de fundarse Contadora, los gobiernos de Colombia, Panamá y Venezuela causaban, por su parte, menos recelo y sospechas entre los otros países centroamericanos. Esto, indudablemente, hizo posible que el esfuerzo de intermediación pudiera despegar.

Por otra parte, Contadora logró unificar tras de sí prácticamente a todos los países de América Latina. Cosa muy distinta aconteció respecto al caso de Cuba en los años sesenta. En aquella ocasión, la gran mayoría de los países latinoamericanos se rindió desde un principio ante los embates de las presiones de Estados Unidos. Otros se fueron quedando en el camino y sólo México resistió hasta el final las presiones para un rompimiento de relaciones con el gobierno cubano. Pero aun así, México no mantuvo el mismo ánimo de cooperación en sus relaciones bilaterales con Cuba. Claro está que los casos de Cuba y Centroamérica no son enteramente iguales. Sin embargo, en el caso de Contadora se observó un clima diferente. Casi todos los países latinoamericanos estuvieron unidos en torno a la defensa de la autodeterminación en Centroamérica y América Latina en general.

El objetivo de esta solidaridad pareció ser, en última instancia, no tanto la defensa del socialismo o de la democracia plural y la economía mixta, sino fundamentalmente la defensa del derecho a la autodeterminación de América Latina frente a Estados Unidos, la Unión Soviética y otras injerencias del exterior. Esto explicaría, al menos en parte, la razón por la que se insistió en que fuera Contadora y no la OEA o la ONU, quien se encargara de los esfuerzos de paz de Centroamérica.

La concertación de las acciones diplomáticas de los cuatro países de Contadora, fue quizá la primera en la historia de la cooperación política en América Latina que logró sobrevivir tanto tiempo. Contadora logró sobrevivir incluso frente a cambios de gobierno en sus propios países miembros, lo cual constituye una marca sin precedente. Éste es el caso de los dos cambios operados en Panamá y en Venezuela. El caso de Venezuela es aún más importante si se toma en cuenta que allí no se trató simplemente de un cambio de gobierno, sino que incluyó también un cambio de partido. En todo caso, la prueba de fuego para los miembros de Contadora habría de venir más bien con el cansancio y el desgaste político que significaba una negociación que parecía no tener fin.

Contadora fue acusada, como ya se mencionó, de utópica y poco realista, bajo el argumento de que mientras Estados Unidos no lo quisiera, la consecución de una paz negociada no sería posible en Centroamérica. Sin embargo, desde el punto de vista de Estados Unidos, la alternativa de una solución militar rápida al problema era igualmente utópica. El ejército salvadoreño y los "contras" no tenían la capacidad militar suficiente para infligir una derrota decisiva al adversario, como tampoco la tenían sus enemigos. Para ello, hubiera sido necesaria la intervención abierta y masiva de las fuerzas armadas de Estados Unidos. Pero Washington estaba políticamente limitado para llevar a cabo una acción militar abierta y "definitiva", pues no contaba para ello con el consenso necesario del Congreso y de la opinión pública norteamericanos. Quedaba entonces, como única opción, la guerra de desgaste, el bloqueo económico y la desestabilización política, en pocas palabras, la lucha prolongada. Es aquí, justamente, donde la alternativa de Contadora cobró mayor realismo, pues la negociación resultaba la única forma viable para salir del pantano de una lucha sin triunfadores.

Para México, Contadora significó la voluntad de continuar la práctica de una política exterior comprometida y participativa, así como una diplomacia activa. Pero, además, hubo una innovación: México dejó de actuar en soledad y concertó su acción política con la de otros países.

BERNARDO SEPÚLVEDA, DOCTRINA Y PRÁCTICA DE LA POLÍTICA EXTERIOR MEXICANA

Soledad Loaeza Tovar

El anuncio de la elección de Bernardo Sepúlveda como juez de la Corte Internacional de Justicia fue recibido por nosotros, sus colegas y estudiantes del Centro de Estudiantes Internacionales, con orgullo. Quisimos organizar un homenaje que expresara la satisfacción de que un miembro de nuestra comunidad haya recibido tan merecida distinción a su carrera como jurista y como diplomático. Su nuevo encargo también es el reconocimiento de sus tareas académicas, como lo fue en su tiempo para Hersch Lauterpacht, el teórico del derecho internacional de la Universidad de Cambridge, en cuya tradición se formó Bernardo Sepúlveda en la segunda mitad de los años sesenta;[1] ahora complementará su contribución al derecho internacional con el ejercicio efectivo de la práctica jurisprudencial en el marco de la Corte Internacional de Justicia. En el Centro de Estudios Internacionales también hemos querido hacer patente nuestra admiración por un compañero —que en mi caso fue primero un maestro— que ha sabido conjugar con mucho éxito la academia y la función pública.

No es éste un logro menor porque aunque las actividades en la administración pública del profesor Sepúlveda también han sido intensas y

[1] En 1966 Bernardo Sepúlveda obtuvo el grado de maestría en derecho internacional en la Universidad de Cambridge, donde la influencia de Lauterpacht se mantenía vigente no obstante su muerte en 1960. El juez Lauterpacht propuso en 1945 el establecimiento de una Carta Internacional de Derechos Humanos que tuvo una influencia decisiva sobre la Convención Europea de Derechos Humanos que se firmó en 1950. Hizo muy importantes contribuciones al desarrollo de la teoría del derecho internacional, todas ellas inspiradas en la idea de que la importancia de la jurisprudencia tendía a reducir el peso de los teóricos. Véase Iain G.M. Scobbie, "The Theorist as Judge: Hersch Lauterpacht's Concept of the International Judicial Function", *European Journal of International Law*, vol. 8, núm. 2, pp. 1-31.

continuas, nunca fueron un obstáculo para que llevara a cabo sus tareas como maestro con asiduidad y consistencia. Al contrario, sus clases de derecho internacional público siempre se han visto enriquecidas por su experiencia en la práctica de organismos internacionales y de la política exterior mexicana. La prominencia que ha alcanzado en esos terrenos hacen de sus cursos un privilegio en vista del papel sobresaliente que el profesor Sepúlveda ha tenido en la historia de las negociaciones internacionales y en la política exterior mexicanas en los últimos treinta años.

No obstante, en mi visión de la biografía de Bernardo Sepúlveda su trayectoria en El Colegio se impone sobre los otros caminos que ha recorrido en su vida profesional. Incluso cuando fue nombrado secretario de Relaciones Exteriores en 1982 la noticia fue recibida, otra vez, como un acontecimiento que nos involucraba a todos aquí, y lo cierto es que al frente de la Secretaría, el profesor Sepúlveda siguió siendo un colega. Así que, cuando me invitaron a participar en este homenaje lo primero que me vino a la mente fue su dedicada participación en la vida de nuestro Centro durante cuatro décadas, no obstante los paréntesis que introdujeron sus actividades de representación de México en la Embajada en Washington, en la titularidad de la Secretaría de Relaciones Exteriores y de la Embajada en Londres. A pesar de los cargos que ha ocupado siempre ha vuelto a su casa, a El Colegio, a dar su clase, a participar en los seminarios internos sin pedir tratamiento especial ninguno. En el curso de derecho internacional público de Sepúlveda se ha formado casi la mitad de las generaciones de internacionalistas que han egresado de este Centro; su desempeño como maestro es un ejemplo de inteligencia, seriedad y dedicación, cualidades todas ellas que le han ganado nuestro agradecimiento y respeto.

En mi participación voy a sumarme a quienes han hablado de Bernardo Sepúlveda como constructor de una tradición de política exterior que según muchos legos y no pocos doctrinarios, no existe. Pero antes, si me lo permiten, voy a compartir con ustedes el ejercicio de memoria que fue para mí, parcialmente al menos, la preparación de esta intervención que quiero que sea también un reconocimiento al maestro concienzudo, meticuloso y deferente que recuerdo, y que guardo en mi memoria como un modelo de pulcritud y de consideración hacia sus estudiantes.

Fui alumna de Bernardo Sepúlveda en el primer curso de derecho internacional público que impartió en El Colegio en la primavera de 1970. Su tarea no era sencilla. Los estudiantes de la cuarta generación de Internacionales bien sabíamos que estábamos ahí para adquirir una herramienta central para el ejercicio de la profesión de internacionalista; pero llegábamos a ese curso a unos cuantos meses de que el gobierno de Gustavo Díaz Ordaz diera prueba de la enorme distancia que separaba la práctica de gobierno de la ley y de la vigencia del derecho. El profesor Sepúlveda se enfrentaba también a la difícil labor de guiar nuestros primeros pasos en el mundo de las normas y de las instituciones internacionales, después de las lecciones muy convincentes de realismo político que nos había impartido el profesor Mario Ojeda. Él nos había enseñado que en el mundo desigual del poder internacional, poco era lo que podían hacer los débiles frente a los fuertes. El profesor Sepúlveda tenía que convencernos de que la ley servía para emparejar a los disparejos.[2] El éxito de su empeño estaba comprometido por el tipo de auditorio que tenía frente a sí, pues éramos, si no incrédulos, al menos simplemente indiferentes en relación con normas y leyes cuya utilidad nos parecía más que relativa. Para colmo de males, la mayoría de nosotros no veía su futuro en la Secretaría de Relaciones Exteriores. Eso sí, para nosotros el profesor Sepúlveda era el diplomático por antonomasia, y es probable que esta imagen haya terminado por inspirar a más de uno.

Sin embargo, entonces, aunque ustedes no lo crean, todavía eran muchos los que pensaban que cualquier día se irían a la guerrilla, andaban por las nubes queriendo escribir poemas revolucionarios —o bíblicos—, se entrenaban para ser mejor baterista que Charlie Watts o superar al guitarrista de los Rolling Stones, Keith Richards. Baste decir que uno de los estudiantes de entonces, y de los más distinguidos, tuvo a bien responder a las preguntas semestrales del profesor Sepúlveda, introduciendo en cada caso un epígrafe de los Beatles. Ejercicio que el profesor supo ponderar con buen humor y despliegue de conocimiento de las fuentes citadas.

[2] Véase Bernardo Sepúlveda, "Los intereses de la política exterior", en César Sepúlveda (comp.), *La política internacional de México en el decenio de los ochenta*, México, Fondo de Cultura Económica, 1994, p. 18.

No sé si los cursos de internacional público o simplemente la vida misma reorientó a los descaminados, lo cierto es que hoy en la que fue mi generación hay más embajadores y funcionarios o académicos, que músicos o guerrilleros. Lo que sí sé es que como maestro Bernardo Sepúlveda era siempre didáctico, ordenado, paciente y claro, clarísimo en exposiciones puntuales en las que exponía el pensamiento de Vitoria, Suárez, Grocio, Kelsen, las proposiciones de Lauterpacht respecto a la permanencia y a la necesaria indeterminación de la norma frente al hecho político contingente. Sepúlveda nos hacía leer tanto a Bowett como a Brierly, a Kaplan y Katzenbach, a Castañeda de la Rosa, a Gómez Robledo y a Miaja de la Muela. Explicaba las fuentes del derecho internacional, la creación de las instituciones internacionales en los siglos XIX y XX, el desarrollo de las conferencias internacionales; y, sin abandonar la perspectiva del jurista, destacaba el impacto de la política sobre la regla jurídica, y subrayaba que en términos de creación del derecho, las doctrinas de los internacionalistas cada vez contaban menos que las decisiones de los tribunales.

El profesor Sepúlveda, conocedor de su materia, sabía que su principal adversario era la aridez de muchos de los temas. Para ahuyentarla recurría a todo tipo de instrumentos. Por ejemplo, en el análisis de casos daba muestras de gran conocimiento histórico para describir y explicar las implicaciones y los dilemas que había generado el asesinato del representante de Naciones Unidas en Palestina en 1948 así como la acción de la Corte Internacional de Justicia; o cuando para despertar a los adormilados recurría a expresiones populares que se disparaban como una sorprendente luz de bengala en un discurso cuidadoso y bien pensado, en el que sabíamos que cada una de las palabras había sido cuidadosamente escogida; así, de repente, en medio de la exposición de los mecanismos legales a que habría recurrido México para resolver alguna controversia, saltaba la afirmación de que el gobierno se había visto obligado a pagar "chillando el águila". Igualmente divertidos resultaban los exámenes en que nos pedía una opinión acerca de los diferendos territoriales entre Ruritania, Utopia e Inmaculada; los problemas legales entre las empresas antipodanas y las de Quirurgia, o el asunto siempre espinoso del reconocimiento del gobierno de Fisicia, por parte de su hostil vecino, Bituria. Países todos ellos cuya geografía nos entreteníamos en imaginar, para luego discutir entre nosotros sus posibles diferencias culturales y sus ritos, sobre todo en materia amorosa.

Injusta sería yo si atribuyera al maestro Sepúlveda mi conocimiento actual del derecho internacional público, pues el objeto de la ciencia política, a lo que finalmente me dediqué, es más el poder que la norma. En cambio, quiero agradecerle lo que, al igual que Mario Ojeda, Rafael Segovia y Prodyot Mukherjee, me enseñó acerca de cómo es y debe ser un buen maestro.

Hoy en la mañana, al iniciarse esta jornada, Bernardo Sepúlveda nos invitó a mirar hacia delante. Cuando se refirió a "los quebrantos" de la política exterior mexicana actual tocó un tema en el que muchos de nosotros reconocemos una zona de devastación que requiere una urgente reconstrucción, pues no puede quedarse en un terreno baldío a merced, otra vez, de los improvisados, y planteó temas de reflexión en torno a la política exterior mexicana, en relación con la integración económica, el desarme y las relaciones con América Latina. Aunque no mencionó explícitamente la relación entre política exterior y política interna, infiero que se refería a ella cuando habló de la ausencia de consensos como uno de los asuntos urgentes del futuro. En consecuencia, voy a centrar en este tema mis reflexiones a propósito de las contribuciones de Bernardo Sepúlveda al desarrollo de una teoría de política exterior, porque ocupó un espacio muy amplio en su gestión al frente de la diplomacia mexicana en los años 1982-1988; creo también que en este terreno hizo aportaciones de largo alcance que merecen ser repensadas hoy, a la luz de los fracasos de la política exterior mexicana en tiempos de democracia.

Cuando Bernardo Sepúlveda fue designado secretario de Relaciones Exteriores hizo un esfuerzo notable por clarificar y por conceptualizar la relación entre política interna y política exterior. A pesar de que su punto de partida era la continuidad de esta última y su estrecha relación con las tradiciones políticas mexicanas, creo que durante la gestión de Sepúlveda en la Cancillería, la diplomacia experimentó, al igual que muchas otras instituciones y políticas en el país, una importante transición que consistió en el esfuerzo por desarrollar un vínculo explícito entre la política interna y la política exterior, hasta entonces inexistente. En ese sentido puede hablarse de una discontinuidad en la diplomacia mexicana en el periodo 1982-1988. El resultado más importante de este esfuerzo fue la propuesta de Sepúlveda de introducir el concepto de "seguridad nacional" como la fórmula que recogía la idea de que, cito:

> La política nacional debe ser entendida como una unidad con manifestaciones distintas, aunque coherentes, expresadas ya sea en el ámbito interno o en el externo. La política nacional es una sola, y, desde esta perspectiva, la acción de México en el exterior deberá convertirse en un instrumento del desarrollo interno frente a las relaciones de poder económico y político prevalecientes en el exterior.[3]

Si hacemos a un lado las críticas que el recurso a la noción de seguridad nacional provocó cuando fue expuesto por primera vez, dadas sus connotaciones y su asociación con los regímenes militares de la época, cabe entender que el canciller Sepúlveda trataba de recoger en esa fórmula la idea de que los cambios en el contexto internacional y, sobre todo, en la relación y en la posición de México en la estructura internacional, obligaban a que temas que antes eran considerados de exclusivo interés interno habían desarrollado vinculaciones con el exterior. Por ejemplo, la defensa de los recursos naturales, el desarrollo económico como un factor decisivo en la defensa de la soberanía nacional o la migración, cada uno de los cuales, planteaba, era un puente entre la política interna y la exterior. Asimismo, según él, la solución de algunos de los más urgentes problemas nacionales era imposible a menos de que se movilizaran recursos internacionales. Se trataba de integrar la política exterior a los esfuerzos para el desarrollo del país.

Aquí encuentro una notable diferencia con el pasado, cuando el objetivo de la política exterior era la defensa de la soberanía y de la autodeterminación. No obstante, poco se hablaba de ella como un instrumento para la promoción del desarrollo. Por ejemplo, durante las conversaciones preparatorias de la Conferencia de Chapultepec en fe-

[3] Bernardo Sepúlveda, "Reflexiones sobre la política exterior de México", *Foro Internacional*, núm. 96, vol. XXIV-4, abril-junio de 1984, pp. 409-410.

brero de 1945, son notables las diferencias entre el entonces secretario de Relaciones Exteriores, Ezequiel Padilla, y los miembros de la Secretaría de Hacienda, como Ramón Beteta. Los documentos de las reuniones preparatorias que se celebraron entre representantes de Washington y funcionarios mexicanos, muestran diferencias tan importantes entre estos últimos que uno pensaría que pertenecían a países distintos. Mientras Padilla ofrecía a su contraparte estadounidense la voluntad de su gobierno de presentar una posición conjunta con relación, por ejemplo, a un conflicto con el gobierno argentino, los funcionarios de la Secretaría de Hacienda rechazaban las propuestas de Washington en materia de liberación arancelaria.

Entre 1970 y 1982, los gobiernos de Echeverría y López Portillo intentaron resolver las contradicciones y vincular las políticas interna y exterior o, más bien, trataron de hacer de la segunda un instrumento de la primera. Sin embargo, no lograron educar a la opinión pública en la necesidad de construcción de un nuevo paradigma en materia de política exterior, uno que asumiera el fin del México relativamente aislado del pasado y su plena inserción en mercados y foros internacionales; no obstante, en esos años la mayoría del país siguió viendo la diplomacia mexicana como un tema ajeno a sus preocupaciones cotidianas, relevante sólo para unos cuantos, cuando no era vista exclusivamente como pretexto para el engrandecimiento personal del presidente en turno.

Si miramos al desempeño de la diplomacia mexicana en los años posteriores a la segunda guerra mundial, resulta difícil encontrar una política de gobierno que en forma explícita y consciente diseñara la relación entre política interna y política exterior. Había desde luego decisiones y asuntos internacionales que afectaban la vida interna del país. Pensemos cómo el combate a la fiebre aftosa entre 1947 y 1949, que fue un tema muy importante en las relaciones entre México y Estados Unidos durante el sexenio de Miguel Alemán, afectó profundamente la vida de muchas regiones del campo mexicano, pero no fueron pocos los que pasaron por alto la dimensión bilateral del problema, concentrados en su impacto local. Más todavía, la importancia potencial del factor externo en la solución de problemas internos quedaba oculta por el modelo de desarrollo proteccionista y por un sistema político autoritario, que se rehusaban a buscar en el exterior soluciones, porque lo consideraban innecesario.

Así, durante décadas la diplomacia mexicana corrió por un registro independiente de los acontecimientos y las instituciones de la política interna, mientras ésta se desenvolvía más o menos al abrigo de miradas y comentarios indiscretos. En más de una ocasión la inconsistencia que privaba entre ambas fue señalada por los opositores del autoritarismo, dado que entre ambas mediaba una notable disonancia, como la que retumbaba entre la defensa de los valores democráticos en el exterior y la violación de esos mismos valores internamente. De ahí que no fueran pocos los críticos que señalaran la "esquizofrenia" de un país cuya política exterior no reflejaba su realidad interna, y, peor todavía, en mucho la contradecía. Los representantes mexicanos en los organismos internacionales se comportaban casi como suizos: hacían una defensa impecable de la soberanía nacional, del derecho a la autodeterminación, de la igualdad de los miembros de la comunidad internacional, de la primacía de la norma jurídica, de la solución pacífica de controversias. Sin embargo, el régimen autoritario que negaba el pluralismo de la sociedad, afianzado en el fraude electoral y en la hegemonía de un solo partido, poco tenía que ver con la democracia suiza.

Ahora me voy a permitir citar a nuestro colega Humberto Garza quien cuando discutimos el tema, lo planteó con una metáfora que me parece muy apropiada: "Sí, la política interna y la exterior eran como dos hermanas que se dejaron de ver casi desde recién nacidas, que platicaban poco entre ellas, rara vez asistían a la misma reunión familiar y, cuando así ocurría, casi no tenían conversación porque tenían muy poco en común. Finalmente, cuando cumplieron cincuenta años las sentaron en la misma mesa y las obligaron a conocerse y a ponerse de acuerdo". Si esta metáfora es válida, entonces podemos extenderla y mirar a Bernardo Sepúlveda como el padrino de la reconciliación de estas señoras que llevan varios años tratando de ponerse de acuerdo.

En 1984 el canciller Sepúlveda escribió:

> La política exterior es parte del proyecto nacional de desarrollo. Vincular de manera coherente y eficaz el desempeño internacional de México a los esfuerzos para impulsar el crecimiento económico, el mejoramiento so-

cial y la democratización política y cultural del país, es hoy un imperativo de la más alta prioridad para el gobierno mexicano y para la comunidad nacional en su conjunto.[4]

Con este propósito, el gobierno del presidente De la Madrid inscribió la política exterior dentro del sistema de planeación, buscando entre la política interna y la externa una coherencia que nadie había encontrado hasta entonces indispensable.

La relación entre política interna y política externa no es obvia. En ocasiones se dice que la segunda es una proyección de la primera: una democracia tendrá en sus relaciones con el mundo exterior un comportamiento fundado en los principios de igualdad y libertad (expresada como respeto a la autonomía de decisión de los demás miembros de la comunidad internacional) que rigen su forma de gobierno. La experiencia de Estados Unidos desmiente rotundamente esta propuesta: el país democrático por antonomasia —no obstante la persistencia de la esclavitud como una institución nacional hasta después de la segunda mitad del siglo XIX—, en el exterior actúa conforme a los dictados y a las posibilidades de la ley del más fuerte, impone sus decisiones y atropella sin mayor escrúpulo los derechos de terceros. Ejemplos de este comportamiento abundan en la historia del hemisferio. Entre los más dramáticos y escandalosos puede citarse el apoyo a los golpistas que provocaron la caída del presidente chileno Salvador Allende y a los opositores al gobierno de los sandinistas en Nicaragua, y desde luego, la guerra contra el terrorismo y contra Iraq.

La desvinculación entre la política interna y la externa tampoco es una particularidad mexicana. Para el presidente De Gaulle había un vínculo: la política interna era la base de la política exterior. Al igual que otros, distinguía entre la "baja política", la que hacían los partidos, en la que veía sólo una mala comedia en la que actores de la legua intercambiaban simulacros de golpes y diálogos plagados de lugares comunes. Se refería a todo esto como "la intendencia", la administración de asuntos ordinarios que involucraban ínfimas ambiciones personales, en la que no debían involucrarse los intereses del Estado. En

[4] Bernardo Sepúlveda, "Reflexiones...", *op. cit.*, p. 407.

cambio, su pasión era la "alta política", la de los grandes estadistas, que sin estorbos menores podían poner en pie proyectos trascendentales de ordenamiento del poder mundial, fuera del alcance de las vulgaridades de las luchas locales. Le interesaba sobre todo hacer valer "una cierta idea de Francia" frente a las dos superpotencias de su época, Estados Unidos y la Unión Soviética, y su liderazgo en Europa. No en balde, cuando diseñó el régimen semipresidencialista que establece la Constitución de la V República, reservó amplias facultades de política exterior para el presidente de la República, a diferencia de los regímenes parlamentarios donde en ese terreno el jefe de Estado tiene apenas funciones ornamentales. Confiado en la grandeza de su país, en la de su proyecto y en la propia, tomaba sus decisiones más audaces en el exterior, aquellas que lo enfrentaron al poderoso aliado estadounidense, con la certeza de que *l'intendance suivra*. Es decir, hiciera lo que hiciera en el exterior, el presidente De Gaulle estaba convencido de que como todo era por el interés nacional, tal y como él mismo lo había definido, las fuerzas políticas internas lo apoyarían porque nadie dudaba de la grandeza de su proyecto.

La propuesta de Sepúlveda de afianzar y explicitar el vínculo entre política interna y política exterior era mucho más que una disquisición académica o un ejercicio retórico. Su planteamiento tiene que mirarse a la luz del contexto internacional de los años 1982-1988 cuando fue responsable de la diplomacia mexicana. La situación en el exterior y los acontecimientos internos generaban un cuadro muy complejo de exigencias para el gobierno delamadridista, que contaba con recursos muy limitados para enfrentarlas. Un somero recuento de algunos de los principales factores que dominaban la dinámica internacional en esos años permite imaginar la dimensión de los retos que se presentaban al gobierno mexicano: la crisis de la deuda —que se inició en México en febrero de 1982 para luego extenderse al resto de América Latina— y una severa crisis de la economía mundial, la agudización de los conflictos centroamericanos derivados de la revolución sandinista y de los combates de la guerrilla salvadoreña, el agresivo avance del narcotráfico y la ofensiva de la política de Washington contra Moscú, que reanimó la carrera armamentista entre las dos superpotencias. Simultáneamente, las severas dificultades financieras del gobierno mexicano, que culminaron con la suspensión de pagos internacionales en agosto de 1982, provocaron una creciente inestabilidad en el sistema político que hasta entonces había encontrado un sólido sustento en tasas relativamente altas de crecimiento económico. Se inició un proceso de movilización y organización de las oposiciones que minó las bases de la continuidad autoritaria; las divisiones en el seno de la opinión pública incrementaban las dificultades de la acción gubernamental.

La noción de que era necesario definir una doctrina de "seguridad nacional" para México debe ser vista como respuesta a una situación de emergencia creada por contextos adversos que comprometían tanto la recuperación de la economía mexicana como la estabilidad interna. Sepúlveda creía que era necesario ver en la política exterior una continuación de la política interna, y por consiguiente proponía introducir en ambas la consistencia que se derivaba de su incorporación en un concepto de seguridad que las englobara a ambas, y que el *Plan nacional de desarrollo, 1983-1988* había definido en los siguientes términos:

> ...es preciso considerar a la nación en su totalidad, sus proyectos, su aparato productivo, su modelo de desarrollo, sus instituciones, a fin de determinar el objeto y el medio en que se asiente la política de seguridad... [Al existir] una unidad subyacente [de México], cabe formular una política integral de seguridad, que se base en lo externo en los propósitos de paz y justicia de nuestra política exterior y en el desarrollo integral en el ámbito interno.[5]

El gobierno de De la Madrid aspiraba a hacer de esta noción de "seguridad nacional" la piedra de toque del consenso interno que habría de reemplazar al que se había derrumbado durante los dramáticos episodios de las crisis financiera y política de 1982. De ahí que, a iniciativa presidencial, el Congreso de la Unión haya elevado a rango constitucional los principios de la política exterior mexicana: la autodeterminación de los pueblos, la no intervención, la solución pacífica de controversias, la prohibición del uso de la fuerza, la igualdad jurídica de los estados, la cooperación internacional para el desarrollo y la lucha

[5] Citado en Bernardo Sepúlveda, "Los intereses de la política exterior", *op.cit.*, p. 19.

por la paz y la seguridad internacionales.[6] No obstante, el descontento que se había extendido entre amplios sectores de opinión a principios de los ochenta fue un obstáculo insuperable para la propuesta de Sepúlveda. Peor aún, durante el sexenio la política exterior provocó nuevas diferencias y ahondó algunas existentes. La acción diplomática del gobierno en el área centroamericana y su participación central en el Grupo Contadora[7] fueron motivo de severas críticas, en particular del Partido Acción Nacional, cuya influencia se amplió en forma considerable en esos años.

En la profundización de las fracturas políticas mexicanas, también estuvo presente el factor externo, encarnado por el entonces embajador de Estados Unidos en México, John Gavin, quien expresaba abierta y frecuentemente sus desacuerdos con las propuestas y posturas del Grupo Contadora. Su apoyo a la oposición panista también fue público y reiterado; en más de una ocasión el embajador Gavin señaló la inconsistencia entre una política interna, en la que campeaban el fraude electoral y los obstáculos para el desarrollo de la oposición panista, y una política exterior que se ostentaba como defensora de la democracia.

La propuesta de Sepúlveda de hacer de la política exterior un componente central de un nuevo consenso nacional fracasó no solamente porque los contextos interno y externo eran adversos, también porque se fundaba en uno de los presupuestos más débiles del México autoritario: el de que la política exterior era fuente de un acuerdo nacional amplio. Creer que la inmensa mayoría de los mexicanos comparte la noción de que es preciso protegerse de las imposiciones y del intervencionismo de Estados Unidos es una buena hipótesis, creíble, en la medida en que a nadie le gusta que lo traten como si fuera de segunda, a menos de que realmente sea de segunda. Sin embargo, es muy arriesgado suponer que todos, o por lo menos la mayoría de los mexicanos,

[6] *Ibid.*, p. 17.

[7] A principios de enero de 1983 se reunieron representantes de México, Panamá, Colombia y Venezuela para coadyuvar a la pacificación del área. Se trataba de un mecanismo de consultas que tenía tres objetivos: detener un conflicto armado generalizado; crear condiciones pacíficas mediante acuerdos de limitación de armamentos y de presencia militar extranjera; y, por último, se planteaba el impulso al desarrollo económico y social de la región.

estaríamos de acuerdo siempre con todas las decisiones que tomara el gobierno para alcanzar ese objetivo.

Uno de los presupuestos más frágiles del México autoritario era que la política exterior era fuente de consenso interno. Observadores, analistas y estudiosos sostuvieron durante décadas con firme convencimiento la creencia de que todos los mexicanos apoyábamos las decisiones gubernamentales de política exterior porque defendían la soberanía nacional, la autodeterminación. En una frase: porque la diplomacia mexicana era baluarte y escudo de la independencia del país. De ahí inferían que el consenso forjado en relación con el exterior sostenía los acuerdos en el interior del país. A falta de votos en las urnas, los gobiernos mexicanos pretendían legitimarse con los votos en Naciones Unidas. Curiosa inversión de términos en la relación entre política interna y política exterior.

Más sorprendente es esta operación retórica si miramos con cuidado la historia del siglo XX a partir de la estabilización posrevolucionaria, porque mucha es la evidencia de diferencias y fracturas de opinión que provocaba internamente la diplomacia mexicana. La política hacia la Revolución cubana entre 1961 y 1963 dividió claramente a la opinión pública: las minorías de izquierda se congregaron en torno a las causas del régimen de Fidel Castro, pero los empresarios, los católicos organizados y una proporción muy importante de las jóvenes clases medias se sintió gravemente amenazada por la cercanía de la experiencia revolucionaria, por las imprudencias públicas del gobierno de López Mateos —que en privado era mucho más prudente de lo que nos cuenta la historia— y expresaron su convencido anticomunismo en formas tanto discretas como vociferantes. No sólo ellos. Gracias al largo brazo de la Iglesia católica en los pueblos, los párrocos fueron efectivos propagandistas del mensaje anticomunista, y despertaron en muchas comunidades el temor de que los comunistas les arrebataran hijos y tierras. El gobierno de López Mateos redujo al mínimo su relación con el régimen cubano, y no sólo porque se lo hubieran pedido desde Washington, sino porque se produjo una importante fuga de capitales, cayó la inversión interna y los opositores se fueron a la calle con cánticos y cirios para pedirle a Dios que nos protegiera del comunismo.

La diplomacia de promoción de las causas del Tercer Mundo del presidente Echeverría fue una fuente de irritación permanente entre sectores de opinión que veían en los viajes del señor presidente huidas hacia delante, que enmascaraban el récord oscuro de su actuación cuando estuvo a cargo de la política interna. La política exterior fue la gran coartada para que distinguidos miembros de la izquierda universitaria se sumaran al echeverriismo y pudieran, sin gran esfuerzo, cerrar los ojos a la evidente distancia entre el demócrata del avión presidencial y el autoritario del palacio de Bucareli, quien después se convirtió en residente de Los Pinos, que manipulaba votos, robaba urnas, secuestraba opositores y daba manotazos a la prensa crítica. Flaca memoria la de muchos de ellos que construyeron una biografía de izquierda parados en el reconocimiento del Frente Polisario, que se creó en 1973 en pro de la liberación del Sahara.

Pese a que muchos quieren creer que la defensa de los países desvalidos del Tercer Mundo debería ser una causa común de todos los mexicanos, la política echeverriista agravó los desacuerdos entre el gobierno, organizaciones empresariales y amplios sectores de la clase media. En 1973 el Partido Acción Nacional denunció histérico la llegada de los asilados chilenos, luego del golpe militar en contra del presidente Salvador Allende, que había sido elegido democráticamente. Más adelante, el comunicado franco-mexicano de 1982 en el que el gobierno del presidente López Portillo reconocía al Frente Farabundo Martí de Liberación Nacional como fuerza beligerante en el conflicto salvadoreño provocó escalofríos entre muchos mexicanos temerosos de los efectos que tal decisión podría tener sobre los grupos revolucionarios y guerrilleros en México; tampoco aceptaban lo que consideraban una violación de la tradición de política exterior de respeto a la autodeterminación y no intervención. Aquí lo que interesa señalar es que estos temas también contribuyeron a las divisiones internas de la sociedad y estas reacciones obligan a discutir la posibilidad de que la política exterior sea fuente de consenso nacional.

La democratización ha permitido que muchos de los desacuerdos que en el pasado eran denunciados como faltas a la patria, minimizados o simplemente ignorados, florezcan con todo su vigor. No obstante, nuevamente la búsqueda de una vinculación entre política interna y política exterior se topó con una poderosa contradicción: el gobierno del presidente Vicente Fox, el primero a partir del triunfo electoral y democrático del PAN, quiso convertirse en uno de los defensores de los derechos humanos en el ámbito internacional. En principio, ésta es una causa universal e irreprochable que debería ser asumida como propia por absolutamente todos los seres humanos. Es decir, de nuevo se pensó que con este tema la política exterior podía contribuir a cimentar la unidad nacional. Sin embargo, en lugar de eso, la defensa de los derechos humanos en otros países provocó serios desacuerdos internos y fue motivo de controversia y disensos, porque no fueron pocos los que nuevamente se acogieron a la tradicional defensa de la no intervención y del respeto a la autodeterminación para exigirle al gobierno foxista que abandonara su proyecto inicial. Todo parecería indicar que la política exterior gozaba de apoyo unánime cuando estaba desvinculada de la política interna.

La experiencia reciente nos muestra que aún no tenemos una respuesta definitiva a este asunto crucial para el futuro del país. Es ahí donde la aportación de Bernardo Sepúlveda recupera su actualidad y obliga a una nueva reflexión con el instrumental que él mismo ha diseñado.

CUARTA PARTE

BERNARDO SEPÚLVEDA, ECOS EN LA POLÍTICA EXTERIOR MEXICANA

HISTORIAS DE UNA PÉRDIDA DE RUMBO: EL ANTES Y EL AHORA DE NUESTRA POLÍTICA EXTERIOR

Rosario Green Macías

Hace poco más de cinco años, siendo secretaria de Relaciones Exteriores, fui invitada a la Cátedra Julio Cortázar de la Universidad de Guadalajara para hacer la presentación de mi amigo Bernardo Sepúlveda, quien dictaba una conferencia magistral sobre la política exterior de México. En esa ocasión traté de escapar, como lo haré ahora, del elogio fácil a quien resulta fácil elogiar. Si bien presentaré una breve síntesis de su brillante trayectoria como funcionario público, diplomático y académico, lo haré para construir un telón de fondo que me permita contrastar el entonces y el ahora del quehacer internacional mexicano.

Permítanme empezar por recordar que correspondió a Bernardo Sepúlveda crear la Dirección General de Asuntos Hacendarios Internacionales en la Secretaría de Hacienda y Crédito Público, en momentos en que las relaciones económicas de México con el exterior se concentraban fundamentalmente en temas como la deuda externa y la inversión extranjera directa, y México ni siquiera era miembro del GATT.

Tiempo después fue responsable de la Secretaría de Asuntos Internacionales del Comité Ejecutivo Nacional del Partido Revolucionario Institucional, puesto que dejó para desempeñarse como representante del gobierno mexicano ante la Casa Blanca. Como titular de esa misión, el embajador Sepúlveda enfrentó con imaginación, destreza y energía, una etapa particularmente difícil en las relaciones con Estados Unidos; baste tan sólo mencionar el asesinato del agente Camarena de la DEA y el secuestro del médico mexicano Álvarez Machain, para recordar los bretes de una agenda bilateral en ocasiones altamente "narcotizada". Bernardo Sepúlveda supo poner en marcha medidas innovadoras, como la apertura de espacios en los medios de comunicación, y una relación más estrecha con los consejos editoriales de medios y revistas, buscando con ello garantizar una cobertura mediática más precisa y apegada a la realidad mexicana. Fortaleció, además, la comunicación con el Congreso, con el sector privado, con los gobernadores de los estados de la Unión Americana, y estableció un diálogo profundo tanto con los líderes de las principales comunidades mexicanas residentes en ese país, como con instituciones y académicos interesados en el nuestro.

A su retorno a México, fue designado por el presidente Miguel de la Madrid, secretario de Relaciones Exteriores. Desde esta posición, el canciller Sepúlveda construyó una política exterior pragmática, activa, valiente e independiente, que encontró una de sus máximas expresiones en la importante participación de México en los diversos esfuerzos encaminados a la pacificación de Centroamérica. El éxito que en esa labor logró el Grupo Contadora, en cuya conformación destacó el liderazgo mexicano, hizo que sus integrantes, Colombia, México, Panamá y Venezuela, fueran reconocidos internacionalmente como lo prueba el otorgamiento del Premio Príncipe de Asturias de Cooperación Iberoamericana por parte de los reyes de España.

Del discurso pronunciado por el secretario Sepúlveda, al recibir el premio a nombre del gobierno mexicano, vale la pena recordar, por su plena vigencia, las siguientes palabras: "Nuestra experiencia histórica muestra que la democracia como sistema de vida no florece en el entorno de la confrontación. Requiere, por el contrario, un suelo fértil para la comunicación política y para la capacidad del diálogo, el respeto auténtico a un proyecto plural y la prevalencia de los principios del derecho". No en balde, durante la administración del presidente De la Madrid, y con la activa participación de Bernardo Sepúlveda, se hizo realidad la inclusión de los principios que rigen nuestra política exterior, en la fracción décima del artículo 89 constitucional. Esa reforma, de innegable corte juarista, fue aprobada por todos los partidos políticos, dotando con ello a la política exterior mexicana de una incuestionable legitimidad.

El impulso de México al Grupo Contadora se convirtió en el pilar de una estrategia de mayor acercamiento político al resto de América

Latina, y en importante antecedente del denominado Grupo de Río, que durante años funcionó como el mecanismo idóneo de diálogo y concertación regional.

Con posterioridad a su desempeño como secretario de Relaciones Exteriores, Bernardo Sepúlveda encabezó la Embajada de México ante el Reino Unido de la Gran Bretaña, donde continuó desplegando sus habilidades como innovador de las relaciones de nuestro país con las grandes potencias mundiales.

De sus andanzas académicas, además de su conocida vocación por el estudio de los temas jurídicos internacionales, poco puedo decir; sobre todo en esta Casa en la que numerosas generaciones se beneficiaron de sus enseñanzas, producto tanto de su sólida formación como de su gran experiencia; lo que incluso le ha valido el reconocimiento de diversas instituciones académicas, como la Universidad de Cambridge.

A la síntesis que acabo de hacer, debo agregar el trabajo que nuestro homenajeado ha venido realizando como miembro de la Comisión de Derecho Internacional de las Naciones Unidas desde 1997 y, en especial, su labor como juez *ad hoc* de la Corte Internacional de Justicia, en el contencioso Avena y otros nacionales mexicanos (México *vs.* Estados Unidos), cuyo fallo permitió al gobierno de México defender y proteger los derechos de nuestros connacionales sentenciados a muerte en Estados Unidos.

Con todos estos antecedentes no es de sorprender que con 158 votos a favor en la Asamblea General y 12 en el Consejo de Seguridad de las Naciones Unidas, Bernardo Sepúlveda haya sido elegido juez de la Corte Internacional de Justicia por un periodo de nueve años a partir del 6 de febrero de 2006, ocupando un asiento en el que no se había instalado un mexicano desde que lo dejara don Luis Padilla Nervo, hace más de 28 años.

Advertía al iniciar mi presentación, que mi intención, además de reconocer la trayectoria política e intelectual de un mexicano de enorme valía, de cuya amistad y consejo siempre me he preciado, era contrastar el antes y el ahora de la política exterior mexicana. Les ofrezco una disculpa si al hacerlo no puedo evitar un sentimiento de nostalgia y hasta de irritación porque mientras que nuestro quehacer internacional, hasta finales del año 2000, se caracterizó por el apego a esos principios rectores a los que hacía referencia, en el último lustro no han faltado las ocasiones en las que éstos o han sido tildados de rígidos y obsoletos, o han sido soslayados y hasta abandonados, empobreciendo con ello una política exterior que en el pasado gozó de enorme prestigio internacional, y contraponiéndonos incluso a naciones hermanas y aliadas de este continente que compartimos.

Para empezar, debe recordarse que los objetivos centrales de la política exterior que planteó la administración de Vicente Fox se limitaron, por un lado, a profundizar el acercamiento de México a Estados Unidos con el fin de avanzar en la construcción de una Comunidad de América del Norte, o un "NAFTA plus", como también se le llamó, y por el otro, a desarrollar una participación más activa en los escenarios multilaterales, cuestión que por cierto no era del todo novedosa.

Una primera consecuencia de esa política fue que en la práctica se relegó cualquier otro tema o región, desaprovechando las magníficas oportunidades con las que el nuevo gobierno se encontraba, como el Acuerdo Global con la Unión Europea que había entrado ya en vigor; el carisma del presidente Vicente Fox en Sudamérica donde un esquema de integración entre Argentina, Brasil, Paraguay y Uruguay, el Mercosur, podía ser explorado con ventajas para México; y el denominado "bono democrático" que despertó muchas simpatías en el resto del mundo.

A cinco años de distancia abundan las señales del fracaso de esa política, y son varias las consecuencias. En primer lugar, la relación con Estados Unidos lejos de profundizarse se vulneró y entró luego en una especie de estancamiento y hasta de frialdad de la cual de tiempo en tiempo se salía por la vía de declaraciones incendiarias de uno y otro lado. Se vulneró por la parálisis mexicana después de los acontecimientos del 11 de septiembre de 2001 y la ausencia del presidente Fox al lado de su amigo Bush. Se estancó como consecuencia de la irritación de Washington por nuestra acertada postura contraria a la invasión estadounidense de Iraq, y la gran víctima fue el diálogo que en materia migratoria México había emprendido con Estados Unidos, el cual, aunque probablemente no iba a resultar en un gran acuerdo, había al menos reposicionado el tema en la agenda. No sólo no se logró un avance real en la materia, sino que lamentablemente la situación se ha revertido. La propuesta adoptada por la Cámara Baja estadounidense, que aún deberá ser discutida por el Senado, es ofensiva y de corte fundamentalmente policiaco, lo que sin duda convoca a la protesta. Sin embargo, la solución al problema migratorio no radica exclusivamente en la política que adopte nuestro vecino del Norte. Compete sobre todo al gobierno mexicano diseñar y poner en marcha acciones que generen empleos productivos y justamente remunerados a fin de arraigar a los mexicanos en su patria. Insistir en un tratamiento binacional podría llevar a nuestro gobierno a aceptar los términos en los cuales Estados Unidos está dispuesto a negociar la cuestión migratoria y fronteriza; esto es, a partir de una perspectiva de seguridad nacional según la cual la frontera sería la puerta de entrada al territorio estadounidense para delincuentes, asesinos y terroristas, y por lo tanto exigiría la adopción de medidas de contención que podrían ir mucho más allá de la construcción de ese muro que hoy nos enfrenta.

En segundo lugar, la "reactivación del multilateralismo mexicano" tampoco logró apuntarse mayores éxitos. En el ámbito internacional buscamos presidir varios organismos y perdimos las batallas, independientemente de la calidad de los candidatos, bastante diversa por cierto. Tampoco fuimos parte del selecto grupo de personalidades que el Secretario General de Naciones Unidas convocó para la reforma del organismo, aunque debe reconocerse que México fue el promotor de otro grupo, el de amigos de la reforma, que buscó zanjar de alguna manera esta ausencia.

Pero además, lo restrictivo de las prioridades de la política exterior de la actual administración lastimó de manera especial la relación con América Latina no sólo al descartarla de manera explícita, sino al mostrar su incapacidad para superar desencuentros y puntos de vista distintos. Destacaré solamente algunos ejemplos:

- Si bien es cierto que la relación entre México y Brasil ha sido tradicionalmente compleja, tal como se vio con la exclusión de nuestro país en el ámbito de la celebración del quinto centenario brasileño en el 2000 a la que sólo asistimos como observadores después de un reclamo de la Cancillería mexicana, a partir de entonces se registra una lamentable división en América Latina, en virtud del avance de un proyecto liderado por Brasil, el cual se hizo realidad a finales de 2004 con el establecimiento de la Comunidad Sudamericana de Naciones, en la que ni México, ni Centroamérica ni el Caribe estaban contemplados. Tal vez lo anterior no habría pasado si nuestro país no hubiera hecho tan explícito su deseo de profundizar por encima de todo sus lazos con Estados Unidos. Tal vez tampoco habría ocurrido si México hubiera cumplido en tiempo y forma su promesa de firmar un tratado de libre comercio con el Mercosur. Pero lo que es un hecho es que todo esto puso en evidencia no sólo la falta de comunicación entre los tomadores de decisiones del gobierno foxista que no se ponían de acuerdo acerca de si se negociaba o no ese tratado, sino lo verdaderamente endeble de su vocación latinoamericanista.

• Otro lamentable episodio sucedió durante la IV Cumbre de las Américas, realizada en Mar del Plata. La confrontación del presidente Fox con sus homólogos de Argentina y Venezuela, generó un ambiente de tensión y división que vulneró aún más la relación de México con las naciones hermanas de América Latina. Afortunadamente, el incidente con el presidente Kirchner se subsanó con relativa rapidez; sin embargo, el desencuentro con el presidente Chávez continúa siendo una asignatura pendiente.

• México también tuvo confrontaciones con algunos países del Caribe. Con la República Dominicana fue resultado de la abrupta decisión del gobierno mexicano de conseguir un asiento no permanente en el Consejo de Seguridad para el periodo 2002-2003, al cual se había postulado desde tiempo atrás el país caribeño. Lo que siguió fue un verdadero *tour de force* que, en efecto, llevó a México al Consejo pero lo distanció del gobierno dominicano y sus aliados. Con Cuba la relación no sólo llegó al punto más bajo de su historia, sino que se vulneró y lastimó innecesariamente al pueblo cubano y a su jefe de Estado. No se trató únicamente del voto mexicano en la Comisión de Naciones Unidas sobre Derechos Humanos, sino de una serie de declaraciones, encuentros y desencuentros que culminaron en un largo periodo sin embajadores, pasando incluso por la expulsión de funcionarios cubanos de México.

• Con Chile se dio también una desafortunada controversia que resultó, además, bastante inexplicable puesto que sucedió durante la lucha por la titularidad de la OEA, organismo en el que México nunca tuvo mayor confianza ni gran interés. Incluso, la administración foxista denunció tempranamente el Tratado de Río, colocándose por cierto en una situación difícil cuando Brasil buscó invocarlo para apoyar a Estados Unidos después del 11 de septiembre.

• Con Bolivia existe el riesgo de una confrontación no sólo por la lentitud con la que el gobierno mexicano procedió a felicitar a su presidente electo, Evo Morales, sino porque preocupado al parecer porque el proyecto de compartir de alguna manera el gas boliviano no se consolide, el presidente Fox lamentablemente escogió un discurso considerado excesivo por aquellos a quienes iba dirigido. Y por si con ello no bastara, de nueva cuenta el canciller se sintió obligado a hacer declaraciones sobre asuntos de la exclusiva competencia interna de un país amigo, al cuestionar la lista de invitados a la toma de posesión del nuevo jefe de Estado boliviano.

Con lo anterior queda claro el abandono en el que la administración pasada dejó a los principios rectores de la política exterior, y la dolorosa conclusión de que una fue la actuación internacional mexicano hasta el 30 de noviembre del 2000 y otra muy diferente la del siguiente sexenio, cuando la conducción de nuestro país en el extranjero se vio sometida a numerosos desvaríos que deben ser corregidos por el próximo gobierno, esto, si la meta es devolverle su digna presencia internacional y seguir enriqueciendo la otrora ejemplar trayectoria de la política exterior mexicana.

DIÁLOGO Y CONCERTACIÓN POLÍTICA EN LA CUMBRE DEL G-8: LA PARTICIPACIÓN DE MÉXICO Y EL G-5

Daniel Ortega Nieto

Quienes tuvimos la grata oportunidad de cursar la materia de derecho internacional con el profesor Bernardo Sepúlveda Amor en El Colegio de México, nos beneficiamos de una característica poco común: la combinación de un funcionario y diplomático de primer nivel y un gran profesor. El curso del profesor Sepúlveda destacaba por la ingeniosa manera en que exponía los temas de derecho internacional y los enriquecía con su amplia experiencia profesional. Por ello, sus alumnos no sólo disfrutamos de una extraordinaria cátedra, sino que igualmente aprendimos sobre las complicaciones cotidianas de quien participó en importantes procesos de toma de decisiones.

BERNARDO SEPÚLVEDA Y LAS GRANDES POTENCIAS

Bernardo Sepúlveda se desempeñó como canciller durante una etapa por demás turbulenta del país y del escenario internacional. En lo que respecta a la situación en México, el presidente Miguel de la Madrid heredó una situación económica desastrosa que tendría repercusiones en el ámbito social y político. En esos años, la economía se caracterizaba por un abultado endeudamiento externo, la amenaza de una insolvencia y un decrecimiento real de la economía, a lo que se añadía una elevada tasa de desempleo, una inflación galopante y un déficit fiscal abrumador.[1] Por otra parte, en el escenario internacional la ten-

[1] Rosario Green, *Lecciones de la deuda externa de México de 1973 a 1977*, México, Fondo de Cultura Económica/Fundación Colosio, 1998, p. 432.

sión de la guerra fría era creciente y, para ese entonces, se había trasladado de lleno a Centroamérica. Lo anterior, aunado a que la relación bilateral de México con Estados Unidos pasaba por una etapa complicada debido a problemas relacionados con el narcotráfico y la deuda externa, por mencionar sólo algunos, marcaría el rumbo que tomaría la política exterior de México entre 1982 y 1988.

La gestión de Bernardo Sepúlveda al frente de la Secretaría de Relaciones Exteriores evoca incuestionablemente la creación del Grupo Contadora y el proceso de pacificación en Centroamérica; el Consenso de Cartagena sobre la deuda externa; y la creación del Grupo de los Seis; acciones todas ellas que sin lugar a dudas cimentaron la tradición diplomática de nuestro país y establecieron un ejemplo de cómo relacionarse con las potencias internacionales.

Dichas iniciativas de diálogo y concertación constituyeron el pilar central en la estrategia de política exterior que encabezó Bernardo Sepúlveda. Éstas se basaron en la conformación de grupos *ad hoc*, cuya finalidad fue la formulación de posiciones conjuntas mediante el diálogo. De igual manera, dichas iniciativas destacaron por haber conformado grupos que interactuaban y negociaban continuamente con las principales potencias, en ocasiones contraponiéndose a los intereses de estas últimas. Cabe señalar que, con excepción del Grupo de los Seis en el que se incluía a Suecia,[2] los miembros de los demás grupos *ad hoc* eran países en desarrollo.

Asimismo, y si bien la Cancillería continuó trabajando activamente en las instituciones internacionales, incluso a pesar de la parálisis del sistema de Naciones Unidas ocasionada por la reticencia de la administración Reagan, la urgencia y necesidad de resolver los asuntos que afectaban directamente intereses vitales de México, condujo al diseño de una estrategia por demás activa que fue canalizada por medio de lo que podríamos llamar "multilateralismo *ad hoc*", mismo que amplió el margen de maniobra de nuestro país y propició un ambiente favorable para la búsqueda de soluciones.

Me explico: el Grupo Contadora, el Mecanismo de Consulta y Se-

[2] Los demás integrantes del Grupo de los Seis fueron: Argentina, Grecia, India, México y Tanzania.

guimiento del Consenso de Cartagena y el Grupo de los Seis, fueron grupos creados expresamente para conseguir objetivos concretos, ya fuese la pacificación de Centroamérica, el alivio de la deuda externa o la reactivación de las negociaciones sobre desarme. Es decir, los grupos se crearon con el fin de construir alianzas entre países que, por lo general, compartían posturas y desempeñaban un papel particular en cada coyuntura, para así avanzar posiciones comunes frente a las potencias internacionales.

Un claro ejemplo de lo anterior es el papel que desempeñó el Consenso de Cartagena en la negociación de la deuda externa mexicana. A mediados de la década de los ochenta, la deuda externa de México ascendía a 107 000 millones de dólares, por lo que el pago representaba aproximadamente 6% del PIB.[3] Ante la necesidad de encontrar un arreglo que permitiera reactivar el crecimiento económico de México y de otros países latinoamericanos, se creó el Consenso de Cartagena, mismo que permitió atenuar el clima de tensión para alcanzar un acuerdo con los acreedores privados, principalmente, mediante el involucramiento de los gobiernos de las principales potencias. Como señala el propio Sepúlveda, "un primer efecto del Consenso de Cartagena fue despejar el camino para un diálogo político entre los gobiernos en torno al problema de la deuda".[4]

Debido a la solidaridad entre los países endeudados de la región, que abogaban por la necesidad de iniciar un diálogo con los países acreedores, creció el rumor de la posible creación de un cártel de deudores que se declararía en moratoria. Si bien este no fue el caso, la creación de un grupo *ad hoc* de diálogo y concertación permitió ampliar el margen de maniobra de nuestro país para negociar su propia deuda. Es decir, se avanzó contra intereses concretos de gobiernos de potencias, los cuales también fueron enormemente presionados por sus propios acreedores, a fin de conseguir el pago de intereses y préstamos.

Asimismo, las expresiones del Grupo de los Seis ejemplifican cómo la creación de un grupo *ad hoc* contribuyó a reafirmar los intereses

[3] Bernardo Sepúlveda Amor, "Los intereses de la política exterior", en César Sepúlveda (comp.), *La política exterior de México en el decenio de los ochenta*, México, Fondo de Cultura Económica, 1994, p. 44.

[4] *Ibid.*, p. 46.

mexicanos frente a las potencias de aquel entonces. Vale la pena recordar que la década de los ochenta se caracterizó por un nuevo impulso a la carrera armamentista entre Estados Unidos y la Unión Soviética, así como el estancamiento de las negociaciones de desarme entre ambos. En dicho escenario y ante la creciente preocupación por la posibilidad real de una guerra nuclear, el gobierno de México continuó con su tradición diplomática de abogar por el desarme en defensa de sus intereses.[5]

En dicho contexto y acorde con su tradición diplomática, la Cancillería apoyó decididamente las iniciativas del Grupo de los Seis que coadyuvaron "a generar un clima propicio para la realización de negociaciones entre las grandes potencias".[6] Entre los postulados principales del Grupo destacan: la demanda a las cinco potencias nucleares de detener los ensayos, la producción y el emplazamiento de las armas nucleares y de sus sistemas de lanzamiento; la expresión del Grupo por realizar los esfuerzos necesarios para facilitar acuerdos entre las potencias; un llamado a continuar las deliberaciones en los foros de Naciones Unidas; y establecer mecanismos de verificación de una moratoria de ensayos nucleares, entre otros.[7] Cabe señalar que la iniciativa del Grupo de los Seis tuvo un impacto considerable en la opinión pública internacional y coadyuvó a la creación de compromisos por parte de las potencias nucleares.[8]

Finalmente, destaca la creación del Grupo Contadora "como un recurso estratégico para evitar enfrentar solo la enorme presión que los Estados Unidos realizaban para imponer sus criterios e intereses en la región".[9] Asimismo, y ante la posible propagación de la violencia a nuestras fronteras y los crecientes flujos de refugiados, desatender el conflicto centroamericano habría significado "la renuncia tácita a la

[5] Para un valioso análisis de la posición de México en relación con el desarme, véase Claude Heller, "México y el desarme en el decenio de los ochenta", en César Sepúlveda (comp.), *op. cit.*, pp. 233-261.

[6] Bernardo Sepúlveda, *op. cit.*, p. 92.

[7] Claude Heller, *op. cit.*, pp. 241-246.

[8] *Ibid.*, p. 246.

[9] Fernando Solana, "Balance y perspectivas del decenio 1981-1990", en César Sepúlveda (comp.), *op. cit.*, p. 549.

defensa del interés y de la seguridad nacionales".[10] Por ello, se optó por concertar una posición conjunta entre distintos países, para afirmarla frente a Estados Unidos, principalmente.

La iniciativa de Contadora resultó fundamental en la solución del conflicto centroamericano, sobre todo porque Estados Unidos sostenía que éste era una extensión más del enfrentamiento Este-Oeste, y, contrariamente a Estados Unidos, Contadora propuso una solución político-diplomática alternativa. Dicha propuesta atendía las causas principales de la confrontación y se apegaba al derecho internacional, como lo señaló la propia Corte Internacional de Justicia.[11] Concretamente, Contadora sostenía que el origen de la conflagración centroamericana era económico y social, lo que permitió que la solución del conflicto avanzara de manera considerable.

Como lo muestran las iniciativas de "multilateralismo *ad hoc*" implementadas por Sepúlveda, la concertación y el diálogo entre países, principalmente en desarrollo, resultó útil y eficaz para negociar con las potencias internacionales. Tanto el Consenso de Cartagena como Contadora permitieron ampliar el margen de maniobra de México para afirmar intereses concretos —renegociar la deuda y responder a las amenazas a su seguridad nacional, respectivamente— que quizá no se hubieran salvaguardado de no haberse implementado dicha estrategia. Algo similar ocurrió con el Grupo de los Seis, ya que se propició el ambiente necesario para que las potencias retomaran las negociaciones en materia de desarme y se facilitara el diálogo entre las mismas.

En suma, y como subraya la ex canciller mexicana Rosario Green, Bernardo Sepúlveda fue un "innovador de las relaciones de nuestro país con las grandes potencias mundiales".[12] Por el ejemplo que brindó la estrategia de política exterior encabezada por Bernardo Sepúlveda sobre el trato con las potencias, es por demás pertinente referirse a la participación de México en uno de los foros que congrega a las principales potencias mundiales de hoy día, la Cumbre anual del G-8.

[10] Bernardo Sepúlveda, *op. cit.*, p. 76.

[11] *Ibid.*, pp. 72-73.

[12] Véase en este mismo volumen, Rosario Green, "Historias de una pérdida de rumbo: el antes y el ahora de nuestra política exterior", p. 261.

MÉXICO EN LA CUMBRE DEL G-8

En las casi dos décadas que han transcurrido desde que concluyó la gestión de Bernardo Sepúlveda como canciller de México, el escenario internacional ha cambiado sustancialmente. El fin de la guerra fría, el surgimiento de nuevos estados y actores internacionales, la profundización de la globalización y la formación de bloques regionales, entre otros muchos factores, han llevado a un nuevo reordenamiento mundial; sin mencionar los profundos cambios que también ha sufrido México. No obstante, y a pesar de que las relaciones de México con las potencias han evolucionado considerablemente, varias de las premisas que en su momento guiaron la política exterior encabezada por Bernardo Sepúlveda siguen aún vigentes.

Como mencioné antes, un eje fundamental de la relación de México con las potencias internacionales entre 1982 y 1988, fue la formación de grupos *ad hoc* encaminados a reafirmar los intereses nacionales. Igualmente, una premisa esencial tanto en la decisión de crear estos grupos como en el propio diálogo con las potencias, fue el enorme activismo de México. En este sentido, y como explicaré más adelante, la estrategia innovadora que guió la relación de México con las potencias durante la etapa del canciller Sepúlveda, debe servir de ejemplo para la relación que México ha establecido hoy día con las potencias internacionales en el marco del G-8.

Es importante subrayar que el G-8[13] es un mecanismo de diálogo informal cuyas decisiones y compromisos son adoptados con base en la voluntad política de sus miembros. Las deliberaciones y acuerdos del G-8 son significativos dado que de manera conjunta, y a pesar de contar con sólo 13% de la población mundial, sus miembros representan más de 60% de la economía mundial y aproximadamente 49% del

[13] Los inicios del G-8 se remontan a marzo de 1973 cuando el entonces secretario del Tesoro estadounidense, George Shultz, convocó a sus contrapartes de Reino Unido, Francia, Alemania y Japón, a fin de dialogar acerca de la situación económica internacional. Posteriormente, en 1975, se llevó a cabo la primera Cumbre de líderes a iniciativa del entonces presidente de Francia, Valéry Giscard d'Estaing. A partir de entonces, la Cumbre de líderes se ha celebrado anualmente de manera ininterrumpida, a la vez que se han ido adhiriendo nuevos miembros: Italia (1975), Canadá (1976) y por último, Rusia (1998).

comercio internacional. Asimismo, cinco miembros del G-8 proporcionan las principales cuotas al Fondo Monetario Internacional; cuatro ocupan asientos permanentes en el Consejo de Seguridad de Naciones Unidas, organización a la que varios de ellos aportan una parte sustancial de su presupuesto; a la vez que todos sus integrantes desempeñan papeles relevantes en diversas instituciones internacionales y organismos regionales.

Si bien la importancia de las decisiones del G-8 es indudable, el foro continúa siendo seriamente cuestionado tanto por el incumplimiento de ciertos compromisos como por su falta de representatividad. Efectivamente, varias promesas del G-8 no se han concretado, como por ejemplo, destrabar la negociación en la Organización Mundial de Comercio (OMC) sobre la Ronda de Doha para el Desarrollo, llegar a un acuerdo sobre el cambio climático en el marco del Protocolo de Kyoto y aportar 0.7% del producto interno bruto para ayuda al desarrollo. Empero, sería un error apuntar de manera categórica que el G-8 no ha formulado e implementado iniciativas positivas de alto impacto en cumplimiento de sus compromisos. Por ejemplo, la ayuda para el desarrollo ha aumentado considerablemente (37% en 2005, respecto al año anterior);[14] se ha condonado 100% de la deuda a 20 países;[15] y los fondos para iniciativas como Educación para Todos y el Fondo Global para la Lucha contra el VIH/sida, la tuberculosis y la malaria, por mencionar algunos, también han crecido.[16]

En relación con la falta de representatividad, la eficacia del propio grupo como instrumento de concertación exige un mayor entendimiento, forjado por un grupo más representativo de la comunidad internacional. Por ello, algunos líderes del G-8 han señalado que hoy día es indispensable contar con la presencia de otros países, entre ellos México, para tratar los principales temas de la agenda internacional.[17]

[14] Se ha criticado que 80% de este incremento se debe a la cancelación de deudas de Nigeria e Iraq. Sin embargo, cabe señalar que estos países han podido aumentar la inversión en desarrollo debido al alivio de la deuda. Oxfam International, *The View from the Summit – Gleneagles G8 One Year On*, Londres, 2006, p. 4.

[15] HM Government, *G8 Gleneagles: One Year On, Turning Talk into Action*, Londres, DFID, 2006.

[16] G8 Research Group, *Gleneagles Final Compliance Report*, Universidad de Toronto, 12 de junio de 2006.

[17] Jacques Chirac, "Saint-Pétersbourg: un G8 pour la sécurité et la stabilité du monde", *Les*

En dicho contexto se inscribe la primera participación de México en una Cumbre del G-8. Para la Cumbre de Evian, Francia, en 2003, el presidente Jacques Chirac, consideró importante celebrar una sesión conjunta entre los miembros del G-8 y los líderes de distintos países en desarrollo, a fin de intercambiar puntos de vista sobre los temas principales de la Cumbre. Por esta razón, el presidente Vicente Fox participó en la sesión conocida como Diálogo Ampliado, junto con los mandatarios de Arabia Saudita, Argelia, Brasil, China, Egipto, Grecia, India, Malasia, Marruecos, Nigeria, Senegal, Sudáfrica y con los titulares de varios organismos internacionales.

En 2004, año en que Estados Unidos fungió como presidente del G-8, la Cumbre no contó con la participación de otros líderes salvo los del propio Grupo. No obstante, un año más tarde, el primer ministro del Reino Unido, Anthony Blair, consideró conveniente invitar a los líderes del llamado G-5 (Brasil, India, China, México y Sudáfrica) para continuar con las discusiones bajo el formato de Diálogo Ampliado durante la Cumbre de Gleneagles, Escocia. En el año 2006, la presidencia rusa del G-8 optó por la continuidad del Diálogo Ampliado con el G-5.[18] Así pues, durante la Cumbre de San Petersburgo se reunieron, por segunda ocasión consecutiva, los líderes del G-8 y el G-5 para dialogar sobre los temas principales de la Cumbre, además de otros asuntos de coyuntura internacional.

Ahora bien, ¿cómo diseñar una estrategia apropiada mediante la cual México se beneficie de su relación con las potencias internacionales en el marco del G-8? Dada la dinámica de la sesión del Diálogo Ampliado, el análisis de la participación de México en la Cumbre del G-8 debe considerar tanto la relación de nuestro país con el G-8 como con los demás miembros del G-5.

Al ser invitado a participar de manera regular en la Cumbre del G-8, se hace un reconocimiento implícito al peso específico de México y a su papel de interlocutor internacional. Lo anterior no sólo es funda-

Echos, 13 de julio de 2006. También véase el discurso del primer ministro Anthony Blair en la Universidad de Georgetown, el 26 mayo de 2006: <http://www.pm.gov.uk/output/Page9549.asp>.

[18] El presidente de Rusia, Vladimir Putin, invitó igualmente al mandatario del Congo y al presidente de Kazajstán, como presidente de la Unión Africana y de la Comunidad de Estados Independientes, respectivamente.

mental para afirmar los intereses de México en el mundo, sino también porque el producto interno bruto de nuestro país depende en 60% de sus relaciones con el exterior.[19] Por ende, aprovechar dicho reconocimiento adoptando una visión práctica sobre la participación de México en la Cumbre del G-8 resulta trascendental.

Como sucedió durante la conformación de los grupos *ad hoc* en la etapa de Sepúlveda, es necesario identificar intereses concretos para diseñar una estrategia adecuada que permita proponerlos durante la Cumbre. Dicha estrategia permitiría a México participar en iniciativas internacionales de gran envergadura que, a su vez, supondrían la oportunidad de participar en la reconfiguración de un orden internacional favorable a su desarrollo y al de muchos otros países en circunstancias similares.

Asimismo, es indudable que tanto en las relaciones bilaterales como en las multilaterales, el prestigio desempeña un papel fundamental. En este sentido, y a pesar del indudable prestigio que México forjó a lo largo de décadas de tradición diplomática, es evidente que éste seguirá en aumento con su continua participación en la Cumbre del G-8. Esto requiere un gran esfuerzo diplomático que permita afianzar a México como un interlocutor efectivo, así como una enorme coordinación entre las distintas dependencias del gobierno mexicano que la Secretaría de Relaciones Exteriores debe encabezar por su amplia experiencia y trayectoria.

Sin embargo, no todo depende de una estrategia adecuada. Como ya se mencionó, el G-8 continúa recibiendo duras críticas por el incumplimiento de ciertos compromisos. Cabe señalar que si bien muchos de ellos son políticos, la gran mayoría conlleva el desembolso de grandes sumas de dinero. En este sentido, México necesita, de nueva cuenta, una estrategia que le permita desempeñar un papel acorde con su peso específico y con sus recursos disponibles para iniciativas internacionales, ya que de lo contrario será un mero espectador y los beneficios de participar en la Cumbre no serán los óptimos. México debe considerar que es probable que las críticas continúen minando la cre-

[19] Juan Manuel Gómez Robledo, "Política exterior mexicana y derecho internacional", *Reforma*, 3 de julio de 2006.

dibilidad del G-8, por lo que de no actuar de manera práctica y sin perder de vista los objetivos de su participación, las consecuencias para nuestro país podrían ser contraproducentes.

Las críticas al G-8 también se han concentrado en su falta de representatividad. En este sentido, algunos líderes se han expresado en favor de ampliar el número de miembros del Grupo.[20] No obstante, se debe hacer un análisis profundo de los objetivos finales del G-8 al invitar al G-5, ya que este último podría funcionar simplemente como un factor que legitime la actividad del G-8 y no, como en un principio debería ser, hacerlo partícipe del proceso de toma de decisiones. Es decir, tanto México como el G-5 en conjunto, deben urgir a los miembros del G-8 a que los tomen en cuenta en las consultas, las discusiones y la redacción de documentos finales.

Es necesario resaltar que si bien, por obvias razones, la Cumbre de líderes recibe gran atención por parte de los medios de comunicación, el trabajo previo a su celebración es sumamente importante y, en ocasiones, ignorado. Las reuniones ministeriales previas a la Cumbre son por demás relevantes, ya que gran parte de las posturas del G-8 se fijan durante dichas reuniones. En este sentido, y como ha sucedido anteriormente, la presencia de secretarios de Estado mexicanos en las reuniones ministeriales debe continuar y formar parte medular de la estrategia de México en el marco de la Cumbre. Así, mediante la participación ministerial en las reuniones previas y la del primer mandatario en la Cumbre, México podrá propiciar consensos para afirmar posiciones en temas importantes como, por ejemplo, el cambio climático, el comercio internacional, la seguridad energética y la cooperación para el desarrollo.

A partir de la invitación al G-5 para participar en la sesión del Diálogo Ampliado, la concertación entre sus miembros ha aumentado considerablemente. A fin de presentar una posición común frente a los temas principales de las cumbres del G-8 a las que han sido invitados los países miembros del G-5, éste llevó a cabo varias reuniones de coordinación que han comprobado ser ejercicios por demás productivos. Después de participar en Gleneagles, los miembros del G-5 deci-

[20] Larry Elliott y Patrick Wintour, "Blair wants developing nations in new G13 to help secure key deals", *The Guardian*, 13 de julio de 2006.

dieron emitir una Declaración Conjunta,[21] para así influir en el proceso de toma de decisiones del G-8. Lo mismo ocurrió durante la Cumbre de San Petersburgo, en la cual el G-5 acordó un Documento de Posición con sus puntos de vista, que fue enviado a los miembros del G-8 para su consideración.

Sería aventurado asegurar que efectivamente la Declaración y el Documento de Posición del G-5 han influido en el proceso de toma de decisiones del G-8. Sin embargo, ciertos postulados del G-5, como por ejemplo la transferencia de tecnologías a países en desarrollo en materia de seguridad energética y el incremento de los recursos para combatir las enfermedades infecciosas, por mencionar algunos, sí han quedado plasmados en los documentos finales de las Cumbres del G-8. Ahora bien, resulta interesante que, más allá del diálogo en el marco de la Cumbre, se comiencen a realizar iniciativas conjuntas, como la Reunión Ministerial del Seguimiento del Diálogo de Gleneagles sobre Cambio Climático, Energía Limpia y Desarrollo Sustentable, a celebrarse en México, que muestran el interés de ambas partes, G-8 y G-5, por avanzar en la solución de temas importantes de la agenda internacional.

En relación con los postulados del G-5 que fueron tomados en cuenta por el G-8, destacan el llamado del G-5 a mejorar el acceso de países en desarrollo a tecnologías en materia de seguridad energética y su compromiso de trabajar de manera conjunta con los países desarrollados y en vías de desarrollo para compartir conocimientos y experiencia en dicha materia. Mientras que, en materia de enfermedades infecciosas, se urgió a los países donantes a incrementar el financiamiento de manera sostenida y oportuna para beneficiar iniciativas internacionales. Como puede observarse, los postulados del G-5 giran en torno a la idea de ampliar la cooperación en aras del desarrollo; con ello en mente, el G-8 ha hecho suyos dichos postulados.

Asimismo, y además de la Declaración y el Documento de Posición, los líderes del G-5 se han reunido al margen de la Cumbre, tanto en Gleneagles como en San Petersburgo, para tratar otros temas de interés de la agenda internacional. Así pues, el diálogo y especialmente la capaci-

[21] La Declaración del G-5 puede consultarse en: <http://www.g7.utoronto.ca/summit/2005gleneagles/plusfive.pdf>

dad de concertación desarrollada en el seno del G-5 han sido por demás exitosos. Es decir, se ha conseguido que un grupo de países en desarrollo, con peso específico en el mundo y en sus respectivas regiones, comparta intereses comunes y una esfuerzos para afirmarlos en beneficio de la comunidad internacional y especialmente de otros países en desarrollo.

Si bien el llamado G-5 se reúne sólo en ocasión de las Cumbres del G-8 con el propósito de coordinar posiciones, con base en los resultados positivos de las reuniones de coordinación y de líderes, es por demás relevante considerar la posibilidad de consolidar este grupo como un mecanismo de consulta regular para concertar posiciones en otros foros internacionales. México debe continuar fomentando el diálogo político entre los miembros del G-5, ya que es de su interés favorecer la cooperación entre las economías emergentes más importantes. Más aún, profundizar y fortalecer la relación con los demás miembros del G-5 resulta fundamental debido al enorme potencial económico[22] de varios de ellos y al papel que, conforme avance el tiempo, irán desempeñando en el escenario internacional.

Habrá quienes critiquen la conformación de grupos *ad hoc* por considerar que éstos socavan el trabajo de las instituciones y organismos internacionales, como por ejemplo Naciones Unidas. No obstante, la coordinación política producto de los trabajos del G-5 y el fortalecimiento de otros foros, no está enfrentada sino, al contrario, podría ser complementaria. Es decir, el G-5 podría servir como plataforma para crear consensos entre las economías emergentes para proponer iniciativas, resoluciones y demás instrumentos que coadyuven al desarrollo de otros países, incluso mediante una mayor cooperación Sur-Sur. Esto, claro está, si la coordinación del G-5 se desarrolla como hasta el presente, aunque, evidentemente, existirán diferencias legítimas dentro del propio grupo que habrá que conciliar.

Otra razón de peso para implementar una estrategia adecuada en relación con el G-5, que vaya más allá de las reuniones de coordinación para participar en la Cumbre del G-8, es la posibilidad de que México desempeñe un papel de interlocutor basado en el diálogo y la

[22] Goldman Sachs, "Dreaming with BRICs: The Path to 2050", *Global Economic Paper No. 99*, 1 de octubre de 2003.

concertación con los países en desarrollo. A partir de la entrada de México a la Organización para la Cooperación y el Desarrollo Económico (OCDE) en 1994 y, especialmente, después de su salida del G-77 ese mismo año, ha sido común escuchar que nuestro país sufre una "crisis de identidad". Efectivamente, la situación de México es particular, pero se encuentra lejos de considerarse una "crisis". A pesar de velar por los intereses de países pobres y de ingresos medios, la salida de México del G-77 fue interpretada, erróneamente, como el abandono de la posición tradicional de México de apoyo a los países en desarrollo. Por ello, al ser el G-5 el instrumento idóneo para canalizar intereses y posiciones de países en desarrollo, México se vería beneficiado si se consolida como un interlocutor constructivo.

COMENTARIO FINAL

La constante participación de México en las Cumbres del G-8 y la creciente coordinación del llamado G-5, supone una valiosa oportunidad para afirmar los intereses de nuestro país. Asimismo y mediante una estrategia adecuada, le permitirá aumentar su capacidad de interlocución para colocarse como un actor estratégico en el diálogo entre las naciones más industrializadas del planeta y aquéllas en vías de desarrollo. No obstante, sería ingenuo pensar que una mayor interacción con el G-8 y los demás miembros del G-5 estará exenta de roces y diferendos.

Por ello, es indispensable definir los límites de la política exterior de México, así como el papel que, con base en dicho examen, queremos desempeñar en el mundo y en la reconfiguración del escenario internacional. Esto permitirá alcanzar los consensos básicos sobre el rumbo de nuestra política exterior, mismos que constituyen un requisito ineludible en una sociedad plural como la mexicana. En suma, mediante la implementación de una estrategia adecuada y con los consensos elementales, la política exterior podrá cumplir con lo que para Bernardo Sepúlveda es uno de los objetivos centrales de la misma, impulsar el desarrollo de México.[23]

[23] Bernardo Sepúlveda, *op. cit.*, p. 17.

LA GUERRA DE IRAQ VISTA DESDE AMÉRICA LATINA*

Mónica Serrano

El lugar de América Latina en el orden global ha sido siempre periférico. Ya sea que se le mire desde la perspectiva global de Washington o aquella de la ONU la región aparece, en el mejor de los casos, situada lejos de los centros de gravedad, mientras que en las perspectivas menos favorables se muestra como un conjunto de estados congénitamente desordenados. Y, sin embargo, los países de la región no pueden soslayar las diferencias entre una y otra definición de orden global. En efecto, las diferencias entre la noción de orden mundial enarbolada por la ONU y la idea de orden global esgrimida en diferentes momentos por Washington no han pasado inadvertidas en Latinoamérica.

Como han apuntado Ramesh Thakur y W.P.S. Sidhu, el choque producido en Iraq entre "la potencia mundial indispensable" y la institución mundial igualmente imprescindible fue de proporciones sísmicas.[1] Aun situada en la periferia, América Latina pudo registrar buena parte de las sacudidas producidas por este sismo. De hecho, su propia condición periférica pudo haber agudizado la preocupación de varios países de la región en torno a muchas de las consecuencias estructurales y normativas que se desprenderían de la guerra en Iraq. Es por ello que el llamado de Washington de septiembre de 2002 para adecuar el concepto de la amenaza inminente a las capacidades y objetivos de los

* Una versión anterior de este texto aparecerá en Ramesh Thakur y W.P.S. Sidhu (comps.), *The Iraq Crisis and World Order: Structural and Normative Challenges*, Tokio, United Nations University Press (en prensa). La autora desea agradecer de manera muy especial la valiosa ayuda del embajador Ricardo Valero en la coordinación de la agenda de entrevistas realizadas en Santiago de Chile en mayo de 2004.

[1] Ramesh Thakur y W.P.S. Sidhu, *op. cit.*

adversarios del momento —terroristas y estados herejes—y su decisión de reivindicar el derecho a la acción preventiva no pudo haber pasado inadvertido en las capitales latinoamericanas.[2]

En América Latina, la intervención "preventiva" de Estados Unidos en Iraq debió haber tocado cuerdas profundamente sensibles. Las imágenes de los ataques aéreos sobre Bagdad seguramente sirvieron para recordar a las élites políticas latinoamericanas su propia vulnerabilidad, su impotencia global y su larga e inescapable sujeción a la hegemonía estadounidense.

Desde el siglo XIX Estados Unidos ha reclamado para sí derechos especiales en esta región y por lo menos hasta 1933, Washington se resistió a reconocer de manera formal los principios fundamentales del orden internacional: la igualdad soberana y la no intervención. En numerosas ocasiones, su determinación para intervenir militarmente y para desplegar políticas de corte coercitivo ha sido también notable, como lo ha sido su actitud petulante a la espera de "deferencia y obediencia" sin ofrecer nada a cambio.[3]

Es cierto que el ejercicio de la hegemonía suele ir acompañado de consideraciones de prestigio, de legitimidad y de autoridad. Pero también lo es que en estas latitudes la hegemonía estadounidense se ha caracterizado por la ausencia de una verdadera política regional, por la proclividad de Washington a apartarse de la región y por su aversión a verse inmiscuido en los "conflictos de bajo perfil de su patio trasero".[4]

Incluso desde las perspectivas menos egocéntricas del orden mundial podemos encontrar tintes de esta visión hegemónica de Latinoamé-

[2] *The National Security Strategy of the United States of America*, disponible en <http://www.whitehouse.gov/nsc/nss.html>. Más allá de la controversia en torno al reclamo por parte de Estados Unidos al derecho de guerra preventiva, lo cierto es que en la era de la guerra asimétrica, la mayor potencia podrá ser invencible pero no invulnerable. Para un análisis detallado de esta confrontación asimétrica, véase Lawrence Freedman, "The Third World War", *Survival*, vol. 43, núm. 4, invierno de 2001. Véase también Chris Patten, "Democracy Doesn't Flow from the Barrel of the Gun", *Foreign Policy*, septiembre-octubre de 2003.

[3] Andrew Hurrell, "Hegemony and Regional Governance in the Americas", en Louise Fawcett y Mónica Serrano (eds.), *Regionalism and Governance in the Americas. Continental Drift*, Basingstoke, Palgrave, 2005, p. 198.

[4] Andrew Hurrell, "Hegemony, Liberalism and Global Order: What Space for Would Be Great Powers", *International Affairs*, vol. 82, núm. 1, 2006, p. 9.

rica. Baste con un ejemplo para ilustrar esta idea. Al revisar el índice de la obra crítica de Joseph Nye sobre el unilateralismo estadounidense, *The Paradox of American Power: Why the World's Only Superpower Can't Go it Alone*, nos topamos con sólo tres referencias a América Latina: 1) la adopción de estándares americanos por...; 2) democratización y..., 3) ciudadanos americanos nacidos de padres de... Pese a su intención crítica dicho índice nos confirma, una vez más, la escasa importancia de América Latina en la visión del orden global estadounidense.

Pero hay aquí también una paradoja aparente: la sujeción de América Latina a la hegemonía estadounidense no niega la presencia de valores comunes en el hemisferio occidental, ya sea que hablemos de democracia o de derechos humanos. Ambos hechos pueden ser incorporados en el esquema de las relaciones Estados Unidos-América Latina. Si la región no suele aparecer en el orden de prioridades de Washington es por la sencilla razón de que su registro ha solido depender del sistema de alarmas en esa capital.

Da la impresión, pues, que la importancia de América Latina ha dependido, en última instancia, de su capacidad para generar problemas. La región tendería a escalar en el orden de prioridades de Washington a medida que el desorden regional se presentara como un problema serio, y tendería a desaparecer tan pronto como las condiciones de "normalidad" fuesen restablecidas. La nota característica de esta condición periférica ha residido justamente en la dificultad para escapar a los dictados de la hegemonía de Washington: negligencia benevolente o intervención estratégica.

En la historia de las décadas recientes las élites políticas latinoamericanas parecieron renunciar a la búsqueda de una salida a este dilema. Al verse obligadas a elegir entre dos opciones igualmente incómodas, decidieron aceptar los términos del Consenso de Washington y/o la ayuda militar estadounidense. Mientras las más entusiastas aceptaron sin cortapisas la apertura y la liberalización económica, las más desesperadas —incluida la administración de Uribe en Colombia— se aferraron a la causa estadounidense de la guerra contra las drogas. Hemos advertido, pues, con diferentes expresiones, pero con tan sólo unas cuantas excepciones, cómo la región ha optado por otorgar su consentimiento a la hegemonía estadounidense.

Hoy sabemos que los sucesos vividos en América Latina a lo largo del siglo pasado le permitieron ver de cerca las implicaciones de un orden dominado por Estados Unidos mucho antes de que el resto del mundo pudiera registrarlo al comenzar el siglo XXI. Para quienes fueron impulsados en América Latina por la ambición o por la desesperación, el saldo ha sido igualmente desalentador. Pero quizá la lección más profunda que han extraido de esta experiencia es que al consentir la hegemonía estadounidense crearon las condiciones para el predominio de una sola y única perspectiva.

Los riesgos de esta situación se muestran con una claridad llana en la lógica de doble filo que ha acompañado a uno de los ejemplos tomados del índice de Nye: la "democratización". Es cierto que desde la perspectiva estadounidense la democratización podría ser considerada como un caso que muestra no sólo la aceptación, sino la superioridad de los valores y estándares norteamericanos. Pero desde la perspectiva de muchos países latinoamericanos, el retorno a la democracia ha traído consigo profundas crisis de gobernabilidad y crecientes oleadas de protestas antisistémicas. Además, para muchos —desde Guatemala hasta Colombia— no sólo el respeto a los derechos humanos no ha florecido bajo el nuevo techo democrático, sino que la brecha entre pobres y ricos se ha ensanchado y los escándalos por corrupción y peculado han minado, también, de cuajo, la esperanza democrática. Por supuesto que muchos de estos problemas tienen hoy en suspenso a las élites políticas latinoamericanas, pero apenas son registrados por los sensores políticos en Washington.

Esta apuesta por la democracia no deja de ser paradójica: los procesos de transición a la democracia han contribuido a desdibujar el perfil internacional que la región mantuvo durante los tiempos de las dictaduras militares y de la insurgencia revolucionaria. Pero además, tampoco sería dificil imaginar el índice regional que la perspectiva de la hegemonía arrojaría. Tendríamos, desde luego, que mencionar a Colombia y la guerra contra las drogas; a los Andes y el efecto globo; a México y el caos en la frontera; a Paraguay, Brasil y Argentina y la presencia de un santuario terrorista en su triple frontera. A los ojos de Washington, éstas suelen ser las realidades latinoamericanas. Debe quedar claro, sin embargo, que estas "realidades" reflejan, ante todo, el efecto distorsionador de la lógica de la "seguritización", ya sea que hablemos de las drogas o del terrorismo hoy día. Lo que parece claro es que mientras un país no desafíe o reivindique abiertamente esa lógica (como lo hace hoy Colombia), podrá atravesar grandes turbulencias sin que Estados Unidos se percate de la importancia de esos hechos. Desde Argentina hasta Bolivia, los países de la región parecen gozar del privilegio de poder caer en el desorden, mientras ese caos no represente un claro desafío a la seguridad de Washington.

Si la deformación de la realidad latinoamericana era ya visible en la región, el impacto de la seguritización se ha visto agravado en los últimos años como consecuencia de los ataques terroristas del 11 de septiembre. En un primer momento, la amenaza directa sobre su territorio sumió a la potencia hegemónica en la tragedia, pero su reacción inmediatamente posterior estuvo dominada por una necesidad casi convulsiva de dividir el mundo en amigos y enemigos. Mientras Al Qaeda buscaba hacer del antiamericanismo la causa de una contienda global, aliados e instituciones internacionales se vieron sometidos, por igual, a una presión sin precedentes para dejar ver su lealtad incondicional a Washington.

Como ocurrió en otras latitudes, América Latina se dividió bajo el efecto de esta presión. Pero en esta región, los ataques del 11 de septiembre tuvieron consecuencias de alcance hemisférico. En efecto, para muchos países latinoamericanos el 11 de septiembre vino a recrudecer el dilema de la hegemonía: someterse y contar en los términos establecidos por Washington o desaparecer ateniéndose a las consecuencias.

Especialmente sorprendente fue el comportamiento de México. Para muchos, México era el aliado "más natural" de Estados Unidos en la región dado el alcance de su integración regional impulsado por el Tratado de Libre Comercio de América del Norte (TLCAN). Sin embargo, a los ojos de Washington, en el otoño de 2001, como en la primavera de 2003, las muestras de simpatía de México no fueron ni suficientes ni genuinas. En septiembre de 2001, el presidente Fox tardó varios días en reaccionar y en contactar al presidente Bush para expresarle sus condolencias por los trágicos sucesos del 11 de septiembre.

Como México, muchos otros países de la región encontraron en su estrecha dependencia de Estados Unidos una consideración de peso para justificar las muestras de apoyo ávidamente esperadas por Washington. Pero en la práctica, varios países decidieron resistirse a los términos impuestos por Washington y "negociar" el alcance de su apoyo. En el caso crítico de Colombia, por ejemplo, tanto Brasil como Venezuela se rehusaron a aceptar la clasificación propuesta por Washington que pretendía encasillar a las FARC y al ELN en la misma categoría que Al Qaeda.[5] Ecuador y Perú, por su parte, se resistieron a la regionalización del conflicto promovida por el Plan Colombia. Mientras que en Bolivia, el desempeño de Evo Morales en las elecciones —encumbrado por su oposición a las políticas de erradicación de la coca— dejaba ver los nuevos tintes de un antiamericanismo que se vestía ahora de rechazo al neoliberalismo y a la globalización.

A medida que el fantasma de la guerra en Iraq se perfilaba en el horizonte, la relación entre Estados Unidos y sus vecinos del sur comenzó a mostrar fisuras. Pese a la simpatía que algunos de los países de la región habían mostrado hacia el tema de la intervención humanitaria y la noción más acotada de la "responsabilidad para proteger", lo cierto es que en la región prevalece una tradición diplomática que se opone a la intervención militar en general y a la intervención estadounidense en particular.[6] Sin embargo, al iniciarse el año 2003 la presión ejercida por la potencia hegemónica obligó a los países de la región a obrar con especial tacto y cuidado. La resistencia de aquellos que habían optado por oponerse debía mostrarse de tal modo que no llegara a desafiar abiertamente a Washington. La hegemonía parecía alcanzar y a la vez definir su límite. Pero el gran reto para los diplomáticos lati-

[5] David Pion-Berlin, "Sub-regional Cooperation, Hemispheric Threat: Security in the Southern Cone", en Louise Fawcett y Mónica Serrano (eds.), *Regionalism and Governance in the Americas*, *op. cit.*, p. 224.

[6] La parálisis del Consejo de Seguridad ante el genocidio en Kosovo y la intervención de la OTAN en la ex Yugoslavia confrontaron a la comunidad internacional con el problema de la intervención por razones humanitarias. En su famoso discurso del otoño de 1999, Kofi Annan planteó sin ambages el dilema de la intervención ante la parálisis del Consejo de Seguridad. Fue justamente este planteamiento el que llevó a una comisión de diez expertos a proponer el concepto de la "responsabilidad para proteger". Véase *The Responsibility to Protect*, Report of the International Commission on Intervention and State Sovereignty, Ottawa, International Development Research Centre, 2001. Algunas de estas muestras de simpatía a la intervención de la OTAN en Kosovo son analizadas en Mónica Serrano, "La crisis de Kosovo y América Latina: el dilema de la intervención", *Foro Internacional*, vol. XLI-1, enero-marzo de 2001, pp. 5-34.

noamericanos, y en especial para quienes en ese año representaban a la región en el Consejo de Seguridad, consistió justamente en dar forma verbal a esta la idea del límite, mientras se preparaban para otorgar su consentimiento a lo inevitable.

Podemos definir el dilema latinoamericano como la expresión de la divergencia circunscrita a los límites de la dependencia. Muy posiblemente este dilema hubiese pasado inadvertido de no haber sido por la presencia de los representantes de Chile y de México en el Consejo de Seguridad. En efecto, el Consejo de Seguridad parecía ofrecer a la región, y a estos países en particular, un lugar privilegiado para escenificar su papel en el orden global. En palabras del ex canciller Jorge Castañeda, México se integró al Consejo de Seguridad con el fin de participar en el diseño y construcción del nuevo orden mundial de la posguerra fría, caracterizado a la vez por la hegemonía de Estados Unidos y por los esfuerzos del resto del mundo para limitar y controlar dicha hegemonía.[7]

La presencia de Chile y de México en el Consejo de Seguridad en 2003 le deparó a América Latina una ocasión única para dar a conocer su visión del orden mundial. Este ensayo se ocupa justamente de estos sucesos. Nuestro punto de partida serán las perspectivas ya que ellas marcarán los pasos de esta escena. ¿Hasta qué punto nuestros protagonistas, Chile y México, desempeñaron un papel constructivo en el orden mundial representado por la ONU?, ¿en qué medida el peso de la hegemonía estadounidense definió los límites del papel que estos representantes de América Latina desempeñaron en el Consejo de Seguridad?

Es cierto que el veto virtual impuesto por la parálisis del Consejo de Seguridad despojó a la acción militar de Estados Unidos en Iraq de legitimidad internacional, pero gracias al empate en el Consejo, la administración Bush pudo encajar como una cuña su reivindicación del uso preventivo de la fuerza militar. Para muchos, el riesgo inmediato de la acción militar en Iraq era la espiral terrorista islámica que inevitablemente se desataría, pero el desafío ulterior era igual o quizá

[7] Jorge Castañeda "América Latina ante una disyuntiva desgarradora", *El País*, 13 de marzo de 2003.

más importante. Dicho riesgo residía justamente en las consecuencias que esta nueva doctrina estadounidense acarrearía para el orden mundial.[8] Estados Unidos había dejado ver con toda claridad su determinación de pasar por alto a la ONU y poner en jaque a una institución que, a lo largo de medio siglo, no sólo había buscado restringir e incluso prohibir el uso de la fuerza, sino ofrecer a los estados miembros un marco institucional para el mantenimiento colectivo de la paz y la seguridad internacional. ¿Hasta qué punto, pues, la decisión de Washington de ignorar una obligación legal significaba que la potencia hegemónica no aceptaría ya, sin cortapisas, el límite poswestfaliano a la intervención?

En la antevíspera de la guerra de Iraq esta pregunta seguramente resonaba en los pasillos de las cancillerías latinoamericanas. La experiencia de las relaciones entre Estados Unidos y los países de la región había dejado suficientes lecciones en el camino. En efecto, fueron las acciones diplomáticas y militares de Washington las que desde el siglo XIX enseñaron a los latinoamericanos los peligros de la intervención. En 1847 México perdió a manos de los estadounidenses la mitad de su territorio, poco después fueron las repúblicas del Caribe y de Centro América las que sufrieron los efectos de la "diplomacia del cañón": la anexión de Puerto Rico y el protectorado impuesto a Cuba. Podríamos continuar con la lista: Sandino en Nicaragua, Árbenz en Guatemala,

[8] La aparente relación entre ocupación militar y propagación de la amenaza terrorista ha sido subrayada por diversos expertos. Véase, entre otros, Strobe Talbott y Nayan Chanda (eds.), *The Age of Terror*, Nueva York, Basic Books/Yale Center for the Study of Globalization, 2001, en particular el artículo de Abbas Amanat, "Empowered through Violence: The Reinventing of Islamic Extremism"; Adam Roberts, "The 'War on Terror' in Historical Perspective", *Survival*, vol. 47, núm. 2, verano de 2005; Caterina García Segura y Ángel J. Rodrigo Hernández, *El imperio inviable. El orden internacional tras el conflicto de Iraq*, Madrid, Tecnos, 2004; en nuestro país, Bernardo Sepúlveda advirtió que "una intervención armada en Iraq, sin las debidas legitimidades, generará las consecuencias que se pretende evitar: inseguridad individual y nacional, multiplicación de actos terroristas...". Véase Bernardo Sepúlveda, "México en el Consejo de Seguridad: los intereses de la política exterior", *Reforma*, 11 de marzo de 2003. La literatura sobre el uso de la fuerza y el derecho internacional es amplia, Adam Roberts analiza la evolución de la relación entre ambos en "Law and the Use of Force after Iraq", *Survival*, vol. 45, núm. 2, verano de 2003. El artículo de Simon Chesterman y Michael Byers "Has the US power destroyed the UN?", publicado en *London Review of Books*, vol. 21, núm. 9, abril de 1999, advertía sobre los riesgos que entrañaba apartarse del principio de legítima defensa y de la prohibición del uso de la fuerza, así fuese por razones humanitarias.

Allende en Chile, Noriega en Panamá.[9] Por consiguiente, desde el siglo XIX el riesgo de la intervención militar estadounidense se perfiló como una amenaza real y latente para la seguridad nacional y regional. De ahí que no deba sorprender que desde entonces el derecho internacional fuera considerado en América Latina como un instrumento privilegiado para contrarrestar esa amenaza.

Sería pues un error subestimar el significado excepcional de esta conciencia histórica del orden regional e internacional de América Latina. Es justamente esta conciencia la que nos permite explicar la importancia que los países latinoamericanos han conferido a las instituciones internacionales: la ONU, la Corte Internacional de Justicia y el derecho internacional en general. En estas latitudes, prevalece la convicción de que estas instituciones internacionales cumplen una función protectora de primera importancia. De igual modo, la tradicional preferencia que las repúblicas latinoamericanas han mostrado por el multilateralismo ha estado íntimamente asociada con su interés más específico en la no intervención.

Es cierto que en tiempos recientes nociones como la "responsabilidad para proteger" y la intervención por razones humanitarias han inspirado a algunos países latinoamericanos.[10] Sin embargo, como apuntamos antes, la resistencia latinoamericana a los impulsos intervencionistas de Washington aún tiene hondas raíces. Incluso en Colombia, donde la participación estadounidense en la contrainsurgencia ha sido convalidada por la política de seguridad democrática del presidente Uribe, el número de soldados estadounidenses desplegados en territorio colombiano no ha rebasado los 358. Así, pues, la experiencia reciente de Colombia muestra con claridad el eterno dilema latinoamericano *vis-à-vis* la potencia hegemónica: la región opone re-

[9] Enrique Krauze "Los Estados Unidos: un balance histórico", *El País*, 5 de marzo de 2003.

[10] Esta noción ha dado lugar a un intenso debate. Buena parte de la discusión se ha centrado en las condiciones que pueden justificar la intervención con o sin autorización del Consejo de Seguridad. Véase, por ejemplo, S. Neil MacFarlane, *Intervention in Contemporary World Politics*, Adelphi Paper núm. 350, Oxford, Oxford University Press; Adam Roberts, "The Price of Protection", *Survival*, vol. 44, núm. 4, invierno de 2002-03; Michael O'Hanlon y P.W. Singer, "The Humanitarian Transformation: Expanding Global Intervention Capacity", *Survival*, vol. 46, núm. 1, primavera de 2004, y el texto más crítico de Simon Chesterman y Michael Byers que hemos citado antes.

sistencia a la intrusión de Washington, pero se muestra renuente a aceptar su repliegue de la zona.

Éstos son, a grandes rasgos, los términos de la aceptación del orden estadounidense en la región. Sería difícil negar, sin embargo, que ellos también suponen un desafío importante para el hegemónico: cómo ejercer la hegemonía de una manera virtuosa, sin llegar al extremo de la intrusión. Basten un par de ejemplos para apuntalar esta idea. El empeño con el que los países latinoamericanos han buscado ganarse la voluntad comercial de Estados Unidos bien podría haber llevado a más de uno, a considerarlos aliados naturales. De ser así, ¿quién podría ver con malos ojos que, en aras de sus preocupaciones sobre la seguridad, Washington esperara su apoyo incondicional?

Sin embargo, como había ocurrido ya en la guerra contra las drogas, la guerra más reciente contra el terrorismo ha suscitado serias dudas sobre la solidez de estas alianzas. En efecto, el ejercicio de la hegemonía en la región ha encontrado un obstáculo importante en la seguritización de estos (y otros) problemas y en los llamados de Washington a favor de las respuestas militares regionales. No obstante estas dificultades, a los ojos de Washington la prueba última ha sido la disposición de sus aliados para aceptar estos términos. De ahí que la renuencia de los países latinoamericanos a aceptar los términos dictados por Washington podría fácilmente poner en duda su estatura como socios, como iguales.

Es cierto que la clasificiación de la insurgencia colombiana como grupo terrorista ha sido abiertamente controvertida, pero en la historia de los años recientes, algunos hechos, algunas tendencias parecerían sugerir que el continente no es, necesariamente, inmune al terrorismo. La presencia de terroristas islámicos en la región ha sido objeto de sospecha desde que los ataques a la embajada israelí en Buenos Aires en 1992 y el atentado contra el edificio del Instituto para la Educación y el Bienestar de los Judíos de 1994 dejaron un saldo de 117 muertos y 450 heridos.[11] La amenaza terrorista ha estado también presente en los diagnósticos de seguridad elaborados por la Comisión Bilateral

[11] David Pion-Berlin, "Sub-regional Cooperation, Hemispheric Threat: Security in the Southern Cone", en Louise Fawcett y Mónica Serrano (eds.), *Regionalism and Governance in the Americas*, *op. cit.*, p. 217.

México-Estados Unidos desde 2004. Después de todo, los ataques en Bali y Kenia dejan ver que no sólo los pozos petroleros podrían ser considerados como posibles blancos, sino también los turistas norteamericanos en territorio mexicano.[12] En pocas palabras, ¿no serían suficientes estos hechos, estas tendencias, para justificar el llamado de Washington a una cooperación sin cortapisas?

Desde luego que pocos países latinoamericanos pueden darse el lujo de ignorar las demandas de seguridad de Washington. Pese a su oposición al Plan Colombia, Brasil ha aceptado a regañadientes la necesidad de fortalecer su frontera norte. En el caso de México, la derrota diplomática en el frente de la migración no impidió al gobierno de Fox cooperar con Estados Unidos en materia de seguridad fronteriza. Sin embargo, desde la perspectiva de Washington, el balance es siempre insatisfactorio. Sus vecinos latinoamericanos cumplen, pero están aún lejos de satisfacer sus expectativas. Da la impresión de que el saldo será siempre deficitario por la sencilla razón de que la práctica de la hegemonía estadounidense no es otra cosa hoy que una "invitación" a compartir su propia perspectiva de seguridad a expensas de cualquier otra.

La parálisis regional que acompañó al periodo agónico que vivió Colombia a finales de los noventa es, sin duda, una de las muestras más fehacientes de esta realidad, en la que sólo una perspectiva cuenta. Una vez que la potencia hegemónica definió los términos de su intervención en el Plan Colombia, la región se replegó. El problema, ya sea que hablemos de Colombia, México o incluso Canadá, es que una vez que un problema es definido en función de la seguridad de Estados Unidos, las expectativas de Washington tenderán a ser exponenciales. Encontramos claros indicios de esta lógica en las respuestas de Estados Uni dos a problemas como la migración, las drogas o el terrorismo hoy día.

Pero ante la realidad de Iraq, los precedentes históricos volvieron a cobrar vida y la preocupación por el futuro se reactivó. Quizá más sorprendente que la reacción de las élites políticas ante la ocupación de Iraq fue la reacción de la opinión pública en América Latina. En aquel

[12] En "Integration and Security in North America: Do Good Neighbours need Good Fences?", analizo los riesgos que el nuevo terrorismo supone para Norteamérica y para nuestro país (*International Journal*, verano de 2006). Véase también Ana María Salazar, "Atentado terrorista en México", *Reforma*, 30 de abril de 2004.

momento, no sólo no encontramos eco alguno de las preocupaciones o justificaciones estadounidenses, sino que a lo largo y ancho de la región se expandió la sospecha de sus intenciones imperiales. Iraq aparecía como un eslabón más en una larga cadena de intervenciones llevadas a cabo por Estados Unidos. La opinión pública en la región difícilmente estableció alguna relación entre sus experiencias (locales) de violaciones masivas a los derechos humanos y aquellas denunciadas en el caso del régimen de Hussein. En cambio, no dudó en ver en las acciones de Estados Unidos en Iraq un episodio más de una vieja historia en la que el poder pasaría eventualmente a un "dictador amigo".[13] Cuando en la cúspide de la crisis el presidente Fox quiso explorar los ánimos al afirmar que nos enfrentábamos a una amenaza externa, para muchos la imagen de la amenaza era más cercana a Estados Unidos, que a las armas de destrucción masiva o a Al Qaeda.

Es por ello que en América Latina el significado último de la intervención militar en Iraq tiene que ser visto desde esta perspectiva histórica. En términos más generales se puede decir que la ocupación de Iraq dejó ver a ambas partes los límites de la vigencia de un orden hegemónico que mal que bien había durado ya varios años. Para Estados Unidos, el 11 de septiembre e Iraq habían mostrado que la región era incapaz de aceptar la nueva realidad y la naturaleza de las nuevas amenazas. Mientras que para el resto de la región, la vieja tradición que había permitido a los estados latinoamericanos oponerse y aceptar a la vez la hegemonía estadounidense, parecía haber llegado a su fin. Ambos actores se dieron a la búsqueda de una salida. Estados Unidos encontró en el unilateralismo una posible vía, mientras que la mayor parte de los países de la región apostó de lleno por la ONU.

Aún antes de la intervención militar en Iraq, los representantes diplomáticos de los países latinoamericanos ya habían resentido una coyuntura internacional que no sólo amenazaba con excluirlos de las coordenadas del orden mundial, sino que en la práctica ya los había ignorado. En las palabras del entonces recién nombrado subsecretario de Relaciones Exteriores de Brasil, Luiz Felipe de Macedo Soares, podemos encontrar claros ecos de esta inconformidad. Para quien toda-

[13] Enrique Krauze, "Ecos de 'pequeñas guerras'", *El País*, 5 de marzo de 2003.

vía era el embajador brasileño en México, "ambos países pueden unirse para pedir al mundo que vuelva la vista a América Latina... tendrían que expresar juntos su precupación por la situación de América Latina... para atraer la atención de los otros centros de poder".[14]

El apremio que acompaña al "pueden" y al "tendrían que" de esta declaración revela, en última instancia, el gran desafío que América Latina enfrentó al empezar el siglo XXI: ¿cómo y dónde afirmar su relevancia internacional?

México, uno de los principales protagonistas de este drama, no podía dejar atrás su pasado, no podía olvidar 1847. Pero impulsado por su propia experiencia histórica, México podría ofrecer a la región una posible salida. Ante la realidad de un orden mundial que gravitaba ya alrededor de Washington, la diplomacia mexicana buscaría ofrecer la alternativa de un orden mundial que ciñera a Estados Unidos. La apuesta mexicana buscaría, pues, poner a prueba la esencia de las dos visiones del orden mundial en juego: la reivindicada por Washington y la de la organización mundial.

MÉXICO: LA ANATOMÍA DE UNA CRISIS

Nuestro país obtuvo su sitio como miembro no permanente del Consejo de Seguridad dos días antes del 11 de septiembre de 2001. El representante de nuestro país asumiría la presidencia de dicho órgano el primer día de abril de 2003, once días después de iniciada la guerra. Pero la historia de la presencia de México en el Consejo de Seguridad no comenzó el 9 de septiembre de 2001, o el 1 de enero de 2002, cuando México asumió la responsabilidad de su cargo, sino dos años antes,

[14] A diferencia de México, Brasil "apoyó, claramente, formalmente" la posición expresada por Francia, Alemania y Rusia opuesta a incluir un ultimátum en el acuerdo o proyecto de segunda resolución. No deja de ser, sin embargo, significativo el que en esta entrevista concedida al diario *Reforma*, el embajador De Macedo Soares negara de manera contundente que México y Chile representaran a América Latina en el Consejo de Seguridad. Daniel Millán, "Avala Brasil salida política", *Reforma*, 21 de febrero de 2003. Véanse también las declaraciones del ministro de Relaciones Exteriores de Francia Dominique de Villepin, quien insistió que la idea del ultimátum supondría aceptar la "lógica de la guerra", en "Guerra en Iraq. El mundo ya no será el mismo", *Ercilla*, núm. 3211, 17 de marzo de 2003.

en el tránsito a la democracia. En efecto, el secretario de Relaciones Exteriores de la administración de la alternancia, Jorge G. Castañeda, pronto anunció su proyecto: alcanzar una nueva proyección internacional para nuestro país. México reivindicaría una nueva posición ante su vecino del Norte, que incluiría también la reivindicación de los derechos de cerca de 3.5 millones de migrantes en territorio estadounidense. Nuestro país asumiría un nuevo compromiso internacional con el tema de los derechos humanos aun si ello conllevara la ruptura de una larga tradición diplomática con La Habana. México reclamaría una voz que buscaría abrir nuevos espacios en la escena internacional y contribuir también a la edificación de la nueva arquitectura mundial.

México fue empujado al Consejo de Seguridad por un grupo de políticos y diplomáticos que no sólo abrigaba esperanzas y ambiciones para el perfil internacional de México, sino también para el futuro de la ONU y del orden mundial.[15] Para estas personalidades, el Consejo de Seguridad parecía ofrecer un espacio privilegiado en el que México y Latinoamérica no sólo podrían hacerse oír, sino participar en el "diseño y edificación del nuevo orden mundial de la posguerra fría".[16]

Al estallar la crisis de Iraq en marzo de 2003, todo parecía indicar que los planes de México se habían visto una vez más rebasados por los acontecimientos. En efecto, los sucesos en Medio Oriente sugerían la repetición del 11 de septiembre. Es posible que México no contara con las señales que le permitieran anticipar estos acontecimientos.[17] Y también es cierto que el presidente Bush había apoyado la candidatura mexicana a expensas de la de la República Dominicana.

[15] El tema de la reforma del sistema de las Naciones Unidas y del Consejo de Seguridad estaba claramente en el aire y muy presente en los cálculos de quienes impulsaron la candidatura de México al Consejo de Seguridad.

[16] Jorge Castañeda, "América Latina ante una disyuntiva desgarradora", *op. cit.*

[17] Hablar de predicciones sería temerario. Pero lo cierto es que desde finales de los noventa los ataques a las embajadas de Estados Unidos en Tanzania y Kenia permitieron a los expertos entrever la dimensión y el alcance potencial de la amenaza de Al Qaeda. Éste fue uno de los ejes centrales del informe de la comisión independiente creada en Estados Unidos para investigar el papel de los servicios de inteligencia en la coyuntura del 11 de septiembre. Serrano "Integration and Security in North America", *op. cit.*

A diferencia de México, esta última, acompañada de algunos países centroamericanos, otorgaría sin mayor miramiento su aprobación a la ocupación de Iraq.[18]

No debe, pues, extrañar la expectación de Washington ante el sentido del voto mexicano. En palabras del embajador Tony Garza: "Esperamos muestras de solidaridad... vamos a respetar la posición de cualquier país, pero lo que más queremos es que el apoyo sea de México, que entienda nuestra posición".[19] No podía, por lo tanto, sorprender a nadie que cuando poco después el presidente Bush contactó personalmente al presidente mexicano, el mensaje fuese ya más simple: "quiero tu voto, la seguridad de Estados Unidos está en peligro".[20]

Hay al menos dos hechos obvios que empujaban a México a plegarse al llamado de Washington. Por un lado, los intereses de la clase empresarial mexicana presionaron abiertamente al gobierno de Fox a actuar de manera "responsable". En vísperas de la intervención militar, Claudio X. González advertía que lo más fácil era "votar contra Estados Unidos", pero afirmaba que ello sería "también lo más irresponsable" y aunque reconocía los costos políticos, llamaba a apoyar la propuesta de Washington de ir a la guerra.[21] A esto se añadía, desde luego, la situación vulnerable de los millones de ciudadanos mexicanos que residían ilegalmente en Estados Unidos. Ambos hechos parecían sugerir que México se plegaría a las circunstancias.

Hoy sabemos que quienes condujeron la participación de México en el Consejo de Seguridad decidieron ceñirse a su compromiso "histórico" y "constitucional" a favor de los principios de no intervención y de la solución pacífica de controversias.[22] Si las restricciones consti-

[18] De acuerdo con el análisis de las informaciones de prensa realizado por Flacso-Chile, Colombia, Costa Rica, El Salvador, Honduras, Nicaragua, Panamá y la República Dominicana expresaron su apoyo a la acción militar en Iraq; Bolivia, Ecuador y Uruguay mantuvieron una posición ambigua; Chile, México y Perú "lamentaron" la acción armada, mientras que Argentina, Brasil y Cuba afirmaron de manera tajante su rechazo. Flacso-Chile, "Posición de países latinoamericanos frente al ataque contra Iraq", disponible en <http://www.flacso.cl/flacso/main.php?page=noticia&code=224>

[19] Daniel Millán, "Insiste Tony Garza en apoyo mexicano", *Reforma*, 19 de febrero de 2003.

[20] Bob Woodward, *Plan of Attack*, Nueva York, Simon & Schuster, 2004, p. 344.

[21] *Reforma*, 12 de marzo de 2003.

[22] A diferencia de Canadá, México carece de mecanismo alguno que le permita aprobar, en una emergencia, el uso de la fuerza en el exterior. Es cierto que la ausencia de este mecanismo

tucionales han impedido a México contribuir con tropas a los contingentes de paz de la ONU, su utilidad retórica quedó demostrada en la reticencia desplegada por los representantes mexicanos en relación con la ocupación militar de Iraq.[23]

Pero más allá de los principios, lo cierto es que esta crisis ofreció a la nueva diplomacia mexicana una oportunidad única para poner a prueba su capacidad para limitar o al menos moderar el desenfrenado unilateralismo de Washington. Sería aventurado sostener que México podía haber persuadido a Washington a renunciar a la acción militar en Iraq, pero no faltan quienes sostienen que México podía haber encabezado, junto con Chile, la oposición y el veto simbólico de los miembros no permanentes en el Consejo de Seguridad.[24] En otras palabras, donde México y Chile y el resto de los miembros no permanentes del Consejo de Seguridad hubiesen coincidido, la organización mundial muy probablemente hubiese salido fortalecida.

Es cierto que la incertidumbre respecto al sentido del voto de México y de Chile pudo haber privado a Estados Unidos, España y Gran Bretaña de la certeza de contar con los nueve votos que buscaban para empujar una segunda resolución. Con dicha resolución, la "coalición voluntaria" buscaría denunciar el desprecio de Iraq a la última oportunidad que le había concedido la resolución 1441 —aprobada por unanimidad a principios de noviembre de 2002— y allanar el camino a la acción militar.[25] Pero la explicación común y ampliamente difundida —entre otros, por el ex canciller Castañeda— que otorgó a Chile y a México, "dos países con posiciones muy claras y firmes", el crédito de haber frenado el proyecto de la segunda resolución pare-

---

permitió a México sortear algunos de los escollos en la crisis de Iraq, pero también lo es que en la crisis de Kosovo de 1999 terminó apartándolo de los otros países latinoamericanos.

[23] En mayo de 2004, ante las crecientes presiones, el nuevo secretario de Relaciones Exteriores, Luis Ernesto Derbez, denunció la renuencia de nuestro país a participar en operaciones de paz como un acto de hipocresía, ya que México colabora en el financiamiento de dichas misiones.

[24] Agradezco al embajador Paul Heinbecker, quien representó a Canadá ante el Consejo de Seguridad de 2000 a 2003, esta apreciación.

[25] Hasta el 11 de marzo todo parecía indicar que el secretario de Estado, Colin Powell, sólo había podido reunir con certeza los votos del Reino Unido, España y Bulgaria. *El País*, 11 de marzo de 2003. Véase también Michael J. Glennon, "¿Por qué fracasó el Consejo de Seguridad?", *Foreign Affairs en Español*, julio-septiembre de 2003.

ce no ser exacta.[26] En efecto, la "estrategia" adoptada por estos países latinoamericanos estuvo más bien guiada por la lógica de "ganar tiempo y mantener sus opciones abiertas".[27] Hacia el 11 de marzo de ese año, Soledad Alvear, la ministra chilena de Relaciones Exteriores, se sentía obligada a aclarar: "no es que no tengamos una posición, sino que nuestra posición es tratar de generar un acuerdo" y dos días después, en el contexto de la visita del primer mandatario japonés a México, el presidente Fox afirmaba que "México tiene una posición independiente y no se inclina a ningún lado".[28]

Más allá de la táctica de la espera, lo que queda claro es que la ausencia de un verdadero proyecto o estrategia obligó a la diplomacia mexicana a encerrarse en nociones absolutas de no intervención y a empuñar la causa pacifista. Su "oportuna" renuncia a la conducción de la política exterior en enero de 2003 no sólo permitió al ex canciller responder, ya fuera de la tribuna, a las críticas a su proyecto diplomático, sino eludir la responsabilidad de hacerse cargo de una situación sumamente compleja.[29] Da la impresión de que en el transcurso de la

[26] Citado por Daniel Millán, "Aplaude Castañeda labor de Cancillería", *Reforma*, 18 de marzo de 2003.

[27] El seguimiento de *El País* de las discusiones y declaraciones de los diplomáticos chilenos y mexicanos en Nueva York muestra claros indicios de esta "estrategia". Véase "México y Chile empiezan a cambiar su posición sobre Iraq", *El País*, 27 de febrero de 2003; "Chile exige a los grandes que se pongan de acuerdo", *El País*, 1 de marzo de 2003; "México espera la retirada de la segunda resolución", *El País*, 1 de marzo de 2003; "México y Chile. En busca de una resolución de consenso", *El País*, 8 de marzo de 2003; "Chile y México abogarán por una resolución de consenso", *El País*, 11 de marzo de 2003 . Aún el 14 de marzo, cuando los titulares cambian de tono, el embajador chileno Juan Gabriel Valdés vuelve a insistir "nosotros no estamos indecisos... nos parecen pésimos tanto la propuesta de ultimátum para el 17 de marzo, como el nuevo borrador". Véase "Lagos y Fox se inclinan por la abstención o el voto negativo en el Consejo de Seguridad", *El País*, 14 de marzo de 2003.

[28] El 9 de marzo, tras reunirse con los miembros de su gabinete para analizar y discutir el voto sobre Iraq, el presidente Fox comentó que "estaba por tomar una decisión" y que en su momento giraría las instrucciones pertinentes al canciller, Luis Ernesto Derbez, y al representante de México ante la ONU, el embajador Adolfo Aguilar Zínser. Daniel Millán "Afina gabinete voto sobre Iraq", *Reforma*, 10 de marzo de 2003. Véanse también las declaraciones publicadas en *Reforma*, 12 y 13 de marzo de 2003. Como bien señala Glennon, una vez que Francia y Rusia anunciaron el 5 de marzo que bloquearían toda resolución que avalara el uso de la fuerza contra Hussein (postura a la que se sumó China un día después) las cartas estaban echadas. Glennon, "¿Por qué fracasó el Consejo de Seguridad?", *op. cit.*

[29] En palabras del ex canciller "la posición de México sobre Iraq no le acarreó al país", como

crisis el único faro que guió la acción de la diplomacia mexicana fue el de la preservación de la paz a cualquier costo. Un día antes de estallar la guerra, en su programa radiofónico, el presidente Fox reiteró que "en la crisis de Iraq" nuestro país "actuaría en el más estricto apego a nuestros principios".[30] Por supuesto que esta posición se tradujo en altos índices de popularidad para el Ejecutivo. El índice de aprobación de 76% que las encuestas levantadas en México entre el 18 y el 29 de marzo daban al presidente mexicano, contrastaba con la escasa simpatía que los mexicanos mostraron hacia el presidente estadounidense. Es cierto que en ese mismo periodo la oposición en México a dar "apoyo moral" al vecino del Norte aumentó de 49 a 59%, pero también lo es que las encuestas sugerían que la administración de Fox contaba con un margen para conducir y guiar a la opinión pública en el tema de Iraq.[31] Sin embargo, en México el peso que adquirieron las encuestas dejaron ver que la apuesta por la paz fue quizá más el resultado del nacionalismo mexicano, que de una verdadera política de neutralidad.[32]

Para entenderlo conviene dejar claro cómo al hablar de un líder "déspota", los diputados del PAN se referían más a Bush que a Saddam Hussein. De igual modo, las referencias a la "guerra, el horror, la muerte, el genocidio, el holocausto" de un diputado de la oposición no tenían, necesariamente, como objeto de referencia las acciones de

---

muchos habían temido, "represalias por parte de Estados Unidos". En ese mismo acto, Castañeda ignoró el desempeño del representante de México ante la ONU y guardó sus aplausos para el presidente Fox y el canciller Luis Ernesto Derbez. Según el ex embajador de Estados Unidos en México, Davidow, Castañeda se negó a compartir créditos con Aguilar Zínser, por lo que le retiraría la palabara durante más de un año. Y eso querría decir que en estos intensos largos meses el canciller Castañeda no tuvo mayor comunicación con su representante ante la organización mundial. Daniel Millán, "Aplaude Castañeda labor de Cancillería", *op. cit.*, y Jeffrey Davidow, *El Oso y el Puercoespín. Testimonio de un embajador de Estados Unidos en México*, México, Editorial Grijalbo, 2003.

[30] "Defiende México principios", *Reforma*, 16 de marzo de 2003.

[31] *Reforma*, 3 de abril de 2003.

[32] En su análisis sobre la opinión pública mexicana y la guerra en Iraq, Reynaldo Ortega muestra que en México la variable autorización del Consejo de Seguridad sencillamente no importó. La opinión pública se opuso por igual con o sin autorización. Sin embargo, el análisis también sugiere que una alta proporción de la opinión pública, 58% en enero de 2003, opinaba que entendería el que México se viese obligado a apoyar a Estados Unidos. Reynaldo Ortega "The US, Iraq War and the Mexican Public Opinion", *International Journal*, verano de 2006.

Saddam Hussein que habían llevado a la muerte a más de medio millón de personas en Iraq, sino aquellas "políticas" que México no debía apoyar.[33] Estas opiniones parecían además avaladas por las encuestas que, al arrojar 73% de entrevistados a favor de la abstención o del voto en contra del ultimátum, terminaron marcando el rumbo de las decisiones de la política exterior.[34] Desde luego que estas decisiones y pronunciamientos contribuyeron más a incitar que a acallar el ánimo nacionalista. Aunque es posible, como lo sugieren algunos, que el sentimiento de "ambivalencia" hoy predomine en las actitudes de los mexicanos hacia Estados Unidos, lo cierto es que estos hechos dejan ver que el antiamericanismo aún reditúa políticamente en México.[35]

El presidente Fox no dudó en escudarse en el "veto" de la opinión pública mexicana. Pero aun así, el presidente Bush no cejó en su empeño. Desde principios de marzo de 2003, cuando George Bush visitó en su rancho al presidente Fox, las presiones sobre México se acumularon hasta llegar, en palabras del canciller Luis Ernesto Derbez, a niveles "brutales".[36] Por su parte, la comunidad empresarial se lanzó a las primeras planas de los principales diarios para advertir que la cerveza mexicana podría correr la misma suerte que el vino francés.

Da la impresión de que, amedrentado por la creciente presión y la inminencia de una guerra, el presidente Fox decidió internarse en el Hospital Militar.[37]

Sería difícil negar que la crisis en torno a Iraq proveyó las condiciones favorables para una gran catarsis nacional. En la práctica, sin embargo, su legado diplomático fue más bien magro. Las decisiones tomadas por la delegación mexicana no sólo llevaron a nuestro país a un

[33] *Reforma*, 4 y 26 de marzo de 2003.

[34] La encuesta de la Coordinación de Imagen y Opinión Pública de la Presidencia reportó que 69% de los mexicanos rechazaba un ataque unilateral, *El País*, 14 de marzo de 2003. Mientras que la encuesta publicada por *Reforma* el 12 de marzo de 2003 indicaba que sólo 23% se mostraba favorable a la resolución-ultimátum.

[35] Enrique Krauze, "Los Estados Unidos: un balance histórico", *El País*, 5 de marzo de 2003.

[36] *El País*, 1 de marzo de 2003; Derbez definió como "brutal" la presión ejercida por Washington en su comparecencia ante el Congreso el 7 de mayo de 2004.

[37] En una entrevista desde el hospital el presidente Fox reconoció que su contraparte estadounidense, el presidente Bush, aunque cortés, no había cejado y reiteró que "México actuó con firmeza y soberanía... apegados a nuestras convicciones, la paz y la búsqueda de la solución de los conflictos por la vía del diálogo", *El País*, 14 de marzo de 2003.

empate irremediable con Estados Unidos, sino que cerraron todas las posibles vías de acción en el Consejo de Seguridad. De una manera prácticamente militarista, la posición pacifista de México, impulsada por el embajador Aguilar Zínser y avalada por todas las fuerzas políticas en el país, cerró las puertas a toda negociación.[38] Es cierto que el apego a los principios pudo ofrecer a nuestro país un margen de protección para resistir las presiones de Washington, pero también lo es que la "vocación" no intervencionista y pacifista reivindicada por los representantes mexicanos congeló toda posible agenda política y/o diplomática.[39]

Poco hace falta para reconocer el peso de las presiones ejercidas por Washington sobre México y Chile en esos días. Ambos países no sólo resistieron cuanto pudieron estas presiones, sino que, paradójicamente, encontraron en su dependencia de Estados Unidos un motivo más para oponer resistencia. Resulta, sin embargo, significativo que esta determinación de resistir no permitiera a sus respectivas delegaciones crear las condiciones para presentar un frente común.

CHILE: MULTILATERALISMO POR PRINCIPIO; MULTILATERALISMO PRÁCTICO

Tres rasgos característicos hicieron de Chile un actor protagónico en la crisis de Iraq. En primer lugar, en Chile como en México encontramos una tradición legalista de respeto al derecho internacional. En Chile esta traidición, aunada al interés por mantener la estabilidad económica y comercial, se ha traducido en un profundo compromiso con la ONU y con el multilateralismo. En segundo término, como fue el caso en Argentina y como también sucede hoy en México, la transi-

[38] En el PAN, Luis Felipe Bravo Mena se inclinaba por la solución pacífica y afirmaba que la guerra sólo podía ser un último recurso. En el PRD, Rosario Robles sostenía que "nada justificaba una acción militar contra Iraq", a la vez que subrayaba el carácter histórico de la posición pacifista mexicana. De igual manera, en la voz de Roberto Madrazo, el PRI "ratificaba su vocación pacifista". Estas declaraciones se encuentran en Javier Garza, "Quién define la postura mexicana", *Reforma*, 2 de marzo de 2003; "Rechazan la guerra. Demandan posición republicana", *Reforma*, 4 de marzo de 2003.

[39] Véase, por ejemplo, Luis Rubio, "Los costos de votar y no votar", *Reforma*, 23 de marzo de 2003.

ción democrática se tradujo en Chile en un importantísimo impulso diplomático. Un tercer rasgo característico que nos permite explicar la notoriedad de Chile en el Consejo de Seguridad durante la crisis de Iraq se refiere al control que el Ejecutivo mantuvo sobre la política exterior. El primer rasgo reafirmó la lealtad de Chile hacia la ONU, mientras que los dos últimos le permitieron a la diplomacia chilena desempeñar un papel protagónico en el Consejo de Seguridad.

Desde inicios de 2003, la contribución de Chile al Consejo de Seguridad estuvo guiada por una premisa tradicional: "el multilateralismo es un interés permanente de Chile". Esta posición no sólo guiaría las acciones de Chile en el Consejo, sino que las mantendría a flote, incluso cuando todo parecía sugerir la agonía de la diplomacia multilateral. Mientras México se aferró a una interpretación absoluta de sus principios de política exterior y se mantuvo atado a las cuerdas del pacifismo, Chile asumió este compromiso multilateral hasta sus últimas consecuencias. Más aún, la condena enérgica de la diplomacia chilena a los abusos del régimen de Saddam Hussein no encontró mucho eco en los pasillos de la diplomacia mexicana. Y a diferencia de México, la diplomacia chilena hizo suyos sin ambages los términos de la resolución 1441: "el objetivo de esta resolución, que Chile respeta en todos sus términos, es lograr el desarme de Iraq".[40] En su intervención ante el Consejo de Seguridad de finales de enero de 2003, el embajador Juan Gabriel Valdés reconoció la colaboración de Iraq en los "procedimientos y arreglos prácticos", pero a la vez denunció el carácter deficiente de su cooperación en "términos sustantivos".[41] Unos días después, Soledad Alvear, ministra de Relaciones Exteriores de Chile, atribuía la renuencia de Iraq a colaborar a la "naturaleza autoritaria de un régimen opresivo". Al cuestionar la aceptación genuina por parte de Iraq del desarme, reivindicó la necesidad de "confrontar a Iraq con demandas de acción e información que no admitan tergiversación, ni dilación alguna". Si "la confrontación con Iraq era indispensable" en la perspectiva de la diplomacia chilena, también era imprescindible "el control mul-

[40] <http://www.un.int/chile/Consejoseg>

[41] Intervención del embajador Juan Gabriel Valdés, representante permanente de Chile ante las Naciones Unidas, CSNU, Nueva York, 29 de enero de 2003, disponible en <http://www.un.int/chile/Discursos/disc20030129>

tilateral de la crisis".[42] Para Chile, tanto la credibilidad de la organización mundial como la posibilidad de desarmar a Iraq por medios pacíficos dependían de un solo instrumento: las inspecciones.[43] A esto se añadía la aparente disposición de la diplomacia chilena a reconocer el peso de la amenaza y uso de la fuerza en el avance de las inspecciones.[44]

Si la crisis de 2003 hubiese sido otra, la fe multilateral de Chile hubiese sido, sin duda, ejemplar. Sin embargo, una vez que la relación entre los miembros permanentes del Consejo de Seguridad mostró fisuras imposibles de subsanar, la reivindicación del centro, de la posición de principio por parte de Chile se tornó insostenible. Es por ello que podemos concluir que la impotencia chilena fue, en última instancia, reflejo de la impotencia de la propia organización mundial.

Chile había estado presente en el Consejo de Seguridad desde hacía apenas cinco años, durante 1996 y 1997. A finales de septiembre de 2002, Chile es nuevamente elegido. La representación chilena retorna al Consejo en 2003 respaldada por los logros políticos y económicos de su democracia.[45] Chile llega al Consejo dispuesto a defender el multilateralismo a toda costa, pero sin armas para enfrentar la batalla que se desataría con la potencia hegemónica. En efecto, el desencuentro con Washington no sólo se expresó en el terreno multilateral, sino también en el bilateral. En el primero, Chile le dejó ver a la administración Bush que estaría de su lado siempre y cuando ésta mantuviera su lealtad hacia la organización mundial. En lo bilateral, Chile, como México, también fue objeto de considerables presiones.[46]

[42] Intervención de la ministra de Relaciones Exteriores de Chile, Soledad Alvear ante el CSNU, Nueva York, 5 de febrero de 2003: <http://www.un.int/chile/Discurso/disc20030205>

[43] La importancia que Chile otorgó a las inspecciones llevó a los diplomáticos chilenos a mantener un estrecho contacto con Hans Blix durante toda la crisis. Entrevista con el embajador Pedro Oyarce Yuraszeck, director de Política Multilateral, Santiago de Chile, mayo de 2004.

[44] La ministra de Relaciones Exteriores, Soledad Alvear, subrayó la importancia de la presencia de las tropas estadounidenses en la frontera iraquí como "mecanismo de presión para lograr los objetivos de destruir los misiles iraquíes".

[45] En el proceso de elección en la Asamblea General de Naciones Unidas, Chile obtuvo 178 votos favorables. Ésta fue la cuarta ocasión en la que Chile participó como miembro no permanente en los trabajos del Consejo de Seguridad. La primera fue en 1952-1953, la segunda fue en 1961-62 y la tercera en 1996-1997: <http://www.un.int/chile/Consejoseg>

[46] Un dato que no deja de ser curioso es la molestia que suscitó en Santiago el que la presión de Washignton fuese ejercida con dobles estándares. La visita simultánea, a principios de marzo,

En la primavera de 2003, Chile se encontraba en una situación de especial vulnerabilidad frente a Washington. No sólo estaba en riesgo el tratado de libre comercio por el que sucesivas administraciones en Chile habían peleado a lo largo de los últimos doce años, sino también la compra de bombarderos F-16.

Poco hace falta para reconocer que Chile enfrentaba una disyuntiva tan apremiante como la que vivía México; sin embargo, en los largos días de marzo de 2003 la diplomacia chilena dio muestras de iniciativa y de decisión que difícilmente encontramos en Tlatelolco.

Como en México, la sociedad chilena también se oponía a la invasión militar de Iraq. Y al igual que en México, la opinión pública temía las consecuencias que su oposición a la guerra podían acarrear. Guido Guirardi, el presidente del Partido para la Democracia (PPD), una de las dos fuerzas políticas en la coalición gobernante, echó a volar una paloma blanca desde La Moneda, a la vez que denunciaba que el "TLC no vale una guerra".[47] De modo semejante a como ocurriera en México, diferentes sectores de la sociedad chilena se consumieron en la duda acerca de si debían o no rehusarse a cooperar con Washington.

Pero podemos también trazar un paralelo entre la aparente vulnerabilidad de México y la inseguridad de Chile. Además, ambos países mostraron su renuencia a aceptar una acción militar que no contara con la autorización del Consejo de Seguridad. En la práctica, sin embargo, ambos buscaron ganar tiempo y eludir de esta manera el costo de una respuesta negativa a Washington. Sin embargo, las diferencias más importantes entre la diplomacia chilena y la mexicana se perfilarían en torno a las presiones que frenaron y dificultaron la búsqueda de una alternativa al proyecto de resolución apoyado por Estados Unidos.[48]

Estas presiones no impidieron a Chile mantenerse fiel a sus princi-

de Otto Reich, enviado especial de la administración estadounidense a Santiago, y del presidente Bush a México fue interpretada por el representante chileno ante las Naciones Unidas, Juan Gabriel Valdés, como una "falta de respeto... Washington maneja un doble estándar, a México fue Bush, en cambio a nosotros nos envían este pájaro". Estas declaraciones pueden encontrarse en *El País*, 1 de marzo de 2003.

[47] *El País*, 14 de marzo de 2003.

[48] Hacia el 11 de marzo de 2003, una serie de datos nos permiten advertir la presencia de

pios y, en medio de un contexto crecientemente polarizado, acogerse desesperadamente a un centro que se desvanecía.[49] Fue así como en un acto de arrojo el presidente Lagos decidió respaldar una iniciativa que proponía conceder una extensión de tres semanas a los inspectores de armas de la AIEA (Agencia Internacional para la Energía Atómica) y cumplir con al menos cinco condiciones.[50] Con esta iniciativa, Lagos buscaba destrabar el *impasse* en el Consejo de Seguridad y dar una última oportunidad a la institución mundial. Sin embargo, las acciones de espionaje de Estados Unidos y la ausencia de apoyo explícito de otros miembros del Consejo de Seguridad hicieron abortar la propuesta. En efecto, la propuesta de Lagos no encontró el eco esperado de sus contrapartes en el Consejo de Seguridad, conscientes ya de la oposición estadounidense.

Especialmente significativa fue la distancia impuesta por México. Aunque en el desenvolvimiento de la crisis los embajadores de Chile y de México habían caminado de la mano, en ese momento la distancia marcada por la diplomacia mexicana no pudo ser más clara.[51] En pala-

ideas y/o planes para presentar un tercer proyecto de resolución promovido por los miembros no permanentes en el Consejo de Seguridad —Chile, México, Guinea, Pakistán, Camerún y Angola— y con la anuencia de Canadá y Gran Bretaña, que tomaba como punto de partida el plazo de cerca de dos meses sugerido por Hans Blix a los medios de comunicación y confirmado poco después con su informe publicado el 7 de marzo sobre el avance de las inspecciones. De hecho, desde el 20 de febrero Canadá había recurrido a la voz de México para difundir en el Consejo de Seguridad su propuesta a favor de una ampliación del plazo de las inspecciones. *Reforma*, 21 de febrero de 2003; *El País*, 27 de febrero y 8 de marzo de 2003.

[49] Lo curioso es que, como ocurrió en el caso de México, ambos polos, tanto Estados Unidos como Francia dieron por sentado que la posición chilena estaba de su lado. Estas opiniones fueron recogidas durante una reunión con el equipo de Política Multilateral de la Cancillería en Santiago de Chile, mayo de 2004.

[50] La iniciativa contemplaba los siguientes puntos, retomados de una propuesta británica previa: 1) entrevistas de 30 científicos iraquíes con miembros de la ONU fuera de Iraq; 2) poner al descubierto todos los proyectiles con gas mostaza o entregar las pruebas de que habían sido destruidos; 3) hacer públicos los 100 000 litros de ántrax no encontrados o entregar las pruebas de su destrucción; 4) destruir misiles Al Samoud 2; 5) entregar informe que demostrara que sus aparatos de control remoto no eran para armas. El proyecto daba un plazo de tres semanas para el cumplimiento de estas condiciones. De ser incumplidas se podría abrir paso al uso de la fuerza militar. José Carreño "Rechaza EU plan chileno", *Reforma*, 15 de marzo de 2003.

[51] Los embajadores de los dos países habían sido vistos como una mancuerna por sus colegas a favor y en contra de sus posiciones. La difusión de dos telegramas reservados del embajador español, Inocencio Arias, describía a Adolfo Aguilar Zínser y a Juan Gabriel Valdés más opues-

bras del embajador Aguilar Zínser, "éstas son propuestas del gobierno de Chile... la propuesta que se ha presentado es una propuesta más; lo ha dicho ya el secretario Derbez en México".[52]

La iniciativa chilena fue retirada el mismo día en que fue presentada. Aunque hoy sabemos que la información extraída por Washington por la vía del espionaje aceleró el fracaso de esta iniciativa, hay quienes también sugieren que la propuesta chilena contó con la "bendición" de Tony Blair.[53] Por ello, más sorprendente que la ingenuidad del gobierno chileno fue este tardío pero desesperado intento del Reino Unido para evitar la infortunada ruptura entre la hiperpotencia y la organización mundial.

Tras el fracaso rotundo de la iniciativa chilena, los embajadores de México y Chile fueron advertidos por sus respectivas cancillerías que "debían olvidarse del verbo 'condenar'. Se podía 'lamentar' todo lo que se quisiera la deriva hacia la guerra, pero condenar, no".[54]

Lo hasta aquí expuesto nos permite advertir el vacío entre la posición de Washington y la de Santiago. Pero lo más sorprendente fue la incapacidad de la diplomacia chilena de generar coincidencias, de sumar voces y tender puentes. La propuesta chilena no logró convencer a sus contrapartes no permanentes, incluido nuestro país. La importancia de una iniciativa que buscaba a la vez elevar los costos de una acción militar sin autorización y atraer de vuelta a la gran potencia a la organizacón pasó inadvertida. Y eso quiere decir que Estados Unidos fracasó en su esfuerzo para hacerse de la legitimidad del Consejo de Seguridad, pero gracias al fracaso de la iniciativa chilena, Washington logró conjurar un acto colectivo de deslegitimación.

tos a la acción militar que sus gobiernos. En palabras del embajador español, sus contrapartes latinoamericanas "son claramente más anti que sus gobiernos", *El Universal,* 15 de marzo de 2003.

[52] Alberto Armendáriz, "Presenta Chile nuevo proyecto", *Reforma,* 15 de marzo 2003, y Salvador Camarena, "Los seis sin una propuesta", *El Universal,* 15 de marzo de 2003.

[53] Entrevistas realizadas en Chile en mayo de 2004. Tanto Blair como Jack Straw habían concebido planes para viajar a Chile para capitalizar el crédito que creían mantener por el arresto de Pinochet. Pero estos planes tampoco les impidieron apoyar a Estados Unidos en las labores de espionaje en la ONU contra Chile.

[54] "Disparen sobre el embajador", *El País,* 24 de marzo 2003.

A MANERA DE CONCLUSIÓN

Al comenzar el año 2003, el sueño latinoamericano parecía hacerse realidad. América Latina no sólo estaría representada en la organización mundial por dos grandes países de la región, sino que por medio de sus representantes lograría la "revigorización y transformación de las Naciones Unidas".[55]

Si existía un esquema, un guión que hubiera podido inspirar los pasos que la participación de América Latina debía seguir en el "diseño y construcción del nuevo orden mundial", nadie lo había expresado mejor que el ex canciller Jorge Castañeda:

> No se puede apoyar por un lado el multilateralismo, las Naciones Unidas y el derecho internacional, y por el otro negarse a participar en el Consejo; no se puede denunciar el unilateralismo estadounidense y negarse a pertenecer al único mecanismo que puede, tal vez y muy de vez en cuando, ponerle límites al mismo.[56]

Pero al observarlo con cuidado, encontramos que no existe una gran coherencia entre este guión y la práctica de Chile y México en el "máximo órgano de legitimidad multilateral". En efecto, la participación de estos países en el Consejo de Seguridad terminó por apartarse del *script* original.

En los días que antecedieron a la guerra de Iraq, la duda filosófica que acechó tanto a Chile como a México fue "estar ahí o no estar", "participar o no participar".[57] Una vez en el Consejo, el desarrollo de los acontecimientos nos permite advertir que ni Chile ni México

[55] Intervención del representante permanente de México ante las Naciones Unidas, embajador Adolfo Aguilar Zínser, sobre el tema relativo a la situación entre Iraq y Kuwait en el CSNU. Disponible en <http://www.un.int/mexico/2003/interv_cs_032703.htm>

[56] Castañeda también había alertado sobre las posibles consecuencias de dicha participación: "la aceptación de responsabilidades nuevas, la modificación de principios básicos y la cesión de segmentos importantes de soberanía". En pocas palabras, los países latinoamericanos confrontarían "una disyuntiva desgarradora". Jorge Castañeda "América Latina, ante una disyuntiva desgarradora", *op. cit.*

[57] Tanto en México como en Chile, la decisión de participar en el Consejo de Seguridad dio lugar a un acalorado debate sobre los costos y los beneficios que ello podía entrañar.

—los países latinoamericanos que en el huracán de la crisis representaron a la región— pudieron "romper las inercias" y "asumir el liderazgo". En América Latina, los únicos países que expresaron abierta y claramente su oposición a la guerra fueron Argentina, Brasil y Cuba, tres países que en ese momento no tenían ninguna presencia en el Consejo de Seguridad.[58]

A diferencia de estos países, México se encontró en el Consejo de Seguridad atado de manos, expuesto a los imperativos de su relación con Washington. Como Chile, México se enfrentó a las dificultades derivadas de su vulnerabilidad y de su dependencia de Estados Unidos. Al igual que Chile, a mitad de la crisis, México optó por una política de "a ver qué pasa" y apostó a que no habría una segunda resolución que le exigiera definirse en uno u otro sentido.

Sin embargo, como este texto ha buscado mostrar, el desempeño de Chile y México en el Consejo de Seguridad también permite advertir importantes diferencias. En la práctica, el compromiso institucional que Chile mantuvo con el sistema multilateral y con el "papel de la ONU en la paz y la seguridad internacional" otorgó a cada uno de sus pasos una consistencia que difícilmente encontramos en el desempeño de nuestro país. La tendencia a pensar en las coincidencias entre las posiciones de Chile y México nos lleva a subestimar el significado real de estas diferencias. En la posición mexicana no sólo fue palpable la influencia de la relación con Washington, sino sorprendente la ausencia de una estrategia clara. En los meses intensos de la crisis, las encuestas de opinión se convirtieron en elemento privilegiado de la élite gobernante para juzgar y determinar las decisiones de política exterior. Más aún, como mencionamos antes, la devoción que la posición mexicana rindió a las nociones absolutas de pacifismo y de no intervención terminó por atarle las manos. De esta manera, la política exterior renunció a los instrumentos que le hubiesen permitido reconocer y atender la importancia del papel de Estados Unidos en el orden mundial de la ONU y terminó prisionera de la lógica de la "indecisión por principio". En cambio, debe señalarse la capacidad de la diplomacia chilena para reconocer y cuestionar los límites de aquellas estrate-

[58] <http://www.flacso.cl/flacso/main.php?page=noticia&code=224>

gias que han contrapuesto la organización mundial al poder de la hiperpotencia y que oponen, de manera irremediable, multilateralismo y hegemonía. De ser así, la fallida iniciativa de Chile no sólo expresó su compromiso institucional con la organización mundial, sino sobre todo una convicción profunda: el orden mundial y Estados Unidos no son siempre o necesariamente contrarios.

Una vez que la delegación mexicana definió su posición en términos absolutos cerró la puerta a otras opciones, incluida la iniciativa chilena de último momento. En efecto, la interpretación extrema del pacifismo —que no permite consideración alguna sobre el papel del uso de la fuerza— impidió a la representación mexicana sumar esfuerzos con Chile para buscar, en un último intento, rescatar a la ONU de la irrelevancia. Por donde se le mire, el saldo de la participación de México en el Consejo de Seguridad resulta desfavorable.

LAS NACIONES UNIDAS, CRISIS Y RECUPERACION

Olga Pellicer

Al invitarme a participar en el coloquio en honor de Bernardo Sepúlveda, recién elegido juez de la Corte Internacional de Justicia, me pidieron escoger un tema que hubiese sido de interés en su larga y fructífera vida profesional. Escogí el de la crisis actual de las Naciones Unidas, institución que ha estado siempre en el centro de su interés como canciller, como jurista y como académico.

Las Naciones Unidas atraviesan un momento difícil. El enorme interés en su proceso de reforma llegó a un momento culminante con los preparativos y la celebración de la Cumbre de jefes de Estado y de gobierno que tuvo lugar antes del inicio de la 60ª Asamblea General en septiembre de 2005. Se elaboraron para dicha Cumbre documentos de enorme importancia para identificar los problemas clave de la organización al cumplir sesenta años y ofrecer líneas de acción para superarlos. Baste con citar el Informe Sachs destinado a proponer fórmulas que aceleren el cumplimento de las metas del milenio fijadas en el año 2000, o el Informe del panel de expertos que sirvió de base al informe del secretario general, "Un concepto más amplio de la libertad".

A pesar del esfuerzo invertido en tales preparativos, los resultados de la Cumbre fueron muy pobres; ciertamente, muy por debajo de las expectativas que se habían creado en torno a ella. Para muchos, fue válido preguntarse si todavía era posible fortalecer e inyectar mayores bríos a la organización o si, por el contrario, nos encontrábamos ante la crisis terminal de Naciones Unidas.

Antes de contestar a la pregunta anterior conviene colocar la crisis actual en perspectiva histórica. No es la primera vez que la organización atraviesa una crisis severa, ni será la primera vez que ésta sea sustituida por momentos de confianza y reconocimiento de sus actividades. Recordar crisis anteriores nos ayuda a reflexionar sobre el presente y las condiciones que pueden reanimar o debilitar aún más el papel de Naciones Unidas en el siglo XXI.

LAS NACIONES UNIDAS, CRISIS Y RECUPERACIÓN: 1984-1990

Hacia mediados de los años ochenta, las Naciones Unidas atravesaron una seria crisis de legitimidad. El cuadragésimo aniversario de la organización, en 1985, fue ocasión para que se expresaran con agresividad los argumentos que buen número de países industrializados de Occidente esgrimían en contra de la ONU. Las críticas fueron muy diversas: algunas se refirieron a su burocratismo exagerado, a la ineficiencia de sus cuadros administrativos y a los escasos resultados obtenidos en la solución de conflictos internacionales y en el mantenimiento de la paz. Otros aludieron al peso exagerado que habían adquirido los países del Tercer Mundo en las decisiones de la mayoría de sus órganos y su efecto negativo sobre las actividades de los mismos. Como corolario de estas críticas, se hacían recomendaciones sobre políticas futuras. Algunas invitando al retiro paulatino de los foros multilaterales y otras postulando un juego más agresivo de los países occidentales que les permitiera, por medio de presiones ejercidas en el nivel bilateral, revertir el ambiente que estaba reinando en los foros multilaterales de carácter político.

En ese contexto, dominado por el deseo de los países occidentales de desacreditar a Naciones Unidas, se debe ubicar la posición de la diplomacia mexicana a favor del multilateralismo, misma que fue reiterada en diversas intervenciones ante la Asamblea General. Así, al participar en el debate general de la Asamblea General de 1984, el entonces canciller Bernardo Sepúlveda señaló:

> Estamos contemplando un resurgimiento de las viejas doctrinas del poder y nuevas formas de intolerancia que pretenden poner en duda la utilidad de las organizaciones internacionales. En vista de ese peligro, deseo reiterar el compromiso indisoluble del pueblo y el gobierno de México con los

fines y principios de las Naciones Unidas. Estamos seguros que nuestra organización mundial es un instrumento irreemplazable para la promoción de la libertad, la justicia y la paz. Aceptamos también que es un organismo que puede ser perfeccionado.

Hubo que recorrer todavía un tramo antes de que las Naciones Unidas dejasen de estar en la mira de quienes cuestionaban el multilateralismo. Fue hacia finales del decenio de los ochenta cuando la crisis de legitimidad de la ONU fue desapareciendo para dar lugar a un apoyo cada vez mayor a sus actividades. El debilitamiento y, más tarde, el inesperado derrumbe del mundo socialista y el fin de la guerra fría fueron las condiciones que contribuyeron a esa etapa de revitalización de Naciones Unidas.

El primer signo de cambio fueron los acuerdos de Ginebra para la salida de las tropas soviéticas de Afganistán a finales de 1987, celebrados bajo los auspicios y la activa participación de Naciones Unidas. En los meses que siguieron ocurrió un avance sustantivo en las negociaciones para solucionar otros conflictos regionales en las que el papel del organismo mundial siguió siendo fundamental. Entre los acuerdos que se alcanzaron entonces cabe citar el cese al fuego entre Irán e Iraq, negociado con la mediación del secretario general de la ONU; el acuerdo bilateral entre Angola y Cuba para la salida de las tropas internacionales cubanas y el consiguiente acuerdo tripartita entre la República de Cuba, Angola y Sudáfrica para la solución del conflicto en África meridional, y la aplicación de la resolución 435 del Consejo de Seguridad sobre la independencia de Namibia. A esos acuerdos, signo de que las aguas habían cambiado de rumbo y permitían poner fin a viejos conflictos, les siguió una larga lista de negociaciones entre las que interesa recordar la que condujo al fin de la guerra en El Salvador y el establecimiento allí de una Operación para el Mantenimiento de la Paz, la ONUSAL, que introdujo modalidades muy novedosas en el papel de tales operaciones en la solución de conflictos y en el restablecimiento de la paz.

En efecto, siguiendo el ejemplo de El Salvador, las Operaciones para el Mantenimiento de la Paz (OMP), creadas en el decenio de los noventa, se caracterizaron por la variedad y novedad de responsabilidades que les fueron asignadas. Ya no se trataba de la primera generación de OMP, destinada a evitar la reanudación de hostilidades entre combatientes, sino de una nueva generación comprometida con lo que se comenzó a llamar "la consolidación de la paz" que incluye: celebración de elecciones; instalación de gobiernos; supervisión y asesoría para todas las actividades relacionadas con la impartición de justicia; protección de los derechos humanos, y un tema particularmente difícil: el desarme de antiguos combatientes y su reintegración a la vida civil.

No es mi intención hacer aquí un resumen de lo que fue la vida de la ONU en el decenio que siguió al fin de la guerra fría. Baste recordar tres rasgos sobresalientes de su actividad: el mayor activismo del Consejo de Seguridad, en comparación con la época de parálisis que le había provocado el uso constante del veto por parte de sus miembros permanentes; la ya mencionada proliferación de Operaciones de Mantenimiento de la Paz; el establecimiento de una "nueva agenda" que dejó en la penumbra el tema del desarrollo y el nuevo orden económico internacional para poner en el centro de atención los temas de medio ambiente, lucha contra el narcotráfico y los derechos humanos, en particular los relacionados con la vigencia de la democracia. A esas tres líneas de actividad se sumaron, en la segunda mitad de la década, el desarrollo del derecho penal internacional, corporeizado en el establecimiento de los tribunales especiales para juzgar crímenes de guerra, y la creación y aprobación de la Corte Penal Internacional.

El ambiente general de la ONU comenzó a cambiar de nuevo a finales del siglo XX, cuando se acercaba el 55 aniversario de la organización. De una parte, la decisión de actuar militarmente contra Serbia sin la autorización del Consejo de Seguridad sembró inquietudes sobre la posibilidad de mantener los consensos que venían guiando la acción de ese órgano. De otra parte, el tema del desarrollo reapareció con fuerza en la agenda de la organización, al constituir la preocupación principal de la Cumbre del Milenio que aprobó las llamadas "Metas del milenio" que contribuyeron a retomar la preocupación por los problemas de la pobreza y el hambre que siguen afectando a la mayoría de la población mundial.

Nadie sospechaba, al cerrarse los festejos de la mencionada Cumbre, que muy pronto Naciones Unidas, como espejo de la realidad que siempre ha sido, reflejaría la desazón y los temores que sucedieron a la irrupción de los actos del terrorismo internacional en el centro mismo de la ciudad que la alberga. Los ataques a las Torres Gemelas cambiaron bruscamente las prioridades y la naturaleza de la política internacional de la superpotencia, trastocaron las prioridades de la agenda internacional, colocaron en la mira a nuevos "ejes del mal" y afectaron seriamente las posibilidades de acción de las Naciones Unidas en diversos ámbitos.

LAS NACIONES UNIDAS DESPUÉS DEL 11 DE SEPTIEMBRE

Ya es un motivo común señalar que la respuesta de Estados Unidos a los ataques del terrorismo internacional en su territorio puso fin al periodo de la posguerra fría y dio comienzo a una nueva etapa en la vida internacional del siglo XXI. Se aceleró entonces el armamentismo en ese país, aumentando sus gastos de defensa a niveles que no pueden ser alcanzados por ninguna otra potencia; se definió una doctrina de seguridad nacional que coloca por encima de cualquier otra consideración la defensa de Estados Unidos ante el terrorismo; se acuñó el término de "guerra preventiva" como forma de combatir las nuevas amenazas a la seguridad de Estados Unidos; se proclamó un "acta patriótica" en ese país que limita las libertades de personas sospechosas de participar en actividades ligadas al terrorismo.

Por lo que toca a Naciones Unidas, dos rasgos de la política estadounidense acotaron la acción de la organización: su versión de "guerra preventiva" que viola los principios establecidos en la Carta relativos al uso de la fuerza en las relaciones internacionales y la decisión de actuar siempre que se considere amenazada la seguridad de Estados Unidos, independientemente de los acuerdos que se adopten en el seno del Consejo de Seguridad.

Las consecuencias de esa nueva política exterior se pusieron pronto en evidencia cuando Estados Unidos acompañado por el Reino Unido acudió al Consejo de Seguridad para buscar una resolución que diese luz verde a la invasión de Iraq sosteniendo, entre otros puntos, la existencia en ese país de armas de destrucción masiva y la presencia de vínculos entre el régimen de Hussein y los grupo terroristas de Al Qaeda (con el paso del tiempo quedó demostrado que ambas acusaciones eran infundadas).

El asunto dio pie a uno de los capítulos más complejos en la historia del Consejo de Seguridad. La opinión entre los miembros permanentes se dividió, modificando el espíritu de consenso que había imperado en ese órgano desde el fin de la guerra fría. La mayoría de los miembros del Consejo consideró que era necesario dar tiempo a los inspectores de la ONU para que fueran ellos quienes determinaran la existencia o no de armas de destrucción masiva. Sin embargo, fiel a los nuevos vientos que soplaban dentro de su administración y ante la parálisis existente en el Consejo de Seguridad, el presidente Bush decidió que había llegado "el fin de la diplomacia". Así, la invasión de Iraq se llevó a cabo sin la aprobación del Consejo de Seguridad.

La invasión de Iraq asestó un duro golpe a la credibilidad de Naciones Unidas. De inmediato surgieron opiniones contrapuestas sobre la utilidad de una organización que opera en un mundo dominado por una gran superpotencia, invencible desde el punto de vista militar y decidida, bajo la justificación de las circunstancias creadas por el terrorismo internacional, a actuar por cuenta propia siempre que lo considere necesario.

Sin embargo, y a contracorriente de lo que sostenían los defensores de Bush, el ideal del multilateralismo no se debilitó sino que cobró nuevos bríos entre gran número de miembros de la comunidad internacional, en particular las potencias que se habían opuesto a las actividades de Bush en el Consejo de Seguridad, como fue el caso de Francia. En los años que siguieron a la invasión de Iraq casi no hubo encuentro internacional de alto nivel que no incorporase en su documento final un llamado a actuar dentro de los foros multilaterales, a fortalecer a las Naciones Unidas y, como parte de ello, a trabajar a favor de una reforma de la organización que le permitiese hacer frente a los nuevos peligros a la seguridad internacional.

Se aceleró entonces el interés por la reforma de las Naciones Unidas que acompaño los preparativos para la Cumbre del 2005 a la que hemos aludido en líneas anteriores. A pesar del inmenso profesionalismo con el que se elaboraron los documentos para esa reunión, del esfuerzo invertido en identificar los puntos que mayormente requerían una actualización de la Carta, lo cierto es que pronto se advirtió que los ánimos negociadores no lo eran tanto. Había acuerdo sobre la necesidad de poner límites al unilateralismo encabezado por Estados Unidos, pero no lo había sobre una nueva forma de organización del orden internacional que, entre otras cosas, fortaleciese efectivamente a Naciones Unidas.

Diversas circunstancias permitían entrever resistencias para llegar a un gran acuerdo universal que permitiese una verdadera refundación de Naciones Unidas, proceso que debía enfrentar, entre varios otros puntos, la ampliación del Consejo de Seguridad. La primera línea de resistencia era la posición del gobierno de Bush. Para nadie es una revelación que a los actuales habitantes de la Casa Blanca no les simpatiza la ONU. Las circunstancias internas y externas no les aconsejan abandonar abiertamente la organización. De hecho, Estados Unidos ha utilizado a la ONU más de lo que parece a primera vista. Sin embargo, en términos generales, la decisión de actuar solo, atendiendo exclusivamente a sus intereses cuando real o imaginariamente está de por medio la seguridad nacional de Estados Unidos es evidente. La idea de un mundo con equilibrios, regido por normas y principios consagrados en una Carta de valor universal, no forma parte de las prioridades de los actuales dirigentes estadounidenses.

Algo distinto ocurría con otros países de importancia, como los demás miembros permanentes del Consejo de Seguridad. Entre ellos están los que se han pronunciado enfáticamente a favor de la reforma de la ONU. Esto implica, sin embargo, enfrentar el difícil tema de la reforma del Consejo de Seguridad, concretamente, de su ampliación y la incorporación o no de nuevos miembros permanentes. Dicha ampliación se aceptaba, pero ninguno de los miembros permanentes estaba dispuesto a compartir el derecho de veto. Ampliación sí, mayor número de miembros permanentes también, pero sin gozar del veto; es decir, se desea que el estatus adquirido hace más de sesenta años permanezca, justificadamente o no, como un atributo único e intocable.

En el ámbito regional, el tema de quién podría ocupar un puesto permanente en el Consejo de Seguridad originó fuertes tensiones. Se acepta que hay países que por su dimensión territorial, densidad demográfica, importancia económica en el nivel mundial, influencia en los países vecinos y voluntad de actuar en la política internacional deberían tener acceso a sitios de mayor responsabilidad en la política mundial. Pero, de allí a estar de acuerdo sobre cuáles son esas potencias emergentes y cómo pueden erigirse en los interlocutores privilegiados de una región, hay una gran distancia. Los enconos entre unos y otros ya están a la vista. Los casos de Brasil por un lado y Argentina y México por el otro, de la India contra Pakistán y viceversa, o Alemania *versus* Italia y España, etc. En pocas palabras, la institucionalización de nuevas relaciones de poder en el mundo es un asunto que se sabe necesario y quizá inevitable, pero encuentra múltiples escollos para finalizarse; mientras tanto, la reforma del Consejo de Seguridad tendrá que esperar.

En otros ámbitos, el debate sobre la reforma de la ONU está permeado por las diferencias tradicionales Norte-Sur y por la enorme desconfianza de esta última región respecto a formas encubiertas de neocolonialismo. De allí la resistencia a mecanismos para la defensa de derechos humanos que pueden entrar en conflicto con visiones estrechas de la soberanía. Persiste, comprensiblemente, el temor a que los países poderosos utilicen una retórica de humanitarismo y derechos humanos para enmascarar actos de intervención.

Con tales antecedentes, no podía esperarse mucho de la reforma de la ONU. Había, no obstante, un ambiente de relativo optimismo generado por la convicción de que los problemas de nuestros días, incluido desde luego el terrorismo, no pueden resolverse sin la cooperación internacional que tiene sus mejores asideros en Naciones Unidas.

La llegada a Naciones Unidas, poco antes de la Cumbre, de un nuevo embajador de Estados Unidos, conocido por su agresividad y poca simpatía hacia la organización, provocó serios temores que se vieron confirmados cuando, a dos semanas de la reunión, presentó cientos de enmiendas a los documentos ya negociados que se iban a aprobar. El resultado fue el aflojamiento generalizado de los textos sobre la reforma que terminaron en un documento no vinculante, pleno de ausencias y construido sobre motivos comunes. Así terminó la Cumbre que debía haberse convertido, esperanza puramente ilusoria, en el equivalente a la segunda Conferencia de San Francisco.

¿CRISIS TERMINAL?

Antes de referirnos a la existencia o no de una "crisis terminal" de las Naciones Unidas conviene tomar en cuenta que hoy por hoy no existe un foro universal que pueda suplir las tareas de esa organización como centro del que emanan actividades que abarcan múltiples aspectos de la vida internacional. Hasta ahora nos hemos referido principalmente a las que se refieren a cuestiones de paz y seguridad. Sin embargo, no se puede olvidar que Naciones Unidas, concretamente su Asamblea General, es también la fuente de numerosas resoluciones que, a su vez, conducen a la elaboración de convenciones, declaraciones, grupos de seguimiento, programas de acción etc., todo lo cual ha tenido un impacto enorme en el orden internacional de nuestros días.

En efecto, sería difícil imaginar el adelanto en la defensa y protección de los derechos humanos sin tomar en cuenta la continua labor de Naciones Unidas que comenzó con la Declaración Universal de los Derechos del Hombre en 1948 y continuó hasta desembocar en el complejo régimen internacional de los derechos humanos que hoy está formado por diversas convenciones temáticas y un gran número de comités y comisionados especiales. Otro tanto podría decirse del gran adelanto alcanzado en la toma de conciencia sobre los problemas del medio ambiente y la creación de las diversas convenciones y protocolos que se ocupan del tema, todos ellos elaborados bajo los auspicios de Naciones Unidas. También bajo los auspicios de la organización se ha llevado a cabo la tarea de codificar el derecho internacional relativo a la lucha contra el crimen transnacional organizado y muchos otros problemas que hoy día se ven desde otra perspectiva gracias a la tarea que han cumplido diversos órganos de Naciones Unidas.

El mundo de nuestros días, el gran adelanto histórico que se contempla en el tratamiento de problemas tan serios como los derechos humanos, el medio ambiente, la protección de la infancia, el adelanto de la mujer, la lucha contra el narcotráfico, la protección de la salud, la persecución de crímenes de lesa humanidad o genocidio, no se entiende sin la labor de Naciones Unidas. Por ello, es difícil imaginar una crisis de la organización que pudiera poner fin a sus actividades. Una visión integral de su significado en la historia contemporánea obliga a verla como un punto de referencia indispensable e insustituible.

Los motivos anteriores llevan a dejar de lado la visión parcial de "crisis terminal". Pero más aún, a pesar de la desilusión experimentada ante los resultados de la Cumbre del 2005, el hecho es que se abrieron entonces algunas ventanas de oportunidad. Así, la 60ª Asamblea General logró negociar y concretar dos decisiones importantes para la creación de nuevos órganos: la Comisión para la Consolidación de la Paz y el Consejo de Derechos Humanos (CDH).

La Comisión para la Consolidación de la Paz responde a una preocupación frecuentemente expresada sobre el hecho que las OMP que contribuyen a la consolidación de la paz después de guerras civiles no han hecho el seguimiento necesario para llevar a buen término su labor, de tal suerte que, como puede advertirse por ejemplo en el caso de Haití, pronto sobreviene un nuevo conflicto. Se requiere un órgano dedicado a seguir el proceso de pacificación y de reconstrucción a largo plazo, capaz de integrar a diversos actores relevantes en un foro que comparta información y persiga estrategias comunes. Entre dichos actores deben incorporarse a los políticos, así como a los dedicados a labores humanitarias y de desarrollo, es decir, importan tanto los que participan en la reconciliación política como las agencias de desarrollo que permitirán la viabilidad económica.

La nueva Comisión presenta modalidades interesantes respecto a otros órganos de Naciones Unidas debido a su peculiar membresía. En efecto, no se conformó con base en criterios regionales, sino con la idea de integrar a los actores que participan en los procesos de consolidación de la paz. Es decir, miembros permanentes del Consejo de Seguridad, miembros de la Asamblea General y del Consejo Económico y Social, así como representantes de los mayores contribuyentes a presupuestos ordinarios y voluntarios de Naciones Unidas y contribuyentes con tropas para las OMP.

Es muy pronto para opinar sobre el éxito o no de las actividades de este nuevo órgano. Lo único que puede adelantarse es que los motivos para su creación son ampliamente justificados y su nueva composición revela una actitud pragmática que puede resultar en la mayor eficacia de sus actividades.

El Consejo de Derechos Humanos viene a sustituir a la muy criticada Comisión de Derechos Humanos, acusada por algunos de politizar sus actividades por la intervención de potencias que utilizaban dobles raseros y, por otros, de tener entre sus miembros a claros violadores de derechos humanos. La Comisión había perdido credibilidad y era indispensable sustituirla. Para remediar las limitaciones de su antecesora, el CDH se coloca bajo la responsabilidad de la Asamblea General la que debe elegir a sus 47 miembros por mayoría simple tomando en cuenta que gocen de buena reputación en materia de derechos humanos. El nuevo Consejo incluye una cláusula de suspensión por votación de dos terceras partes de la Asamblea para países que no cumplan con los estándares internacionales en materia de derechos humanos y exige una revisión periódica sobre el respecto de los derechos humanos en el mundo, incluidos todos los miembros, sin excepción, de la ONU.

¿Son estos nuevos órganos suficientes para referirse al fortalecimiento de la ONU? Sólo hasta cierto punto. Constituyen, sin lugar a dudas, motivo de esperanza. Pero no se puede ignorar que el contexto en el que viene operando la ONU durante el presente siglo pone serios obstáculos a su funcionamiento en general. Se trata de obstáculos tan serios como el desconocimiento de principios fundamentales del derecho internacional por parte de la principal potencia mundial; la falta de voluntad para someterse a las decisiones de órganos multilaterales, y el retroceso en el cumplimiento de compromisos internacionales claramente establecidos, como ha sido la renuencia a llevar a cabo negociaciones para el desarme nuclear y, por el contrario, la voluntad de otorgar a dichas armas, que han sido declaradas ilegales, un papel estratégico en las doctrinas de seguridad nacional de miembros permanentes del Consejo de Seguridad.

Superar los obstáculos anteriores requiere un cambio en las doctrinas de política exterior por parte de los países que hoy detentan las situaciones de mayor poder en el ámbito internacional; un cambio de gobierno en Estados Unidos aparece, para ello, como requisito necesario, aunque no suficiente. Igualmente importante puede ser la convicción de que actuar en solitario, aun si se trata de una gran potencia, acaba por tener costos políticos y económicos demasiado grandes.

El ánimo optimista que siempre ha tenido Bernardo Sepúlveda ante las adversidades en la política internacional y su confianza inconmovible ante la fuerza del derecho internacional lo llevan sin duda a confiar en que vendrán tiempos mejores para el funcionamiento de Naciones Unidas. Yo comparto su optimismo, animada por el convencimiento de que, como ya ha sido señalado por otros analistas, aun en las circunstancias más difíciles, "si Naciones Unidas no existiese habría que inventarla".

México, septiembre de 2006

TEMAS Y REGLAS DEL JUEGO: REFLEXIONES SOBRE EL DETERIORO DE LA RELACIÓN MÉXICO-CUBA

Ana Covarrubias

INTRODUCCIÓN

Por muchos años, académicos y políticos sostuvieron que la relación entre México y la Cuba socialista tenía "algo especial". Esta idea se originó en 1964 cuando México fue el único país de la Organización de Estados Americanos (OEA) que se negó a romper relaciones con el gobierno de Fidel Castro, tal como lo indicaba la Resolución de la IX Reunión de Consulta de Ministros de Relaciones Exteriores. En efecto, el hecho de que México fuera el único país en la región (hasta los setenta) que mantuviera relaciones diplomáticas con Cuba y de que, en general, ambos gobiernos se abstuvieran de intervenir en los asuntos internos del otro, hicieron que la relación bilateral pareciera distinta en el contexto regional. Hacia fines de los noventa, sin embargo, esa relación relativamente estable comenzó a deteriorarse y casi llegó a su fin en 2004. ¿Qué sucedió?

Este breve ensayo pretende reflexionar sobre el cambio en la relación bilateral desde el punto de vista del sistema internacional; es decir, si bien una de las explicaciones más sólidas sobre el deterioro de la relación México-Cuba destaca los procesos internos en ambos países, ellos no ocurren en el vacío. Al contrario, los desarrollos en México y Cuba están estrechamente vinculados al sistema internacional. De esta forma, el propósito de estas páginas es explorar cómo el fin de la guerra fría y la agenda internacional que cobra importancia a partir de entonces influyeron en el manejo de la relación entre México y Cuba. El argumento central sugiere que la redistribución del poder y la prioridad de temas como el libre comercio, la democracia y los derechos humanos en la agenda internacional, resultado del fin de la guerra fría debilitaron las "reglas del juego" de la relación bilateral México-Cuba.

REGLAS DEL JUEGO Y PRINCIPIOS DE DERECHO INTERNACIONAL

Como bien se sabe, el hecho de que el sistema internacional sea anárquico no significa que prevalezcan el caos y el conflicto en la política internacional. En este sentido, una de las ideas más analizadas por los estudiosos de las relaciones internacionales es justamente la del orden internacional. No hay, por supuesto, una posición única al respecto, mucho menos cuando los políticos y los medios también utilizan la frase, la mayoría de las veces sin definirla, o definiéndola según intereses particulares y coyunturales. Además, el llamado orden internacional puede confundirse también con la estructura del sistema internacional, de forma tal que podemos encontrar definiciones del orden como: bipolar, multipolar, liberal, democrático, ideológico, jerárquico, etc. La discusión del orden internacional es importante en este trabajo pues, como se verá, mucho de lo que sucedió en la relación México-Cuba a partir de los noventa fue resultado de esta confusión sobre un nuevo orden internacional. El ensayo entonces distinguirá entre ese concepto vago de orden y el propuesto por Hedley Bull. De acuerdo con este autor, el orden internacional se refiere a "un patrón de actividad que mantiene las metas elementales o primarias de la sociedad de estados o sociedad internacional": a) la preservación del sistema y la sociedad de estados; b) el mantenimiento de la independencia o soberanía externa de estados individuales; c) la paz; d) la limitación de la violencia que resulte en la muerte o el daño corporal, el cumplimiento de las promesas y el respeto a la posesión mediante reglas de propiedad.[1] En consecuencia, hay formas de comportamiento que garantizan ese orden mínimo y, a partir de éste, se pueden identificar temas en las relaciones internacionales. Es decir, el orden para Bull es básicamente la supervivencia del sistema internacional y, a pesar de que orden no es

[1] Hedley Bull, *The Anarchical Society. A Study of Order in World Politics*, Basingstoke, 3a. ed., 2002, pp. 8 y 16-18.

una idea libre de valor, no lleva directamente a un "tipo" de agenda internacional. En otras palabras, no hablamos de un orden democrático, socialista o "libre", por ejemplo, sino simplemente de mecanismos que permiten la supervivencia de los estados y del sistema —sociedad para Bull— mismo.[2] El contenido de las reglas internacionales, entonces, es otro análisis, si bien vinculado a éste de temas. Pero, para evitar la confusión, este ensayo se referirá al orden de Bull como los fundamentos esenciales de la sociedad internacional, o reglas del juego, lo que contrastará con lo que, en efecto se pensó que era un "nuevo orden internacional" al fin de la guerra fría.

A partir del análisis de Bull, puede llegarse a una propuesta muy sencilla sobre la relación México-Cuba: los dos países siguieron reglas que les permitieron lograr el interés común de proteger la supervivencia de sus regímenes y mantener un orden predecible y estable al menos entre ellos. Destaca, en este sentido, el derecho internacional, que es una de las instituciones que Bull propone para el mantenimiento del orden: el principio de no intervención, por ejemplo, permite el respeto a la soberanía externa de los estados y, por ende, su supervivencia; puede llevar a la paz, a la limitación de la violencia y al respeto a la propiedad de cada Estado. Stanley Hoffmann identifica también la soberanía de los estados —de aquí la no intervención— y el derecho de autodeterminación de los pueblos como los dos primeros principios de *cualquier* orden mundial.[3] Estos principios, como se sabe, han sido centrales en la relación México-Cuba.

México no sólo reconoce la validez y vigencia de los principios de derecho internacional, sino que les ha dado un lugar primordial en su política exterior. En 1988, el Congreso aprobó la incorporación de siete principios normativos para la conducción de la política exterior a la fracción X del artículo 89 de la Constitución: la no intervención, la autodeterminación de los pueblos, la igualdad jurídica de los estados, la cooperación internacional para el desarrollo, la solución pacífica de

[2] Sociedad precisamente porque se comparten esas metas mínimas comunes.

[3] Al tratarse de un orden analíticamente distinto al propuesto por Bull, Hoffmann añade que el orden mundial debería surgir de gobiernos constitucionales y debería buscar la protección universal de los derechos humanos. "Delusions of World Order", *World Disorders. Troubled Peace in the Post-Cold War Era*, Nueva York, Rowman and Littlefield, 1998, pp. 125-127.

las controversias, la lucha por la paz y la seguridad internacionales y la proscripción del uso o la amenaza del uso de la fuerza en las relaciones internacionales. Como secretario de Relaciones Exteriores, Bernardo Sepúlveda explicó el lugar de los principios para la política exterior de México:

> Cuando se defiende la no intervención, la libre determinación de los pueblos, la solución pacífica de las controversias entre las naciones, la igualdad jurídica de los estados, la cooperación internacional para el desarrollo, México defiende algo más que meros postulados teóricos, defiende su derecho a ser un pueblo soberano frente a los demás pueblos. Se trata, por otra parte, de principios cuya violación México ha sufrido en experiencia propia a lo largo de su historia y cuya validez universal y acatamiento constituirían un valladar para la defensa del país.[4]

No hay duda de que los principios de política exterior reflejan la experiencia histórica de México pero no debe olvidarse que algunos de ellos, como la no intervención, han intentado regular la política internacional por muchos años y son parte del derecho internacional y de la Carta de la ONU.[5] ¿Por qué entonces si una de esas reglas importantes ha sido la no intervención se ha distinguido a la relación México-Cuba por cumplir con ella? El mantenimiento de relaciones entre México y Cuba no debió haber sido algo singular: simplemente se respetaba el principio de no intervención y, por lo tanto, la soberanía de cada país.

[4] Bernardo Sepúlveda Amor, "Reflexiones sobre la política exterior de México", *Foro Internacional*, vol. 24, núm. 4(96), abril-junio de 1984, p. 409.

[5] De hecho, fueron los países latinoamericanos, entre ellos México, los que más impulsaron la inclusión de los principios en la Carta de Naciones Unidas en 1945. Para una enumeración más precisa de los principios en las relaciones internacionales, véase "Declaration on Principles of International Law Concerning Friendly Relations and Cooperation among States in Accordance with the Charter of the United Nations", G.A., Res. 2625, Annex, 25 UN GAOR, Supp. (núm. 28), U.N. Doc. A/5217 at 121 (1970), <http://www1.umn.edu/humanarts/instree/principles1970.html>, consultada el 14 de julio de 2005. La Carta de la OEA, por su parte, también incluye la no intervención como uno de los principios del sistema interamericano.

LAS REGLAS DEL JUEGO ENTRE MÉXICO Y CUBA

El mantenimiento de relaciones con Cuba y la relación no intervencionista entre los dos países fue distintivo precisamente por cumplir con las reglas del juego en un momento histórico y en una región en la que se podían violar con facilidad. Las relaciones México-Cuba se distinguieron en un contexto caracterizado por el intervencionismo de la potencia hegemónica, secundado por los países de la región. Los miembros de la OEA, con excepción de México, acordaron en ese momento que la violación del principio de no intervención era conveniente y satisfacía sus intereses nacionales. En este contexto, el hecho de que Cuba no promoviera la inestabilidad en México y que México no apoyara la contrarrevolución cubana distinguió a la política de ambos países. Inicialmente fue así como se entendió la no intervención entre los dos países pero, con el tiempo, adquirió también la forma de cualquier opinión o juicio de uno sobre los asuntos del otro.[6]

El acuerdo no intervencionista entre México y Cuba es bien conocido y su origen puede encontrarse en la política mexicana hacia la Revolución cubana a principios de los sesenta. En su reacción a la IX Reunión de Consulta de Ministros de Relaciones Exteriores de la OEA en 1964, cuya resolución estableció el rompimiento de relaciones con Cuba, Fidel Castro se refirió al caso mexicano:

> México mantuvo la posición más firme en este cínico acuerdo... Es una política de principios y es una política de autorrespeto... Nuestra disposición es vivir bajo un sistema de normas internacionales aplicables a todos, y de una igual observancia de todos los estados. A México... podemos de-

[6] Es muy importante aclarar que la idea de intervención/no intervención en la relación México-Cuba, como en muchas otras, debe matizarse pues no se trata obviamente de la intervención en su definición más rígida: el uso o amenaza del uso de la fuerza. México no ha tenido los intereses ni la capacidad militar para usar la fuerza en el ámbito internacional; Cuba, por algunos años, sí tuvo intereses globales que defendió mediante el uso de la fuerza, pero México nunca fue parte de ellos. La no intervención entre Cuba y México debe entenderse como el no pronunciamiento de un gobierno sobre asuntos internos —y externos en ocasiones— del otro gobierno, y la no participación en actividades que pudieran contribuir a la desestabilización de cualquiera de los dos regímenes. Como se verá más adelante, se trató de un lenguaje utilizado por los dos gobiernos para sentar las bases de su comportamiento.

> cir que el gobierno de México nos inspira respeto, que con el gobierno de México estamos dispuestos a hablar y discutir. Y con el gobierno de México estamos dispuestos a comprometernos a mantener una política sujeta a normas, normas inviolables de respeto de la soberanía de cada país y no entrometernos en los asuntos internos de ningún país... por nuestra parte, tenemos confianza en el gobierno de México y hacemos esta declaración responsable: con el gobierno de México estamos dispuestos a hablar, y con el gobierno de México estamos dispuestos a discutir, y con el gobierno de México estamos dispuestos a comprometernos.[7]

Esta cita revela la respuesta no intervencionista del gobierno cubano a lo que percibía como una política igualmente no intervencionista por parte de México que no rompió relaciones con Cuba y defendió su derecho a la libre autodeterminación. Sin profundizar mucho, puede inferirse que se trataba de una cuestión de supervivencia y protección política. Ante la posibilidad de que Cuba promoviera la subversión en México o de que el gobierno mexicano contribuyera a impedir la consolidación política del nuevo gobierno cubano, autoridades mexicanas y cubanas decidieron no hacerlo. Los dos gobiernos advirtieron que el cumplimiento con la regla básica de la no intervención convenía a la estabilidad y la viabilidad de sus regímenes.

El acuerdo no intervencionista entre México y Cuba, sin embargo, fue más un lenguaje entre los dos países que una realidad absoluta. Hubo intervención por parte de México en asuntos cubanos y, en menor medida, de Cuba en México. Entre los actos intervencionistas puede citarse la tarea de espionaje por parte del gobierno mexicano que, según muchas fuentes, fue conocida o solicitada por distintos gobiernos estadounidenses.[8] En el caso cubano, hay cierta evidencia de la participación de funcionarios cubanos en el "adoctrinamiento" de es-

[7] *Revolución*, La Habana, 27 de julio de 1964, pp. 2-4.

[8] El trabajo de Kate Doyle ("Double Dealing. Mexico's Foreign Policy Toward Cuba", The National Security Archive, 2003, <http://www.gwu.edu/~nsarchiv/NSAEBB/NSAEBB83/index2.htm>), consultado el 2 de abril de 2004, y documentos publicados en la serie del Departamento de Estado estadounidense (Foreign Relations of the United States, 1964-1968, vol. XXXI, South and Central America; Mexico, <http://www.state.gov./www/about_state/history/frus.html>) sugieren una colaboración cercana entre los gobiernos de México y Estados Unidos en materia de inteligencia respecto a Cuba. Pueden verse también los siguientes trabajos: Philip Agee, *Inside the Com-*

tudiantes mexicanos y para organizar el apoyo a la Revolución cubana. En ambos casos se negoció el fin de tales actividades gracias, en mucho, a ese lenguaje no intervencionista; al apelar a la regla básica del juego, la no intervención.[9]

Al terminar la primera conferencia de la Organización Latinoamericana de Solidaridad (OLAS) organizada por el gobierno cubano, por ejemplo, el entonces secretario de Relaciones Exteriores, Antonio Carrillo Flores declaró: "el gobierno de México abriga la esperanza de que, si Cuba tiene realmente el propósito de fomentar la violencia en Latinoamérica, se detenga a tiempo, y reflexione sobre la conveniencia de abandonarlo, pues... estaría violando los principios claros de justicia y de derecho internacional antes invocados, que es a los países pequeños a quienes más interesa defender".[10] En el periódico *Granma*, por otro lado, el gobierno cubano reaccionó a los actos intervencionistas de México de la siguiente manera:

> Pretender que el mantenimiento de las relaciones de México con Cuba es una gracia o una merced demuestra, cuando menos, una completa ignorancia de las normas más elementales de la política internacional. Las relaciones entre países no se basan en favores ni en dádivas, sino en la reciprocidad, en el mutuo respeto entre los estados y en el reconocimiento de la igualdad entre ambos, como fruto del ejercicio de la propia soberanía y de sus deberes indeclinables. Si México no ha roto sus relaciones con Cuba, como lo han hecho por dictado ajeno otros estados latinoamericanos, débese según han expresado reiteradamente sus gobernantes y funcionarios a que su política exterior responde a la independencia del país, a

pany. CIA Diary, Londres, Penguin, 1975; y, Alan Riding, *Vecinos distantes. Un retrato de los mexicanos*, México, Joaquín Mortiz-Planeta, 1985.

[9] En el caso de la intervención cubana, el gobierno mexicano presentó las quejas correspondientes y las autoridades cubanas pusieron fin a esas presuntas actividades de manera rápida y discreta. Ana Covarrubias, "Mexican-Cuban relations 1959-1988", tesis de doctorado en relaciones internacionales, Universidad de Oxford, 1994, pp. 95-96. En el caso de la intervención mexicana, se cuenta con declaraciones de Castro y editoriales en el periódico *Granma*, tal como se verá más adelante.

[10] "Intervención del C. Lic. Antonio Carrillo Flores, Secretario de Relaciones Exteriores, al fundar los votos de México, 23 de septiembre de 1967", México, Secretaría de Relaciones Exteriores, *Memoria de la Secretaría de Relaciones Exteriores*, 1 de septiembre de 1967-31 de agosto de 1968, pp. 393-394.

> su derecho a la libre determinación y a su repudio a la intervención extranjera en los asuntos internos de las naciones, a aquellos principios, en suma, en que declarara asentarse su vida internacional, prescindiendo de si su conducta beneficia o no al otro Estado. El homenaje que puede rendir Cuba a México por esa actitud no es de gratitud por un pretenso favor, sino por la defensa que hace de su propia soberanía cuando otros gobiernos obedecen servilmente el úkase imperialista.[11]

En general, entonces, los límites de la intervención quedaron claros y en esos rangos se movieron las políticas cubana y mexicana. No puede olvidarse, además, que no hay evidencia que sugiera la intervención cubana en los sucesos de octubre de 1968, oportunidad que el gobierno de Fidel Castro pudo haber aprovechado fácilmente para fomentar la inestabilidad en México.[12]

Los años setenta se distinguieron por un acercamiento sin precedente a Cuba en el que destaca la promoción en 1975 de los gobiernos mexicano y costarricense de una resolución en la OEA mediante la cual los países miembros quedaban en libertad de restablecer relaciones con Cuba. Lo que en ese momento se presentó como pluralismo político puede muy bien interpretarse como lo que gobiernos mexicanos han entendido como el derecho de la libre autodeterminación de los pueblos: la libertad de escoger el régimen político que se quiera. Para el presidente Echeverría, gracias a la resolución de 1975, los países latinoamericanos recobraban "parte de soberanía (*sic*) que habían enaje-

[11] *Granma*, 18 de agosto de 1969, p. 8.

[12] Heberto Castillo relata que sus contactos con la embajada cubana en México terminaron en julio de 1968, en su opinión, porque el gobierno cubano no quería verse vinculado con el movimiento estudiantil. *Proceso*, 13 de septiembre de 1993, p. 39, y, 20 de septiembre de 1993, p. 38. Para Henry Gill, no hubo ninguna denuncia por parte del gobierno mexicano en el sentido de que Cuba hubiese apoyado a los disidentes. Henry Gill, "Cuba and Mexico: A Special Relationship?", en Barry B. Levine (ed.), *The New Cuban Presence in the Caribbean*, Boulder, Westview Press, 1983, pp. 75-90. Mario Ojeda, por su parte, subraya el hecho de que ninguno de los líderes del movimiento hubiese obtenido asilo en Cuba. Mario Ojeda, *Alcances y límites de la política exterior de México*, México, El Colegio de México, 1984, 2ª. ed., p. 109. Debe decirse, sin embargo, que la no intervención cubana en 1968, y en general desde 1959, pudo deberse no sólo al acuerdo entre México y Cuba, sino al hecho de la vecindad geográfica entre México y Estados Unidos. Para algunos cubanos, "habría sido suicida intervenir en México", entrevista, La Habana, diciembre de 1990.

nado a partir de 1964".[13] Además, el apoyo mexicano al movimiento tercermundista favoreció una relación con Cuba mucho más fluida y que reflejaba intereses en común, como el cambio de las reglas de la economía mundial o la creación de iniciativas económicas regionales (el Sistema Económico para América Latina, SELA, por ejemplo) que excluían a Estados Unidos. En los ochenta, la relación bilateral se manejó de forma hábil en el contexto del conflicto centroamericano y las actividades del Grupo Contadora. Los gobiernos mexicano y cubano coincidieron en la necesidad de reconocer y fortalecer al gobierno sandinista en Nicaragua y en evitar una intervención militar directa estadounidense en el istmo centroamericano. Ante el endurecimiento de la política de Estados Unidos hacia Cuba y Centroamérica, el presidente López Portillo llegó a declarar que no soportaría nada contra Cuba, "lo sentiríamos propio",[14] y que una invasión estadounidense a la región centroamericana y el Caribe constituiría un "gigantesco error histórico".[15] El Grupo Contadora reconoció a Cuba como un protagonista del conflicto centroamericano y uno de sus objetivos fue justamente la preservación del orden regional en el sentido de respetar la soberanía de los estados y las reglas del juego mediante los principios de no intervención, autodeterminación y la solución pacífica de las controversias. Esta política favorecía al gobierno cubano, al tiempo que el mexicano ampliaba su capacidad negociadora con actores como la guerrilla centroamericana gracias a la influencia cubana; es decir, al Cuba coincidir con el objetivo central de Contadora de lograr la pacificación regional, el gobierno de Castro ejerció su influencia sobre el gobierno sandinista y la guerrilla para que adoptaran una mejor disposición ante el proceso de Contadora. México y Cuba se beneficiaban de esta relación.

Hacia fines de los ochenta, entonces, el manejo exitoso de la regla básica de la no intervención permitió que Cuba y México encontraran temas de política exterior en común y, más importante, la solución eficaz de las diferencias entre los dos países. Un ejemplo ilustrati-

[13] *Excélsior*, 18 de agosto de 1975, p. 1-A.

[14] *Excélsior*, 1 de agosto de 1980, p. 1-A.

[15] "Discurso del Presidente José López Portillo al recibir la condecoración Augusto César Sandino en el Grado Batalla de San Jacinto", México, Secretaría de Relaciones Exteriores, *Informe de labores*, 1 de septiembre de 1981-31 de agosto de 1982, p. 169.

vo a este respecto es el de la reunión del Diálogo Norte/Sur en Cancún, reunión a la que no se invitó a Castro a pesar de ser presidente del Movimiento de los No Alineados (MNOAL) pues el presidente estadounidense Ronald Reagan condicionó su asistencia a que no estuviera Fidel Castro. En esa ocasión, el presidente José López Portillo invitó a Castro a la isla de Cozumel para explicarle la decisión de no invitar a Cuba a la reunión: sin la presencia del presidente estadounidense la reunión no tendría posibilidades de éxito. Castro entendió y respetó la posición mexicana. Según la prensa mexicana, Castró "liberó a los países amigos de Cuba comprometidos en las negociaciones y organización del encuentro de cualquier compromiso moral a que se sintieron obligados por la no participación cubana en dicho encuentro".[16] "Ni cuarenta cancunes (*sic*) —dijo el ministro cubano de Relaciones Exteriores, Isidoro Malmierca—, afectarían las ejemplares relaciones que existen entre su país y el nuestro".[17] López Portillo, por su parte, escribió en sus memorias que su reunión con Castro había sido un éxito de comprensión y fraternidad:

> Le expliqué mi visita a Reagan, los esfuerzos hechos para lograr que asistiera a Cancún y para distender el área... Fui claro y franco y viéndolo a los ojos le dije que era más importante la Reunión de Cancún que la presencia de Cuba, y que si no iba Estados Unidos no habría reunión. Tuvo la nobleza de reconocerlo como objetivo valioso y, después de darme su interpretación de los mismos temas... me liberó de mi compromiso moral de invitarlo a Cancún.[18]

[16] *Exclésior*, 9 de agosto de 1981, p. 7-A.

[17] *Excélsior*, 8 de agosto de 1981, p. 12-A.

[18] José López Portillo, *Mis tiempos. Biografía y testimonio político*, México, Fernández Editores, 1988, vol. 2, p. 1094. Evidentemente se trató de una negociación difícil pero exitosa. Cuba pudo haber aceptado la posición de México pues, en ese momento, las relaciones eran muy cercanas y el papel de México muy visible. De esta forma, tener a México como aliado resultaba conveniente. Seguramente la negociación fue más allá de esto pero no hay evidencia en cuanto a qué más pudo haber dado México. En otras partes de sus memorias, López Portillo habla, por ejemplo, de la petición que le hiciera Castro de depositar dólares en el Banco Central de Cuba en diciembre de 1981. La petición se repite en julio de 1982 (esta vez Cuba también solicita petróleo), y sólo en este último caso López Portillo anota que no puede ayudar a Castro (pp. 1134 y 1220-1221).

LAS REGLAS A PRUEBA

Otro ejemplo interesante del manejo exitoso de la relación bilateral en un contexto internacional difícil es el del sexenio del presidente Carlos Salinas de Gortari; éste ilustra el ajuste de la regla básica de la no intervención a temas que cobraban importancia en la agenda internacional que México gradualmente incorporó en su política interna, pero no así Cuba. En primer lugar, la presencia de Castro en la toma de posesión de Salinas fue criticada por ciertos individuos y grupos como un "acto intervencionista", al tratarse de una de las elecciones presidenciales más cuestionadas en México. De acuerdo con Jorge Castañeda, la visita de Castro era "una interferencia en asuntos internos mexicanos. Dañaba a las fuerzas de centro-izquierda, beneficiaba al régimen, pero introducía una nueva forma de incorporar el factor externo en nuestras luchas políticas".[19] Más aún, fue durante el gobierno de Salinas cuando el proyecto mexicano se alejó más que nunca del cubano y optó por la asociación económica abierta con el poder hegemónico, asociación que al no existir formalmente era explotada por el gobierno cubano. Es decir, por muchos años, el hecho de que la política mexicana hacia Cuba *pareciera* disentir de la de Estados Unidos y otros países latinoamericanos fue utilizado por el gobierno cubano a su favor: la imagen de ruptura de la unidad hemisférica servía para evitar el aislamiento total de Cuba y, por ende, el "triunfo" de Estados Unidos.

El libre comercio entraba a la agenda mexicana y regional. En ese contexto se da también un hecho sin precedente —al menos públicamente— en la relación México-Cuba: el presidente Salinas se entrevistó con los líderes del exilio cubano Jorge Mas Canosa y Carlos Alberto Montaner en 1992. La prensa interpretó estos encuentros como el intento de una negociación entre el presidente mexicano y los líderes del exilio cubano para evitar que éstos organizaran una oposición abierta a la firma del Tratado de Libre Comercio de América del Norte, TLCAN, pues no querían que Estados Unidos tuviera un tratado de este tipo con un país que comerciaba con Cuba.[20] A pesar de todo esto, la rela-

[19] *La Jornada*, 7 de diciembre de 1988, p. 9.
[20] Véase *Proceso*, 5 ,12, 19 y 26 de octubre de 1992.

ción bilateral no se deterioró y con la evidencia con la que se cuenta podemos atribuirlo a la vigencia de las reglas del juego. En iniciativas diplomáticas regionales que respaldaban la "nueva" agenda, el gobierno mexicano defendió la no intervención en Cuba. Ante la posición argentina de presionar al gobierno cubano a emprender la liberalización económica y política en la I Cumbre Iberoamericana, el gobierno mexicano subrayó la no intervención en Cuba y la libre autodeterminación del pueblo cubano. En relación con la negativa de Castro de iniciar la apertura económica y política en Cuba, el presidente Salinas dijo que no había recomendado nada a Fidel Castro pues no le gustaría que después le hicieran recomendaciones a él.[21] En la II Cumbre en Madrid, México mantuvo su posición de que la crisis cubana era problema de los cubanos únicamente y Castro declaró que las actitudes de los líderes iberoamericanos habían sido frustrantes excepto la de Salinas.[22] Éste es un buen ejemplo de que el cambio de temas en la agenda no es razón *per se* para un cambio en la relación bilateral.

Cuando México adoptó el tema de la democracia respecto a sí mismo, su relación con Cuba empezó a modificarse de forma más visible. No se trataba de un cambio exclusivo de México, como el libre comercio durante el gobierno de Salinas, sino que se esperaba que Cuba actuara de la misma manera. En la IX Cumbre Iberoamericana en La Habana, el presidente Ernesto Zedillo declaró que la democracia era necesaria para fortalecer la soberanía, "que tanto valoramos los pueblos iberoamericanos... No puede haber naciones soberanas sin hombres ni mujeres libres; hombres y mujeres que puedan ejercer cabalmente sus libertades esenciales: libertad de pensar y opinar, libertad de actuar y participar, libertad de disentir, libertad de escoger".[23] Su discurso fue interpretado como un mensaje hacia Cuba; ya no se defiende la no intervención en asuntos cubanos, sino que Cuba era obje-

[21] *Unomásuno*, 24 de julio de 1992, p. 22.

[22] En palabras de Castro: "Hemos sentido el calor y los sentimientos de amistad de los mexicanos". *Unomásuno*, 25 de julio de 1992, p. 23.

[23] "Versión estenográfica de las palabras del presidente Ernesto Zedillo, durante la ceremonia de clausura de la IX Reunión Cumbre Iberoamericana de Jefes de Estado y de Gobierno, en el salón Plenario del Palacio de las Convenciones, en esta ciudad", La Habana, Cuba, 16 de noviembre de 1999.

to de "observaciones". Además, la secretaria de Relaciones Exteriores, Rosario Green, se reunió con Elizardo Sánchez, presidente de la Comisión Cubana de Derechos Humanos y Reconciliación Nacional".[24] Al respecto, el vocero de la Cancillería cubana comentó: "no nos sentimos ofendidos por esos encuentros; sólo nos preocupa la actitud que pueda asumir nuestro pueblo ante tales actividades, considerando que el pueblo cubano, como el mexicano, siempre han comprendido muy bien ese concepto imperecedero del prócer Benito Juárez de que el respeto al derecho ajeno es la paz".[25] La reacción cubana era clara: debían respetarse las reglas tradicionales del juego.

El franco deterioro de la relación México-Cuba será uno de los temas de política exterior que más se recuerde del sexenio del presidente Vicente Fox. Durante el gobierno de Fox se consolidó el cambio de temas en la relación bilateral y de las reglas del juego entre México y Cuba. De la serie de sucesos y anécdotas que caracterizaron las relaciones entre los dos países en el sexenio 2000-2006 vale la pena destacar dos pues son ilustrativos de la confusión entre temas de la agenda y las reglas del juego: el voto mexicano en la Comisión de Derechos Humanos de la ONU en Ginebra en 2002 y el retiro de embajadores de las dos capitales en 2004. El primer caso puede interpretarse como el indicio más claro de que las reglas del juego ya habían cambiado: el gobierno mexicano votó a favor de una resolución que pedía a Cuba realizar esfuerzos para obtener avances en materia de derechos humanos, civiles y políticos, así como aceptar la visita de un representante de la Alta Comisionada de los Derechos Humanos a la isla.[26] Es decir, el gobierno mexicano tomaba partido sobre un asunto interno cubano,

[24] No fue la única, otros funcionarios extranjeros también lo hicieron. Green negó que la entrevista hubiese representado una injerencia de México en asuntos cubanos. Los principios constitucionales mantenían su vigencia y la diplomacia mexicana era una que "habla[ba] con la gente". *La Jornada*, 15 de noviembre de 1999, en Infolatina: <http://zeus.infolatina.com.mx>

[25] *Excélsior*, 26 de noviembre de 1999, en Infolatina: <http://infolatina.com.mx>. Al comentar sobre los vínculos entre el gobierno cubano y la oposición en México, el vocero dijo que no era comparable pues ésta era reconocida por el sistema institucional mexicano y no se trataba de "personas que son alentadas, organizadas y financiadas por el gobierno de Estados Unidos y la mafia terrorista de Miami".

[26] Organización de las Naciones Unidas, Press Release, "Resolutions on Situations in Iraq, Sudan and Cuba adopted by the Commission on Human Rights", Commission on Human Rights, 58th session, 19 de abril de 2002.

y no a favor del gobierno. Como respuesta, el gobierno de Fidel Castro hizo pública una conversación entre él y el presidente mexicano anterior a la Conferencia sobre la Financiación para el Desarrollo que tuvo lugar en Monterrey en marzo de 2002.[27] La conversación reveló que el presidente Fox había pedido a Castro abandonar la Conferencia antes de que llegara el presidente estadounidense George W. Bush. La solicitud de Fox había sido difundida por las autoridades cubanas desde que Castro abandonó la reunión pero el gobierno mexicano lo había negado. Al conocerse la conversación, quedó claro que México y Cuba no podían resolver sus diferencias de manera negociada. No sería aventurado decir que esta falta de capacidad para resolver diferencias resultaba, en mucho, de la falta de confianza entre los dos gobiernos al no haber una garantía última de no intervención. Contraste este episodio con el de la Reunión Norte/Sur de 1981.

En mayo de 2004, una vez más después de que México votara a favor de la resolución propuesta en Ginebra y después de una serie de declaraciones del gobierno cubano, los secretarios de Gobernación y de Relaciones Exteriores, Santiago Creel y Luis Ernesto Derbez, respectivamente, anunciaron el retiro de la embajadora Roberta Lajous de La Habana y de Jorge Bolaños Suárez de la Ciudad de México, y declararon persona *non grata* a Orlando Silva, consejero para Asuntos Políticos de la embajada cubana. Paradójicamente, los secretarios mexicanos recurrieron al principio no intervención para justificar esta medida: miembros del Partido Comunista Cubano, PCC, habían realizado actividades inaceptables en México con ayuda de Orlando Silva.[28] Lo cierto es que a esto hay que añadir por lo menos dos sucesos importantes: la repatriación del empre-

[27] La transcripción de la conversación puede encontrarse en Reforma.com, 22 de abril de 2002: <http://www.reforma.com>

[28] "Se cuenta con información de que [José Antonio] Arbesú y [Pedro Miguel] Lovaina, con la intervención del consejero político de la embajada de Cuba en México, Orlando Silva Fors, estuvieron tratando en territorio nacional, fuera del marco institucional y de los procedimientos que se establecen en los acuerdos y tratados vigentes entre ambos estados, asuntos que, en todo caso, deben desahogarse por la vía diplomática con las instancias competentes". *La Jornada*, 3 de mayo de 2004: <http://www.jornada.unam.mx/o'=3nlpol.php?printver=1&fly=1>, consultado en mayo de 2004. Al parecer, los secretarios se referían a los encuentros entre dirigentes del PRD con Arbesú y Lovaina para tratar el tema de las declaraciones que había hecho el empresario Carlos Ahumada tras su detención en La Habana y sobre su posible deportación a México. Re-

sario Carlos Ahumada a México y el discurso de Fidel Castro del 1º de Mayo. En el primer caso, Ahumada había huido a Cuba después de que los medios mexicanos presentaran videos en los que se veía al empresario sobornando a funcionarios del gobierno del Distrito Federal miembros del Partido de la Revolución Democrática (PRD). Sin esperar la solicitud formal de extradición, el gobierno cubano regresó a Ahumada a México y comentó que "los hechos relacionados con Ahumada Kurtz y el escándalo público desatado en torno a ellos, tienen una incuestionable connotación política".[29] De acuerdo con el secretario Derbez, las declaraciones hechas por el Ministerio de Relaciones Exteriores de Cuba al deportar a Ahumada a México representaban injerencia directa de Cuba en asuntos mexicanos: "Queremos dejar en claro que México no tolera ni tolerará, bajo ninguna premisa o circunstancia, que cualquier gobierno extranjero pretenda afectar nuestras decisiones en política exterior o interior".[30] El discurso de Castro del 1º de Mayo reflejó, una vez más, las crecientes diferencias entre Cuba y México:

> En México... el Congreso Nacional solicitó en vano a su Presidente abstenerse de apoyar la resolución que le demandó el presidente Bush. Duele profundamente que tanto prestigio e influencia ganados por México en América Latina y en el mundo por su intachable política internacional, emanada de una revolución verdadera y profunda, hayan sido convertidos en cenizas... Prácticamente la frontera de Estados Unidos con México no está ya en el río Bravo del que hablaba Martí. Estados Unidos está mucho más dentro de México... Lo peor y más humillante para México fue que las noticias relativas a su votación en Ginebra, tanto el día 15 como el 22, eran anunciadas desde Washington.[31]

forma.com: <http://www.reforma.com/parseo/>, consultado en mayo de 2004. Lo cierto es que nunca se dieron a conocer acciones intervencionistas concretas. La reacción del gobierno mexicano podría interpretarse, así, como un intento —torpe— para comunicar al gobierno cubano que "había sido suficiente" o, quizá, para amenazarlo con la ruptura de relaciones ante el comportamiento "inaceptable" de Cuba en general.

[29] Milenio.com, 29 de abril de 2004: <http://www.milenio.com/>, consultado en abril de 2004.

[30] *La Jornada*: <www.jornada.unam.mx/003n1pol.php?printver=1&flyı>, consultado en mayo de 2004.

[31] "Discurso de Fidel Castro", *El Universal*, 3 de mayo de 2004: <http://www.eluniversal.com.mx/pls/>, consultado en mayo de 2004.

El retiro de embajadores representó el momento de más distanciamiento entre México y Cuba desde 1959. ¿Por qué dejó de tener vigencia el entendimiento México-Cuba?, ¿porque habían cambiado las reglas en el sistema internacional o por la relevancia de los "nuevos" temas de la agenda internacional?, ¿fue inevitable el deterioro de la relación con Cuba?

CUBA Y MÉXICO ANTE LA AGENDA INTERNACIONAL DE LA POSGUERRA FRÍA Y LA NUEVA DISTRIBUCIÓN DEL PODER

La historia de la relación México-Cuba, como se desprende de lo anteriormente expuesto, refleja los temas de la agenda internacional y regional: el tercermundismo, la paz en Centroamérica, el libre comercio, la democracia, etc. Durante los sesenta, más aún, los pilares de la relación bilateral, la no intervención y el derecho a la autodeterminación, se volvieron también temas cuya vigencia perduró hasta fines de los noventa. En general, el contexto internacional propició intereses comunes, en ocasiones, y la posibilidad de una relación mínimamente respetuosa, estable y predecible a falta de ellos. Desde el punto de vista internacional, las diferencias más significativas entre los dos países se dieron al fin de la guerra fría y esto no debe sorprender: el fin de una era con problemas, temas y entendimientos específicos requirió el reajuste de las políticas exteriores de la mayoría de los países, Estados Unidos primero que todos, en un contexto de especulación acerca de un "nuevo orden mundial". Stanley Hoffmann, por ejemplo, escribía que el sistema de estados soberanos se veía amenazado de dos formas: empíricamente, porque la globalización y la interdependencia quitaban al Estado capacidad de decisión y acción, sobre todo en temas financieros, y normativamente, mediante la creación de regímenes de derechos humanos y de medio ambiente, que limitaban la capacidad de los estados de cometer crímenes en su territorio y le obligaban a cumplir con normas medioambientales.[32] En este sentido, el autor destacaba el fin de la distinción entre asuntos internos e internacionales: asuntos internacio-

[32] "From this Century to the Next", en *World Disorders, op. cit.*, pp. 3-4.

nales se volvían materia de negociaciones entre estados o *lobbies* transnacionales, o de intervenciones colectivas externas. Asuntos internos, a su vez, se volvían internacionales.[33] John Ikenberry, por su parte, defendía que el orden mundial creado en los años cuarenta no sólo se mantenía, sino que se había fortalecido después de la guerra fría. Este orden, según el autor, era uno liberal democrático caracterizado por una economía mundial abierta manejada de forma multilateral y por la estabilización del bienestar económico. Lo que terminó con la guerra fría, según Ikenberry, había sido la bipolaridad, el estancamiento nuclear y décadas de contención de la Unión Soviética (lo que había mantenido a la agenda liberal democrática en segundo lugar).[34] Adam Roberts, finalmente, propuso cautela ante la idea de que se iniciaba una nueva era en las relaciones internacionales fundamentalmente distinta de todas las anteriores.[35] Para Roberts era quizá más acertado hablar de una cierta reorientación de la historia, no de su fin como sugiriera Francis Fukuyama, y de la coexistencia de nuevos problemas y oportunidades con elementos del viejo orden.[36] El derecho y la sociedad internacionales, sin embargo, seguirían enfrentando principios contradictorios: por un lado, la soberanía de los estados y la no intervención en sus asuntos internos y por el otro los derechos humanos; por un lado, la igualdad de los estados y, por el otro, el privilegio de los cinco miembros permanentes del Consejo de Seguridad. Los estadistas, concluía Roberts, continuarían encontrando los mismos dilemas: la opción entre los acuerdos existentes que resulten en una presunta estabilidad y la revisión de esos arreglos en nombre de la autodeterminación y la justicia.[37]

[33] *Ibid.*, p. 9.

[34] G. John Ikenberry, "The Myth of Post-Cold War Chaos", *Foreign Affairs*, vol. 75, núm. 3, mayo-junio de 1996, pp. 79-82.

[35] Esta nueva era, criticada por Roberts, se caracterizaba por: a) un alto grado de interdependencia entre estados, sobre todo en el ámbito económico, lo que disminuía la utilidad del uso de la fuerza; b) una mayor posibilidad de cambio no violento; c) el sistema de Yalta en Europa había sido reemplazado por un nuevo y mejor orden; d) el fin del enfrentamiento ideológico entre el Este y el Occidente ponía un fin a la historia, y, e) habrá un nuevo orden basado en el derecho internacional, la Carta de la ONU y el Consejo de Seguridad, y en el poder y la influencia estadounidenses. Adam Roberts, "A New Age in International Relations?", *International Affairs*, vol. 67, núm. 3, julio de 1991, p. 509.

[36] *Ibid.*, p. 521.

[37] *Ibid.*, p. 524.

¿Cómo afectaron estos cambios, reales o imaginarios, la relación entre México y Cuba? ¿Cómo afectó la discusión de lo que *debía* ser el supuesto nuevo orden internacional la relación México-Cuba? Si, según el análisis de Ikenberry, México se ubicaba en el liberal democrático pero no Cuba: ¿era inevitable el conflicto entre los dos países? ¿O lo era porque, como sugiere Hoffmann, se borraba la distinción entre lo interno y lo internacional?

Las diferencias entre Cuba y México no deberían ser la variable explicativa sobre el deterioro de la relación bilateral: muy poco después de que la Revolución cubana triunfara, desaparecieron las pocas similitudes que podrían haberse encontrado entre ésta y la Revolución mexicana: el nacionalismo y la reforma agraria, por ejemplo. Los proyectos mexicano y cubano tuvieron siempre diferencias ideológicas, políticas y económicas evidentes. No obstante, esto no significó, ni tenía por qué hacerlo, una ruptura entre los dos países. Al contrario, como ya se vio, a principios de los sesenta la relación entre México y Cuba se distingue como "singular" en el contexto regional simplemente por cumplir con uno de los principios de las relaciones internacionales entre estados: la no intervención. ¿Qué sucedió en los noventa?, ¿por qué esas diferencias ideológicas, políticas y económicas sí provocaron un conflicto en la relación bilateral?

Podría argumentarse que ante una agenda internacional que privilegiaba asuntos como el libre comercio, la democracia y los derechos humanos, los principios de no intervención y autodeterminación dejaron gradualmente de lado su calidad de temas y se debilitaron como fundamentos de la relación bilateral. Pero debe decirse que esto último no fue privativo de la relación México-Cuba: en el sistema internacional se cuestionaba la validez y el uso de esos principios. Recuérdese, por ejemplo, la discusión sobre la intervención humanitaria. De cualquier forma, esa agenda en sí misma incidió directamente en la relación México-Cuba y reflejó una nueva distribución del poder internacional desfavorable a Cuba. A pesar de que el presidente Salinas manejó exitosamente la relación con Cuba al tiempo que negociaba el TLCAN, la asociación abierta de México con Estados Unidos modificaba estructuralmente su posición respecto a Cuba. Si bien la asociación formal de México con Estados Unidos fue en términos de comercio, el TLCAN y el proceso negociador que le antecedió resultaron en otros entendimientos entre México y Estados Unidos que dieron la apariencia de un acercamiento general entre los dos países. Así se perdió un elemento valioso para Cuba ya mencionado: la supuesta divergencia entre México y Estados Unidos en muchos temas de la agenda internacional. En el largo plazo, el TLCAN y el apoyo mexicano al Acuerdo de Libre Comercio de las Américas (ALCA) llegó a marcar una gran diferencia con Cuba: en términos regionales, México y Cuba terminaron en bandos opuestos, al Cuba apoyar la alternativa propuesta por Venezuela.

Pero no cabe duda de que los temas que más conflicto generaron entre los dos países fueron democracia y derechos humanos. En el rompecabezas internacional de la posguerra fría, Cuba ha permanecido como una pieza que no ha cambiado de color ni de lugar, lo cual no ha sucedido con México. De esta forma, el gobierno mexicano ha enfrentado a una Cuba resistente al cambio y Cuba ha enfrentado a un gobierno mexicano activamente a favor de una ideología.[38] En este escenario, los gobiernos cubano y mexicano no pudieron, o no quisieron, ajustar los pilares de su relación bilateral para mantener su vigencia. El gobierno mexicano aparentemente confundió reglas del juego con temas de la agenda y la evidencia disponible sugiere que no se negoció la adopción de esos temas de política exterior con el gobierno de Castro y que tampoco hubo la voluntad por parte de Castro de entender los intereses que el gobierno mexicano perseguía con esa política. Nada garantiza que Castro hubiese aceptado esa "nueva" política mexicana, pero sí hay antecedentes de negociaciones y acuerdos. Si México quería incluir democracia, libre comercio y derechos humanos en su política exterior, tenía, por lo menos, dos opciones: hacerlo para sí mismo únicamente o, como lo había hecho en el pasado, sólo en casos de violaciones de derechos humanos masivas y recurrentes —que no era el caso de Cuba. Pero el gobierno mexicano escogió a Cuba y esto sólo puede entenderse por cuestiones de política inter-

[38] En palabras de Jorge Domínguez, Cuba se negó a unirse a las "olas" de cambio en la región: la democratización, una mayor apertura a la economía de mercado, una mejor relación con Estados Unidos y una transformación de la vida cultural. "Cuba en las Américas: ancla y viraje", *Foro Internacional*, vol. 43, núm. 3 (173), julio-septiembre de 2003, p. 528.

na.[39] La reacción de Cuba ante esta política mexicana fue también la violación de las reglas del juego de la relación bilateral. Los agravios personales por parte del gobierno cubano a funcionarios mexicanos en el sexenio del presidente Fox fueron algo novedoso en la política de Cuba hacia México, como lo fue la serie de declaraciones sobre política interna y exterior de México. Más aún, si aceptamos la versión oficial mexicana en cuanto a la intervención de funcionarios cubanos en política interna, el no cumplimiento del acuerdo intervencionista es claro. En una cadena de acciones y declaraciones, las diferencias entre los dos países se hicieron insalvables y cualquier error o malentendido fue causa de mayor distanciamiento.

El deterioro de la relación bilateral tal como se dio no era inevitable. Ciertamente en el mundo de la posguerra fría la distancia entre Cuba y México fue mayor de la que los separó desde 1959. Pero si algo ha demostrado el mundo de la posguerra fría, sobre todo después de los ataques terroristas de septiembre de 2001 en Estados Unidos, es la necesidad de recobrar la vigencia de ciertas reglas del juego, como la no intervención. México y Cuba pueden no tener intereses en común, pero ello no significa que sus relaciones deban caracterizarse por la ironía y el insulto. La distinción entre temas y reglas del juego puede ser garantía de relaciones estables y respetuosas, sin importar que no sean cercanas.

[39] Véase Ana Covarrubias, "La política mexicana hacia Cuba a principios de siglo: de la no intervención a la protección de los derechos humanos", *Foro Internacional*, vol. 43, núm. 3 (173), julio-septiembre de 2003, pp. 627-644.

Este facsimilar de
Bernardo Sepúlveda, juez de la Corte Internacional de Justicia
es propiedad de El Colegio de México
y se terminó de imprimir en Librántida bajo el
modelo de distribución bajo demanda.
www.librantida.com

Made in United States
North Haven, CT
06 November 2026

21814774R00199